滋賀県の教員採用試験過去問シリーズ❶

2025年度版

滋賀県の教職・一般教養

過去問

協同教育研究会 編

協同出版

本書には，滋賀県の教員採用試験の過去問題を収録しています。各問題ごとに，以下のように5段階表記で，難易度，頻出度を示しています。

難　易　度

非常に難しい	☆☆☆☆☆
やや難しい	☆☆☆☆
普通の難易度	☆☆☆
やや易しい	☆☆
非常に易しい	☆

頻　出　度

◎	ほとんど出題されない
◎◎	あまり出題されない
◎◎◎	普通の頻出度
◎◎◎◎	よく出題される
◎◎◎◎◎	非常によく出題される

※本書の過去問題における資料，法令文等の取り扱いについて

本書の過去問題で使用されている資料や法令文の表記や基準は，出題された当時の内容に準拠しているため，解答・解説も当時のものを使用しています。ご了承ください。

はじめに～「過去問」シリーズ利用に際して～

教育を取り巻く環境は変化しつつあり，日本の公教育そのものも，教員免許更新制の廃止やGIGAスクール構想の実現などの改革が進められています。また，現行の学習指導要領では「主体的・対話的で深い学び」を実現するため，指導方法や指導体制の工夫改善により，「個に応じた指導」の充実を図るとともに，コンピュータや情報通信ネットワーク等の情報手段を活用するために必要な環境を整えることが示されています。

一方で，いじめや体罰，不登校，暴力行為など，教育現場の問題もあいかわらず取り沙汰されており，教員に求められるスキルは，今後さらに高いものになっていくことが予想されます。

本書の基本構成としては，出題傾向と対策，過去5年間の出題傾向分析表，過去問題，解答および解説を掲載しています。各自治体や教科によって掲載年数をはじめ，「チェックテスト」や「問題演習」を掲載するなど，内容が異なります。

また原則的には一般受験を対象としております。特別選考等については対応していない場合があります。なお，実際に配布された問題の順番や構成を，編集の都合上，変更している場合があります。あらかじめご了承ください。

最後に，この「過去問」シリーズは，「参考書」シリーズとの併用を前提に編集されております。参考書で要点整理を行い，過去問で実力試しを行う，セットでの活用をおすすめいたします。

みなさまが，この書籍を徹底的に活用し，教員採用試験の合格を勝ち取って，教壇に立っていただければ，それはわたくしたちにとって最上の喜びです。

協同教育研究会

CONTENTS

第１部

滋賀県の
教職・一般教養
出題傾向分析

滋賀県の教職・一般教養　傾向と対策

滋賀県では，「一般教養・教職教養」として試験が実施されている。2024年度教員採用試験では，試験時間40分，全22問(大問形式で9問)，教職教養10問，一般教養12問で，解答はすべて多肢択一のマーク形式であった。この形式は2023年度と同様である。100点満点で，一般教養と教職教養それぞれにつき50点配点されており，その比率は同じであることに留意したい。

1　一般教養の傾向

国語，社会，数学，理科，英語の5教科で構成された，高校の教科書レベルの基本的な問題が中心である。それぞれが大問として1問ずつにまとめられ，各教科の小問が国語と英語が各3問，それ以外の科目は各2問出題されている。また，各教科10点ずつ配点されている。

国語は現代文読解であり，2024年度の出典は古田徹也『いつもの言葉を哲学する』であった。なお，2023年度は『文章は接続詞で決まる』(石黒圭)，2022年度は『対話をデザインする―伝わるとはどういうことか』(細川英雄)，2021年度は『大人の読解力を鍛える』(齋藤孝)，2020年度は『見る読書』(榊原英資)の文章から出題されている。各小問は，漢字表記，本文の空欄補充，内容把握の3問で構成されている。

社会は，地理(日本の地理：工業地帯)及び公民・現代社会関連で環境(環境に関わる条約・法律)が出題された。

数学は，平面図形，式の計算が問われた。いずれも出題事項の基礎知識があれば，それほど時間をかけずに解答できる問題である。

理科は，物理(運動)，生物(遺伝と発生)から出題された。年度によって出題科目が異なるので注意が必要である。また，実験や観察からの出題が目立ち，特に化学・物理の問題では，グラフを読み取ったり，物体の運動の性質から簡単な計算をしたりする力が求められている。

英語は，文章読解としてChristine Lindop『Green Planet』から，本文中の空欄補充(語)と内容理解が出題された他，会話文の空欄補充(文)問題も出題されている。

一般教養問題については，中学校から高校初級程度の学習がしっかりできていれば，確実に得点できる問題が大半だといえる。

2　一般教養の対策

出題傾向は毎年ほぼ同じである。教科書レベルの基本的な問題がほとんどであるので，教科書の総復習を中心に学習計画を早めに立てておきたい。

対策として力を入れたいのが，苦手分野の克服である。5教科すべてから均等に出題されるので，得意な分野だけで点数を稼ぐのは無理だからだ。基礎をしっかり固めて，幅広く学習しておくことが大切である。

特に数学が苦手という場合は，むやみに問題を解いたりするのではなく，基礎的な公式や定理を理解した上で，基本問題の解法を適切にマスターしたい。そのためには，本書を活用して，過去問でどのような公式・定理について出題されたかを把握し，今後の学習につなげたい。

また，それぞれの教科内で，出題がなかった科目についても学習を怠らないようにしておこう。前項で述べたように，例えば理科では年度によって出題科目が異なる。化学と物理はほぼ毎年出題が見られるが，過去においては生物と地学の出題は少なかった。しかし2018～2020年度は連続で生物が，2021～2023年度は連続で地学が出題され，2024年度は再び生物が出題された。どの科目から出題があるか予測困難であることを踏まえ，すべての科目や分野について，まんべんなく一通りの問題を解けるようにしておく必要がある。

1問約2分という目安で解答していけばよい計算ではあるが，配点が異なるため，即答できる問題にはなるべく時間をかけず，解答途中で時間が足りなくなることがないようにしたい。そのためにも本番同様に過去問を解き，解答のペースをつかんでおくとよいだろう。このような問題演習により，出題形式に慣れ，また出題傾向について身をもって知ることができ，そして自分の苦手な分野を把握することができる。苦手分野の克服により，自信にもつながると思われる。

3　教職教養の傾向

大問ごとの小問数は異なるが，教職教養も一般教養と同様に，ある程度のまとまりをもった大問で括られて出題されている。出題傾向は毎年ほぼ同じである。

2024年度の出題分野と問題数は，教育法規が大問1問(小問3問)，教育原理・教育時事(滋賀県の独自資料等によるもの含む)が大問2問(小問5問)，教育心理が大問1問(小問2問)であった。

出題順に内容を見てみよう。

教育法規は，大問1問で，教育基本法・地方公務員法の空欄補充問題，教育職員等による児童生徒性暴力等の防止等に関する法律の文章正誤問題の小問3問が出題されている。

教育原理・教育時事は，大問2問で，ブルームの教育理論に関するもの，「教育の情報化に関する手引(追補版)」，「生徒指導提要」，広報資料「教育しが」，滋賀県教育委員会「人と人とが豊かなにつながる学校づくり支援事業」から小問5問が出題された。これまでも，毎年3問前後の滋賀県の教育に関する問題が出題されている。滋賀県のホームページを確認し，教育関係の資料やトピックには目を通しておくとよいだろう。

教育心理は，大問1問で，ヴィゴツキー，ユング，アドラー，シュプランガー，ワトソンについて，小問2問が出題された。

教職教養の問題の難易度はそれほど高いものではないが，問題をよく読んで，焦らずに解答できるようにしておきたい。

4　教職教養の対策

教職教養については，全体的に空欄補充と文章の正誤を問う出題が目立つ。したがって，条文や学習指導要領などを学習する際は，頻出条文等のキーワードを押さえることに重点を置きたい。

まず，特定のテーマについて横断的に学習することで，より理解を深めるといった学習方法もお勧めしたい。例えば，滋賀県では学習理論とその人物の組合せを問う問題が頻出であるが，これは教育心理や教育史にも関連する問題であり，横断的な学習の重要性を認識しうる問題といえる。

滋賀県は，その教育大綱あるいは教育振興基本計画等の独自資料から多く出題されることが大きな特徴であるが，問題を見てみると，教育原理の基礎知識や，教育時事について最新の教育に関するトピックや直近の頻出答申に関する知識があれば，正答できるものがある。したがって，まず，教育原理や教育時事について学習し，その上で，滋賀県の独自資料に目を通すとよいだろう。

なお，3年連続で出題された「教育しが」には，滋賀県の教育の動向がわかりやすくまとめられている。「教育しが」は滋賀県教育委員会が作成する広報資料で，保護者向け情報誌になっている「印刷版」と，これとは別の「電子版」がある。滋賀県教育委員会のホームページから閲覧できるので，一読しておきたい。また，滋賀県は「読み解く力」の育成に力を入れており，これに関連した出題が小論文でもなされているので，各受験生はこれに関連した資料等に目を通しておくとよいだろう。

さらに，試験対策のひとつとして，模擬試験などの十分な活用があげられる。特に，一般教養の対策の項でも触れた時間配分は，できるだけ多くの実践的な問題を解くことで身に付く。取り組みは早ければ早いほどよいが，多少遅くとも学習計画を立て，着実にこなしていくことが大切である。

教職教養　過去5年間の出題傾向分析

①教育一般

大分類	小分類	主な出題事項	2020年度	2021年度	2022年度	2023年度	2024年度
教育の機能・意義		教化・訓育・陶冶，野生児など					

②教育課程と学習指導要領

大分類	小分類	主な出題事項	2020年度	2021年度	2022年度	2023年度	2024年度
教育課程	教育課程一般	教育課程の原理， カリキュラムの種類（コア・カリキュラムなど）					
	基準と編成	小学校・中学校・高校， 学校教育法施行規則52条など					
	学習指導要領	総則（教育課程編成の一般方針，総合的な学習の時間の取扱い，指導計画等の作成に当たって配慮すべき事項など）	●	●		●	
		学習指導要領の変遷，各年版の特徴， 新旧の比較			●		
道徳教育	学習指導要領	一般方針（総則）					
		目標（「道徳教育の目標は～」，「道徳の時間においては～」）					
		内容，指導計画の作成と内容の取扱い					
	道徳の時間	指導・評価・評定，指導法，心のノート					
	その他	道徳教育の意義・歴史など					
総合的な学習の時間	学習指導要領	目標					
		内容					
		指導計画の作成と内容の取扱い					
		目標，各学校において定める目標及び内容					
外国語活動	学習指導要領	目標，内容，指導計画の作成と内容の取扱い					
特別活動	学習指導要領	目標（「望ましい集団活動を通して～」）					
		内容（学級（ホームルーム）活動， 児童（生徒）会活動，クラブ活動，学校行事）					
		指導計画の作成と内容の取扱い					

③教育原理

大分類	小分類	主な出題事項	2020年度	2021年度	2022年度	2023年度	2024年度
教授・学習	理論	完全習得学習，発見学習，プログラム学習，問題解決学習，有意味受容学習など		●		●	
	学習指導の形態（学習集団）	一斉学習・小集団（グループ）学習，個別学習					
	学習指導の形態（支援組織）	オープン・スクール，ティーム・ティーチング，モジュール方式					
	学習指導の形態（その他）	習熟度別学習，コース選択学習					
	学習指導の方法	バズ学習，講義法，全習法，水道方式など					
	教育機器	CAI，CMI					
生徒指導	基本理念	原理・意義・課題（「生徒指導の手引き」，「生徒指導資料」「生徒指導提要」など）					●
	領域	学業指導，進路指導・キャリア教育，保健指導，安全指導（「学校安全緊急アピール」など）					
	方法	集団指導・個別指導					
	教育相談	意義・方法・形式など					
	具体的な指導事例	いじめ（時事問題含む）	●				
		不登校，高校中退（時事問題含む）	●				
		暴力行為，学級崩壊など（時事問題含む）					
	その他	生徒指導の関連事項，各都道府県の取組など					
人権・同和教育	歴史	法制史，解放運動史，事件					
	答申	「同和対策審議会答申」					
	地対協意見具申	「地域改善対策協議会意見具申」					
	関連法規	「人権擁護施策推進法」，「人権教育及び人権啓発の推進に関する法律」					
	その他	「人権教育のための国連10年行動計画」，各都道府県の人権・同和教育方針など					
特別支援教育	目的	学校教育法72条					
	対象と障害の程度	学校教育法施行令22条の3					

大分類	小分類	主な出題事項	2020年度	2021年度	2022年度	2023年度	2024年度
特別支援教育	定義・指導法	LD，ADHD，高機能自閉症，PTSD，CP					
	教育機関	特別支援学校（学校教育法72・76条），寄宿舎（学校教育法79条），特別支援学級（学校教育法81条）					
	教育課程	学習指導要領，教育課程（学校教育法施行規則126～128条），特別の教育課程（学校教育法施行規則138・141条），教科書使用の特例（学校教育法施行規則139条）					
	指導の形態	交流教育，通級指導，統合教育（インテグレーション）					
	関連法規	発達障害者支援法，障害者基本法					
	その他	「特別支援教育の推進について」（通知），「障害者権利条約」，「障害者基本計画」，「特別支援ガイドブック」，歴史など	●		●	●	
社会教育	定義	教育基本法1・7条，社会教育法2条					
	施設	公民館，図書館，博物館，大学・学校施設の開放					
	その他	関連法規（社会教育法，図書館法，博物館法，スポーツ振興法），社会教育主事					
生涯学習	展開	ラングラン，リカレント教育，各種答申（社会教育審議会，中央教育審議会，臨時教育審議会，生涯学習審議会）など					
	その他	生涯学習振興法，放送大学					
教育時事	現代の教育	情報教育（「情報化の進展に対応した教育環境の実現に向けて」，「情報教育の実践と学校の情報化」，学習指導要領（総則）など）					●
		その他（環境教育，国際理解教育，ボランティア）					
	中央教育審議会答申	「学校安全の推進に関する計画」「学校安全の推進に関する計画の策定について」	●				
		「今後の学校におけるキャリア教育・職業教育の在り方について」					
		中央教育審議会初等中等教育分科会の「児童生徒の学習評価の在り方について（報告）」					
		「教育振興基本計画について―「教育立国」の実現に向けて―」					
		「新しい時代を切り拓く生涯教育の振興方策について～知の循環型社会の構築を目指して～」					
		「幼稚園，小学校，中学校，高等学校及び特別支援学校の学習指導要領等の改善について」					
		「子どもの心身の健康を守り，安全・安心を確保するために学校全体としての取組を進めるための方策について」					
		「令和の日本型学校教育」の構築を目指して				●	

大分類	小分類	主な出題事項	2020年度	2021年度	2022年度	2023年度	2024年度
教育時事	中央教育審議会答申	「教育基本法の改正を受けて緊急に必要とされる教育制度の改正について」					
		「今後の教員養成・免許制度の在り方について」					
		「新しい時代の義務教育を創造する」					
		「特別支援教育を推進するための制度の在り方について」					
		「今後の学校の管理運営の在り方について」					
		「初等中等教育における当面の教育課程及び指導の充実・改善方策について」					
		「新しい時代にふさわしい教育基本法と教育振興基本計画の在り方について」					
		「21世紀を展望した我が国の教育の在り方について」（第1次，第2次）					
	教育課程審議会答申	「児童生徒の学習と教育課程の実施状況の評価の在り方について」					
	教育再生会議	第一次報告・第二次報告・いじめ問題への緊急提言					
	その他	「小学校，中学校，高等学校及び特別支援学校等における児童生徒の学習評価及び指導要録の改善等について」（通知）		●			
		「学校における携帯電話の取扱い等について」（通知）					
		「小学校・中学校・高等学校キャリア教育推進の手引～児童生徒一人一人の勤労観、職業観を育てるために～」					
		義務教育諸学校における学校評価ガイドライン					
		「問題行動を起こす児童生徒に対する指導について」（通知）					
		教育改革のための重点行動計画					
		「キャリア教育の推進に関する総合的調査研究協力者会議報告書～児童生徒一人一人の勤労観，職業観を育てるために～」					
		「体罰の禁止及び児童生徒理解に基づく指導の徹底について」		●			
		「児童生徒の問題行動対策重点プログラム」 「不登校児童生徒への支援の在り方について(通知)」		●			
		「今後の特別支援教育の在り方について」					
		「人権教育・啓発に関する基本計画」					

大分類	小分類	主な出題事項	2020年度	2021年度	2022年度	2023年度	2024年度
教育時事	その他	「人権教育の指導方法等の在り方について」	●				
		教育統計，白書，教育界の動向					
		各都道府県の教育方針・施策	●	●	●	●	●
		全国学力・学習状況調査，生徒の学習到達度調査(PISA)，国際数学・理科動向調査（TIMSS）					
		上記以外		●	●	●	

④教育法規

大分類	小分類	主な出題事項	2020年度	2021年度	2022年度	2023年度	2024年度
教育の基本理念に関する法規	日本国憲法	教育を受ける権利（26条）	●		●		
		その他（前文，11～15・19・20・23・25・27・89条）					
	教育基本法	前文，1～17条	●	●	●	●	●
教育委員会に関する法規		組織（地方教育行政法3条）					
		教育委員と教育委員長（地方教育行政法4・5・12条）					
		教育長と事務局（地方教育行政法16条・17条①②・18条①・19条①②）					
		教育委員会の職務権限（地方教育行政法14条①・23条）					
		就学関係（学校法施行令1条①②・2条，学校教育法18条）					
		学校，教職員等の管理（地方教育行政法32条・33条①・34条・37条①・43条・46条，地方公務員法40条①）					
		研修（地方教育行政法45条・47条の4①，教育公務員特例法23条）					
教職員に関する法規	教職員の定義と資格	定義（教育公務員特例法2条①②③⑤，教育職員免許法2条①，義務教育標準法2条③），資格（学校教育法9条，学校法施行規則20～23条，教育職員免許法3条）					
	教職員の身分と義務	公務員の性格（地方公務員法30条，教育基本法9条②，憲法15条②）	●	●	●	●	
		義務（地方公務員法31～38条，国家公務員法102条，教育公務員特例法17・18条，地方教育行政法43条②，教育基本法8条②）	●	●	●		●

大分類	小分類	主な出題事項	2020年度	2021年度	2022年度	2023年度	2024年度
教職員に関する法規	教職員の身分と義務	分限と懲戒（地方公務員法27～29条）	●				
		勤務時間・条件（労働基準法）等					
	教員の任用	条件附採用・臨時的任用（地方公務員法22条，教育公務員特例法12条）					
		欠格事由・欠格条項（学校教育法9条，地方公務員法16条）					
	教職員の任用	不適格教員（地方教育行政法47条の2）					
	教員の研修	研修（教育公務員特例法21条・22条・24条・25条・25条の2・25条の3，地方公務員法39条）			●		
		初任者研修（教育公務員特例法23条，地方教育行政法45条①）					
	教職員の職務と配置	校務分掌（学校法施行規則43条）					
		教職員，主任等の職務（学校教育法37・49・60・82条，学校法施行規則44～47条）	●				
		職員会議（学校法施行規則48条）					
		教職員の配置（学校教育法7・37条など）					
	校長の職務と権限	身分（教育公務員特例法2条），採用と資格（学校教育法8・9条，学校法施行規則20条・教育公務員特例法11条）					
		教職員の管理（学校教育法37条④）					
	教員免許状	教員免許状の種類，授与，効力（教育職員免許法）					
学校教育に関する法規	学校の設置	学校の範囲（学校教育法1条）					
		学校の名称と設置者（学校教育法2条，教育基本法6条①）					
		設置基準（学校教育法3条），設置義務（学校教育法38条）					
	学校の目的・目標	小学校（体験活動の目標を含む），中学校，中等教育学校，高等学校					
	学校評価及び情報提供	評価（学校教育法42条，学校法施行規則66～68条），情報提供（学校教育法43条）					
学校の管理・運営に関する法規	設備と管理	学校の管理・経費の負担（学校教育法5条），学校の設備（学校法施行規則1条）					
		学校図書館（学校図書館法）	●				

大分類	小分類	主な出題事項	2020年度	2021年度	2022年度	2023年度	2024年度
学校の管理・運営に関する法規	学級編制	小学校・中学校の学級編制，学級数・児童生徒数（義務教育標準法3・4条，学校法施行規則41条，設置基準）					
	学年・学期・休業日等	学年（学校法施行規則59条）					
		学期（学校法施行令29条）					
		休業日（学校法施行令29条，学校法施行規則61条）臨時休業日（学校法施行規則63条）					
		授業終始の時刻（学校法施行規則60条）					
	保健・安全・給食	学校保健（学校教育法12条，学校保健安全法1・3・4・5条）		●			
		環境衛生（学校保健安全法6条），安全（学校保健安全法26～29条）			●		
		健康診断（学校保健安全法11・12・13・14・15・16条）					
		感染症による出席停止（学校保健安全法19条）感染症による臨時休業（学校保健安全法20条）		●		●	
		その他（健康増進法，学校給食・保健・安全の関連事項）	●				
	教科書・教材	教科書の定義（教科書発行法2条，教科用図書検定規則2条），使用義務（学校教育法34条①②）					
		義務教育の無償教科書（教科書無償措置法），教科書使用の特例（学校法施行規則58条・73条の12），副教材等の届出（地方教育行政法33条）					
		著作権法（33・35条）					
	その他	学校評議員（学校法施行規則49条），学校運営協議会（地方教育行政法47条の5）			●		
児童・生徒に関する法規	就学	就学義務（学校教育法17・36条）					
		就学手続（学校法施行令2条・5条①・9条・11条・14条，学校保健法施行令1条・4条②）					
		就学猶予（学校教育法18条，学校法施行規則34条）					
		就学援助（学校教育法19条）					
	入学・卒業	学齢簿の編製・作成（学校法施行令1・2条，学校法施行規則29・30条）					
		入学期日の通知と学校の指定（学校法施行令5条）					
		課程の修了・卒業の認定（学校教育法32・47・56条，学校法施行規則57・79・104条），卒業証書の授与（学校法施行規則58・79・104条）					

大分類	小分類	主な出題事項	2020年度	2021年度	2022年度	2023年度	2024年度
児童・生徒に関する法規	懲戒・出席停止	懲戒と体罰（学校教育法11条）			●		
		懲戒の種類（学校法施行規則26条）					
		性行不良による出席停止（学校教育法35条）					
	法定表簿	表簿の種類と保存期間（学校法施行規則28条①②など）					
		指導要録（学校法施行規則24条）					
		出席簿の作成（学校法施行規則25条）	●				
	児童･生徒の保護	いじめ防止対策推進法，児童福祉法，児童虐待防止法		●	●	●	●
	その他	少年法					
		児童の権利に関する条約（子どもの権利条約），世界人権宣言					
その他		食育基本法，個人情報保護法，読書活動推進法など		●		●	

⑤教育心理

大分類	小分類	主な出題事項	2020年度	2021年度	2022年度	2023年度	2024年度
教育心理学の展開		教育心理学の歴史					
カウンセリング・心理療法	カウンセリング	非指示的カウンセリング（ロジャーズ）		●			
		指示的カウンセリング（ウィリアムソン）					
		その他（カウンセリング・マインドなど）					
		精神分析療法					
	心理療法	行動療法					
		遊戯療法，箱庭療法					
		その他（心理劇，自律訓練法など）		●			
発達理論	発達の原理	発達の連続性，発達における一定の方向と順序，発達の個人差，分化と統合					
	遺伝と環境	孤立要因説（生得説，経験説），加算的寄与説，相互作用説（輻輳説）					

大分類	小分類	主な出題事項	2020年度	2021年度	2022年度	2023年度	2024年度
発達理論	発達理論	フロイトの精神分析的発達理論（リビドー理論）					
		エリクソンの心理社会的発達理論（自我同一性）	●				
		ピアジェの発生的認識論		●			
		その他（ミラーやバンデューラの社会的学習説，ヴィゴツキーの認知発達説，ハーヴィガーストの発達課題，コールバーグの発達段階説）					●
	発達期の特徴	乳児期，幼児期，児童期，青年期					
	その他	その他（インプリンティング（ローレンツ），アタッチメント，ホスピタリズムなど）			●		
適応機制	適応機制の具体的な種類	抑圧，逃避，退行，置き換え，転換，昇華，同一視，投射，合理化，知性視など					
人格の理論とその把握	人格理論	類型論（クレッチマー，シェルドン，ユング，シュプランガー）					●
		特性論（キャッテル，ギルフォード，アイゼンク）					
		力動論（レヴィン，フロイト）					
	人格検査法	質問紙法（YG式性格検査，MMPI）					
		投影法（ロールシャッハ・テスト，TAT，SCT，PFスタディ）	●		●		
		作業検査法（内田クレペリン検査，ダウニー意志気質検査）			●		
		描画法（バウムテスト，HTP）	●		●		
		その他（評定尺度法など）					
	欲求	マズローの欲求階層構造					
		アンビバレンス，コンフリクト，フラストレーション				●	
	その他	かん黙，チックなど					
知能検査	知能の因子構造	スピアマン，ソーンダイク，サーストン，トムソン，ギルフォード					
	知能検査の種類	目的別（①一般知能検査，②診断的知能検査（ウェクスラー式））					
		実施方法別（①個別式知能検査，②集団的知能検査）					
		問題の種類別（①言語式知能検査，②非言語的知能検査，③混合式知能検査）					
	検査結果の整理・表示	精神年齢，知能指数					

大分類	小分類	主な出題事項	2020年度	2021年度	2022年度	2023年度	2024年度
知能検査	その他	知能検査の歴史（ビネーなど）					
教育評価	教育評価の種類	相対，絶対，個人内，到達度，ポートフォリオ					
		ブルームの分類（診断的，形成的，総括的）					●
	評価の方法	各種のテスト，質問紙法，面接法，事例研究法					
	学力とその評価	学業不振児，学業優秀児，学習障害児					
		成就指数，教育指数					
	教育評価のキーワード	ハロー効果			●		
		ピグマリオン効果			●		
		その他（スリーパー効果，ホーソン効果，中心化傾向）			●		
集団機能	学級集団の形成	学級集団の特徴，機能，形成過程					
	リーダーシップ	リーダーシップの型と集団の生産性					
	集団の測定	ソシオメトリック・テスト（モレノ）					
		ゲス・フー・テスト（ハーツホーン，メイ，マラー）					
学習	学習理論 連合説 S-R	パブロフ（条件反応と古典的条件づけ）					
		ソーンダイク（試行錯誤説と道具的条件づけ，効果の法則）				●	
		スキナー（オペラント条件づけとプログラム学習）		●			
		その他（ワトソン，ガスリー）					●
	学習理論 認知説 S-S	ケーラー（洞察説）					
		トールマン（サイン・ゲシュタルト説）					
	記憶と忘却（学習過程）	学習曲線（プラトー）					
		レミニッセンス，忘却曲線（エビングハウス）	●				
		レディネス					
		動機づけ，学習意欲，達成意欲					

大分類	小分類	主な出題事項	2020年度	2021年度	2022年度	2023年度	2024年度
学習	記憶と忘却（学習過程）	学習の転移（正の転移，負の転移）					
	その他	関連事項（リハーサルなど）					
その他		教育心理学に関する事項（ブーメラン効果など）					

⑥西洋教育史

大分類	小分類	主な出題事項	2020年度	2021年度	2022年度	2023年度	2024年度
古代～中世	古代	プロタゴラス，ソクラテス，プラトン，アリストテレス					
	中世	人文主義，宗教改革，コメニウス			●		
近代～現代	自然主義	ルソー			●		
		ペスタロッチ			●		
		ロック					
	系統主義	ヘルバルト，ツィラー，ライン		●			
	革命期の教育思想家	オーエン，コンドルセ，ベル・ランカスター（モニトリアル・システム）					
	児童中心主義	フレーベル					
		エレン・ケイ					
		モンテッソーリ					
	改革教育学（ドイツの新教育運動）	ケルシェンシュタイナー，ナトルプ，シュプランガー，ペーターゼン（イエナプラン）	●				
	進歩主義教育（アメリカの新教育運動）	デューイ，キルパトリック（プロジェクト・メソッド），ウォッシュバーン（ウィネトカ・プラン），パーカースト（ドルトン・プラン）	●	●	●	●	
	各国の教育制度改革（第二次世界大戦後）	アメリカ，イギリス，フランス，ドイツ					
	現代の重要人物	ブルーナー，ラングラン，イリイチ				●	
	その他	カント，スペンサー，デュルケムなど	●				

⑦日本教育史

大分類	小分類	主な出題事項	2020年度	2021年度	2022年度	2023年度	2024年度
古代	奈良	大学寮，国学，芸亭					
	平安	空海(綜芸種智院)，最澄(山家学生式)，別曹(弘文院，奨学院，勧学院)					
中世	鎌倉	金沢文庫（北条実時）					
	室町	足利学校（上杉憲実）					
近世	学問所，藩校	昌平坂学問所，藩校（日新館，明倫館など）					
	私塾	心学舎，咸宜園，古義堂，適塾，藤樹書院，松下村塾					
	その他の教育機関	寺子屋，郷学					
	思想家	安藤昌益，大原幽学，貝原益軒，二宮尊徳					
近代	明治	教育法制史（学制，教育令，学校令，教育勅語，小学校令の改正）					
		人物（伊澤修二，高嶺秀夫，福沢諭吉）					
	大正	教育法制史（臨時教育会議，大学令・高等学校令）					
		大正新教育運動，八大教育主張					
		人物（芦田恵之助，鈴木三重吉）					
現代	昭和（戦前）	教育法制史（国民学校令，青年学校令）					
		生活綴方運動					
	昭和（戦後）	第二次世界大戦後の教育改革など					

一般教養　過去5年間の出題傾向分析

①人文科学

大分類	中分類（小分類）	主な出題事項	2020年度	2021年度	2022年度	2023年度	2024年度
国語	ことば（漢字の読み・書き）	難解漢字の読み・書き，誤字の訂正					
	ことば（同音異義語，同訓漢字）	同音異義語・同訓漢字の読み・書き	●	●	●	●	●
	ことば（四字熟語）	四字熟語の読み・書き・意味					
	ことば（格言・ことわざ）	意味					
	文法（文法）	熟語の構成，対義語，部首，画数，各種品詞，修飾				●	
	文法（敬語）	尊敬語，謙譲語，丁寧語					
	文章読解・名作鑑賞（現代文読解）	空欄補充，内容理解，要旨，作品に対する意見論述	●	●	●	●	●
	文章読解・名作鑑賞（詩）	内容理解，作品に対する感想					
	文章読解・名作鑑賞（短歌）	表現技法，作品に対する感想					
	文章読解・名作鑑賞（俳句）	季語・季節，切れ字，内容理解					
	文章読解・名作鑑賞（古文読解）	内容理解，文法（係り結び，副詞）					
	文章読解・名作鑑賞（漢文）	書き下し文，意味，押韻					
	文学史（日本文学）	古典（作者名，作品名，成立年代，冒頭部分）					
		近・現代（作者名，作品名，冒頭部分，芥川賞・直木賞）					
	文学史（外国文学）	作者名，作品名					
	その他	手紙の書き方，書体，会話文の空欄補充など					
英語	単語	意味，アクセント，活用					
	英文法・構文	完了形，仮定法，関係代名詞，関係副詞，話法，不定詞，比較					
	熟語	有名な熟語					
	書き換え	同じ意味の表現への書き換え					
	ことわざ	有名なことわざ，名言					

大分類	中分類（小分類）	主な出題事項	2020年度	2021年度	2022年度	2023年度	2024年度
英語	略語	政治・経済機関等の略語の意味					
	会話文	空欄補充，内容理解，作文	●	●	●	●	●
	文章読解	空欄補充，内容理解	●	●	●	●	●
	リスニング	空欄補充，内容理解					
	その他	英作文，会話実技					
音楽	音楽の基礎	音楽記号，楽器，楽譜の読み取り（拍子，調）					
	日本音楽史（飛鳥～奈良時代）	雅楽					
	日本音楽史（鎌倉～江戸時代）	平曲，能楽，三味線，箏，尺八					
	日本音楽史（明治～）	滝廉太郎，山田耕筰，宮城道雄など					
		その他（「ふるさと」「夕やけこやけ」）					
	西洋音楽史（～18世紀）	バロック，古典派					
	西洋音楽史（19世紀）	前期ロマン派，後期ロマン派，国民楽派					
	西洋音楽史（20世紀）	印象派，現代音楽					
	その他	民族音楽，民謡，舞曲，現代音楽史上の人物など					
美術	美術の基礎	表現技法，版画，彫刻，色彩理論					
	日本美術史	奈良，平安，鎌倉，室町，安土桃山，江戸，明治，大正					
	西洋美術史（～14世紀）	ギリシア・ローマ，ビザンティン，ロマネスク，ゴシック					
	西洋美術史（15～18世紀）	ルネサンス，バロック，ロココ					
	西洋美術史（19世紀）	古典主義，ロマン主義，写実主義，印象派，後期印象派					
	西洋美術史（20世紀）	野獣派，立体派，超現実主義，表現派，抽象派					
	その他	書道作品					
保健体育	保健	応急措置，薬の処方					
		生活習慣病，感染症，エイズ，喫煙，薬物乱用					

大分類	中分類（小分類）	主な出題事項	2020年度	2021年度	2022年度	2023年度	2024年度
保健体育	保健	その他（健康問題，死亡原因，病原菌）					
	体育	体力，運動技能の上達，トレーニング					
		スポーツの種類，ルール					
		オリンピック，各種スポーツ大会					
	その他						
技術・家庭	工作	げんのうの使い方					
	食物	栄養・栄養素，ビタミンの役割					
		食品，食品添加物，食品衛生，食中毒，調理法					
	被服	布・繊維の特徴（綿・毛・ポリエステル），裁縫，洗剤					
	消費者生活	3R，クレジットカード					
	その他	表示マーク（JAS，JIS，エコマーク）					

②社会科学

大分類	中分類（小分類）	主な出題事項	2020年度	2021年度	2022年度	2023年度	2024
世界史	古代･中世	四大文明，古代ギリシア・ローマ，古代中国					
	ヨーロッパ（中世，近世）	封建社会，十字軍，ルネサンス，宗教改革，大航海時代					
	ヨーロッパ（近代）	清教徒革命，名誉革命，フランス革命，産業革命		●			
	アメリカ史（～19世紀）	独立戦争，南北戦争					
	東洋史（～19世紀）	唐，明，清，オスマン・トルコ					
	第一次世界大戦	辛亥革命，ロシア革命，ベルサイユ条約					
	第二次世界大戦	世界恐慌，大西洋憲章					
	現代史	冷戦，中東問題，軍縮問題，ヨーロッパ統合			●		
	その他	歴史上の人物					

大分類	中分類（小分類）	主な出題事項	2020年度	2021年度	2022年度	2023年度	2024
日本史	原始・古代	縄文，弥生，邪馬台国					
	古代（飛鳥時代）	聖徳太子，大化の改新，大宝律令					
	古代（奈良時代）	平城京，荘園，聖武天皇					
	古代（平安時代）	平安京，摂関政治，院政，日宋貿易					
	中世（鎌倉時代）	御成敗式目，元寇，守護・地頭，執権政治，仏教					
	中世（室町時代）	勘合貿易，応仁の乱，鉄砲伝来，キリスト教伝来					
	近世（安土桃山）	楽市楽座，太閤検地					
	近世（江戸時代）	鎖国，武家諸法度，三大改革，元禄・化政文化，開国					
	近代（明治時代）	明治維新，日清・日露戦争，条約改正					
	近代（大正時代）	第一次世界大戦，大正デモクラシー					
	現代（昭和時代）	世界恐慌，サンフランシスコ平和条約，高度経済成長	●				
地理	地図	メルカトル図法，等高線，緯度・経度，距離・面積の測定	●				
	地形	山地・平野・海岸・特殊な地形・陸水・海水					
	気候	気候区分，気候因子，気候要素					
	人口	人口構成，人口問題，都市化					
	産業・資源（農業）	農産物の生産，農業形態，輸出入品，自給率					
	産業・資源（林業）	森林分布，森林資源，土地利用					
	産業・資源（水産業）	漁業の形式，水産資源					
	産業・資源（鉱工業）	鉱物資源，石油，エネルギー		●			
	貿易	日本の貿易（輸出入品と輸出入相手国），貿易のしくみ					
	世界の地域（アジア）	自然・産業・資源などの特徴					

大分類	中分類（小分類）	主な出題事項	2020年度	2021年度	2022年度	2023年度	2024
地理	世界の地域（アフリカ）	自然・産業・資源などの特徴					
	世界の地域（ヨーロッパ）	自然・産業・資源などの特徴					
	世界の地域（南北アメリカ）	自然・産業・資源などの特徴					
	世界の地域（オセアニア・南極）	自然・産業・資源などの特徴					
	世界の地域（その他）	世界の河川・山，首都・都市，時差，宗教					
	日本の自然	地形，気候，平野，海岸				●	
	日本の地理	諸地域の産業・資源・都市などの特徴			●		●
	その他	世界遺産					
政治	民主政治	選挙，三権分立					
	日本国憲法	憲法の三原則，基本的人権，自由権，社会権					
	国会	立法権，二院制，衆議院の優越，内閣不信任の決議					
	内閣	行政権，衆議院の解散・総辞職，行政組織・改革					
	裁判所	司法権，三審制，違憲立法審査権				●	
	地方自治	三位一体の改革，直接請求権，財源					
	国際政治	国際連合（安全保障理事会，専門機関）					
	その他	サミット，PKO，NGO，NPO，ODA，オンブズマンなど					
経済	経済の仕組み	経済活動，為替相場，市場，企業，景気循環，GDP		●	●		
	労働	労働三権，労働組合，労働争議の形態					
	金融	金融機関，金融政策	●				
	財政	予算，租税					
	国際経済	IMF，WTO，国際収支，TPP					
	その他	経済用語（ペイオフ，クーリングオフ，ワークシェアリングなど）					

大分類	中分類（小分類）	主な出題事項	2020年度	2021年度	2022年度	2023年度	2024
倫理	西洋	古代，中世（ルネサンス）					
		近代（デカルト，カント，ルソー，ベンサムなど）					
		現代（ニーチェ，キルケゴール，デューイなど）					
	東洋	儒教（孔子，孟子），仏教，イスラム教					
	日本	古代，中世					
		近世					
		近代，現代					
時事	医療，福祉，社会保障，少子・高齢化	社会保険制度，少子・高齢化社会の動向，メタボリック					
	家族	育児問題，パラサイトシングル，ドメスティック・バイオレンス					
	国際社会	サミット，コソボ自治州，中国大地震，サブプライムローン					
	文化	ノーベル賞，裁判員制度など				●	
	法令	時事新法（健康増進法，国民投票法，著作権法など）					
	ご当地問題						
	その他	科学技術，教育事情，時事用語など					

③自然科学

大分類	中分類（小分類）	主な出題事項	2020年度	2021年度	2022年度	2023年度	2024年度
数学	数の計算	約数と倍数，自然数，整数，無理数，進法				●	
	式の計算	因数分解，式の値，分数式					●
	方程式と不等式	一次方程式，二次方程式，不等式					
	関数とグラフ	一次関数					
		二次関数					

大分類	中分類（小分類）	主な出題事項	2020年度	2021年度	2022年度	2023年度	2024年度
数学	図形	平面図形（角の大きさ，円・辺の長さ，面積）	●	●	●	●	●
		空間図形（表面積，体積，切り口，展開図）	●				
	数列	等差数列，等比数列					
	確率と統計	場合の数，順列・組み合わせ，期待値	●	●			
	その他	命題，集合，必要十分条件			●		
		証明，単位，グラフの特徴など					
生物	生物体の構成	細胞の構造，生物体の化学成分					
	生物体のエネルギー	代謝，呼吸，光合成，酵素					
	遺伝と発生	遺伝，細胞分裂，変異，進化説					●
	恒常性の維持と調節	血液，ホルモン，神経系					
	生態系	食物連鎖，生態系，生物濃縮					
	生物の種類	動植物の種類・特徴					
	その他	顕微鏡の取扱い，生物学に関する歴史上の人物など	●				
地学	地球	物理的性質，内部構造，造岩鉱物					
	地表の変化	地震（P波とS波，マグニチュード，初期微動，プレートテクトニクス）				●	
		火山（火山活動，火山岩）					
	大気と海洋	気温，湿度，気象，高・低気圧，天気図			●		
		エルニーニョ，海水，海流の種類					
	太陽系と宇宙	地球の自転・公転，太陽，月，星座		●			
	地層と化石	地層，地形，化石					
物理	力	力の単位・合成，つり合い，圧力，浮力，重力			●		
	運動	運動方程式，慣性					●

大分類	中分類（小分類）	主な出題事項	2020年度	2021年度	2022年度	2023年度	2024年度
物理	仕事とエネルギー	仕事，仕事率					
		熱と温度，エネルギー保存の法則					
	波動	波の性質，音，光		●			
	電磁気	オームの法則，抵抗，電力，ジュールの法則，磁界	●				
	その他	物理量とその単位，物理学に関する歴史上の人物など					
化学	物質の構造	混合物，原子の構造，化学結合，モル					
	物質の状態（三態）	融解，気化，昇華，凝縮					
	物質の状態（気体）	ボイル・シャルルの法則			●		
	物質の状態（溶液）	溶液の濃度，コロイド溶液					
	物質の変化（反応）	化学反応（物質の種類，化学反応式，質量保存の法則）	●				
	物質の変化（酸塩基）	酸・塩基，中和反応，中和滴定					
	物質の変化（酸化）	酸化・還元，イオン化傾向，電池，電気分解				●	
	無機物質	元素の分類，物質の種類		●			
	有機化合物	炭化水素の分類					
	その他	試験管・ガスバーナー・薬品の種類や取扱いなど					
環境	環境問題	温室効果，酸性雨，アスベスト，オゾン層，ダイオキシン					
	環境保全	燃料電池，ごみの分別収集，パーク・アンド・ライド					
	環境に関わる条約・法律	京都議定書，ラムサール条約，家電リサイクル法					●
情報	情報社会	パソコン・インターネットの利用方法，情報モラル，e-Japan戦略					
	用語	ADSL, LAN, SPAM, URL, USB, WWW, テキストファイル，情報リテラシーなど					

第２部

滋賀県の
教員採用試験
実施問題

2024年度　実施問題

【1】次の文章を読んで問1～問3に答えなさい。

哲学者の早川正祐さんによれば，英語のcareという概念は，相手——それは人とは限らず，物や事である場合もある——のことが気にかかるという受動的なあり方と，相手のことを気にかけるという能動的なあり方，そして，相手のことを大切に思うというケンシン的なかかわり方，その三つのあり方から構成されている。つまり，careは，相手に一方的に影響を及ぼすのではなく，むしろ，相手によって注意を引きつけられ(気にかかり)，こちらから注意を向け(気にかけ)，ケンシンを伴うような深い関心を向けていく(大切に思う)，という多面的な意味を備えているということだ。

それゆえに，careは「気にかかる」「気にかける」「大切に思う」のどの言葉にも完全に置き換えることはできないし，まして，「手当て」，「介護」，「看護」，「手入れ」といったより限定された言葉では，それぞれcareのさらに限られた一面しか掬(すく)い取ることができない。そして，careという言葉にそのような〈[　　]〉という固有の意味合いがあるがゆえに，日本の医療や介護の現場などに「ケア」という新たな言葉を導入する動きがあったのだろう。また，導入後も，この言葉を「世話」や「保護」，「手入れ」，「気遣い」などの言葉に言い換えようという試みが数々あったにもかかわらず，いまに至るまで「ケア」のまま生き残り続けたのも，このカタカナ語に元々のcareの意味合いが響いてきたからだろう。

以上のことから引き出せる結論のひとつは，定着したカタカナ語，すなわち，他の言葉と多様な仕方で結びつき，私たちの生活にすでに深く根を張っているカタカナ語については，急に引っこ抜こうとすべきではない，ということだ。そうした乱暴な仕方では，その分だけ日本語自体を貧しくさせ，私たちの表現力——ひいては，言葉を用いた私たちの思考力——を低下させてしまう。

(古田徹也『いつもの言葉を哲学する』より)

問1　文章中の下線部「ケンシン」の「ケン」を漢字になおしたとき，その「ケン」と同じ漢字を使うものは次の下線部のうちどれか。1～5から選びなさい。

1　科学の進歩にコウケンする。

2　変化のきざしがケンチョだ。

3　他人の所持品をケンサする。

4　彼らのケンカイを聞きたい。

5　生命ホケンの手続きをする。

問2　文章中の[　　]に入る最も適切なものはどれか。1～5から選びなさい。

1　相手にとって必要なことを自力で考案して，よい影響を及ぼしていく

2　相手が許せないふるまいをしたとしても，我慢して大切に思い続ける

3　相手に対して，受動的にも能動的にもなり，曖昧な態度をとり続ける

4　相手の自主性を尊重して，声をかけられるまでは注意を向けずに待つ

5　相手ありきでその状態や要望を気遣い，持続的にかかわり合っていく

問3　この文章の内容と一致するものとして，最も適切なものはどれか。1～5から選びなさい。

1　医療の現場では「看護」よりも「ケア」という言葉を頻繁に用いる。

2　特有の意味をもつ外国語は，日本語の一般的な語彙として定着しうる。

3　カタカナ語は医療の現場に不可欠であるので，積極的に導入すべきだ。

4　若者言葉やカタカナ語は表現力を貧しくするので使わない方がよい。

5　外国語を適切に言い換えられる日本語を作りだしていく必要がある。

(☆☆☆◎◎◎)

【2】次の問1，問2に答えなさい。

問1　次の表は，京浜工業地帯，中京工業地帯，阪神工業地帯における製造品出荷額等の合計およびその内訳の割合を示したものである。表中の(　A　)～(　C　)にあてはまる工業地帯の組合せとして正しいものはどれか。1～6から選びなさい。

工業地帯	製造品出荷額等						
	合計（億円）	内訳（%）					
		金属	機械	化学	食品	繊維	その他
（　A　）	336,597	20.9	37.9	15.9	11.1	1.3	12.9
（　B　）	589,550	9.5	68.6	6.6	4.7	0.7	9.9
（　C　）	252,929	9.4	47.0	18.7	11.6	0.4	12.9

（『日本国勢図会 2022/23』より作成。データは2019年のもの。）

	A	B	C
1	京浜工業地帯	中京工業地帯	阪神工業地帯
2	京浜工業地帯	阪神工業地帯	中京工業地帯
3	中京工業地帯	京浜工業地帯	阪神工業地帯
4	中京工業地帯	阪神工業地帯	京浜工業地帯
5	阪神工業地帯	京浜工業地帯	中京工業地帯
6	阪神工業地帯	中京工業地帯	京浜工業地帯

問2　次の各文は，環境の保全に関する出来事について述べたものである。古い順に並べたとき正しいものはどれか。1～6から選びなさい。

A　日本において，環境の保全についての基本理念を定め，環境の保全に対する社会全体の責務を明らかにした環境基本法が制定された。

B　日本において，工場からの煙や排水などで環境の悪化が進み，さまざまな公害によって多くの患者が出て社会問題となり，公害対策基本法が制定された。

C　地球温暖化防止京都会議で，二酸化炭素など温室効果ガスの削減目標を数値目標として定めた京都議定書が採択された。

D　産業革命前からの世界の気温上昇を，2℃を十分下回る水準に抑えることなどを定めたパリ協定が採択された。

1　A→B→C→D　　2　A→B→D→C　　3　A→C→D→B
4　B→C→A→D　　5　B→A→C→D　　6　B→A→D→C

(☆☆☆◎◎◎)

【3】次の問1，問2に答えなさい。

問1　次の平行四辺形ABCDにおいて，対角線の交点をOとする。点Eは辺BC上の点で，BE：EC＝2：1である。△DBEの面積が$8cm^2$のとき，△OBCの面積はどれか。1～5から選びなさい。

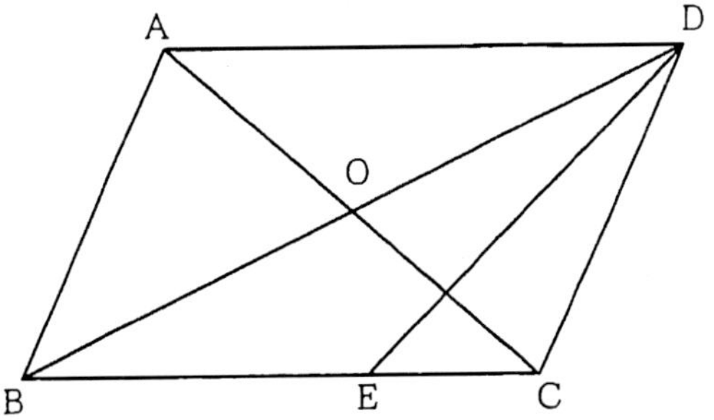

1　$\frac{24}{5}cm^2$　　2　$5cm^2$　　3　$\frac{16}{3}cm^2$　　4　$6cm^2$　　5　$7cm^2$

問2　次の文中の[　　]にあてはまる式は次のうちどれか。1～5から選びなさい。

濃度a%の食塩水x gと，濃度b%の食塩水y gを混ぜ合わせてできる食塩水の濃度は[　　]%である。

1　$a+b$　　2　$\frac{a+b}{2}$　　3　$\frac{ax+by}{100}$　　4　$\frac{ax+by}{x+y}$

5　$\dfrac{100(ax+by)}{x+y}$

(☆☆☆◎◎◎)

【4】次の問1，問2に答えなさい。

問1　次の図のように，なめらかな斜面上に力学台車を置き，力学台車をおさえていた手を静かに離して運動させた。このときの力学台車の斜面上の運動について，次の①，②のグラフとして最も適切なものをア～ウからそれぞれ選んだ組合せはどれか。1～6から選びなさい。ただし，摩擦や空気抵抗はないものとする。

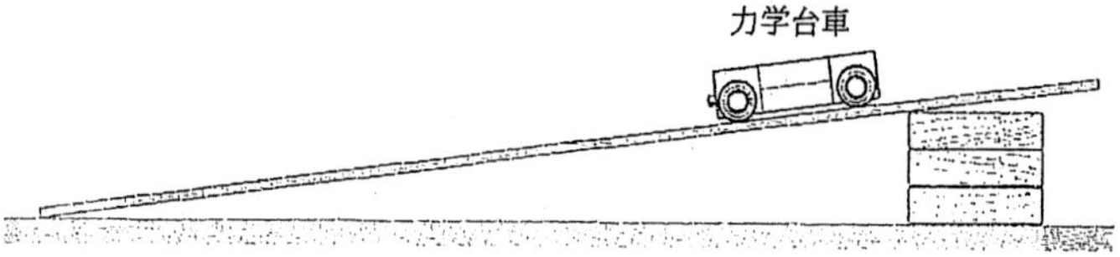

①　力学台車が動き始めてからの時間を横軸に，力学台車の速さを縦軸にとったグラフ

②　力学台車が動き始めてからの時間を横軸に，力学台車の移動距離を縦軸にとったグラフ

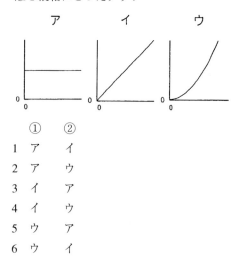

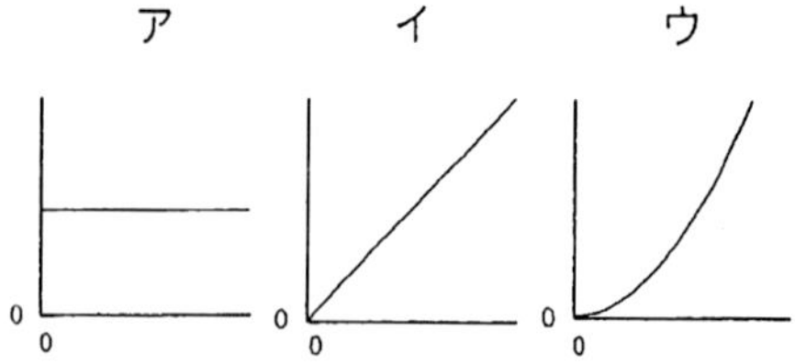

	①	②
1	ア	イ
2	ア	ウ
3	イ	ア
4	イ	ウ
5	ウ	ア
6	ウ	イ

問2　エンドウの種子の形には丸形としわ形がある。丸形の種子をつくる純系と，しわ形の種子をつくる純系の種子をまいて育て，2つをかけ合わせてできた種子(子)はすべて丸形になった。この丸形の種子をまいて育て，自家受粉させると，できた種子(孫)の丸形としわ形の数の比が3：1となった。また，このとき，孫のしわ形の種子の数は1850個であった。

種子を丸形にする遺伝子をA，しわ形にする遺伝子をaとすると，この実験における孫の種子のうち，Aとaの両方の遺伝子をもつ種子はおよそ何個あるか。最も適切なものを1～5から選びなさい。

1　925個　　2　1850個　　3　3700個　　4　5550個　　5　7400個

(☆☆☆◎◎◎)

【5】次の問1～問3に答えなさい。

〔問1・問2〕　次の英文を読んで各問に答えなさい。

In Borneo in the 1950s, mosquitoes were giving people a disease called malaria. When people are ill with malaria, they feel hot, then cold, and very tired; sometimes they even die. So the government used a lot of *pesticide called DDT to kill the mosquitoes. Soon there was less malaria — and that was a good thing. But then the grass roofs of people's houses started to fall on their heads. Why? Because caterpillars lived in the roofs and ate the grass. Before, wasps ate the caterpillars, but the DDT was killing the wasps, too. Now there was nothing to stop the (　　), and so the roofs started to fall down. Then there was a bigger problem. Cats ate the animals that ate the wasps — and without food, the cats began to die. And when there were fewer cats, there were more rats. The rats made people ill, and so people were still dying. Now they had a worse problem than before because more people were dying because of the rats than from malaria — and that is why 14,000 cats arrived by parachute in the villages of Borneo in the 1950s!

＜Christine Lindop『Green Planet』より＞

(注)　*pesticide：殺虫剤

問1　英文中の(　　)に入る最も適切な語はどれか。1～5から選びなさい。

1　caterpillars　　2　wasps　　3　mosquitoes　　4　roofs
5　DDT

問2　この英文の内容と一致するものとして，最も適切なものはどれか。1～5から選びなさい。

1　DDT was used to cure people with malaria.
2　The grass roofs started to fall because pesticides damaged houses.
3　The number of rats increased when there were fewer cats.
4　Wasps are important food for cats.
5　More people died because of malaria rather than rats.

問3　次の対話文の(　　)に入る最も適切なものはどれか。1～5から選びなさい。

A：I'm thinking about the topic of the next presentation.
B：(　　)
A：Sounds good. I love to introduce dolphins and penguins.
B：You're an animal expert, aren't you?
A：Yes, I am. I will talk about marine life.
B：Good luck on your presentation.

1　What do you say to fishing in the river?
2　Why don't you choose life in the ocean?
3　How can we know about marine life?
4　Where can you find sea animals?
5　How about going to a planetarium?

(☆☆☆◎◎◎)

【6】次の問1～問3に答えなさい。

問1　次は，教育基本法(平成18年12月22日　法律第120号)の条文または条文の一部である。文中の(　A　)～(　D　)にあてはまる語句の正しい組合せはどれか。1～6から選びなさい。

第1条　教育は，(　A　)を目指し，平和で民主的な国家及び社会の形成者として必要な資質を備えた心身ともに健康な国民の育成を期して行われなければならない。

第2条　教育は，その目的を実現するため，学問の自由を尊重しつつ，次に掲げる目標を達成するよう行われるものとする。

一　幅広い知識と教養を身に付け，真理を求める態度を養い，(　B　)と道徳心を培うとともに，健やかな身体を養うこと。

五　伝統と文化を尊重し，それらをはぐくんできた我が国と郷土を愛するとともに，他国を尊重し，(　C　)の平和と発展に寄与する態度を養うこと。

第4条　すべて国民は，ひとしく，その(　D　)に応じた教育を受ける機会を与えられなければならず，人種，信条，性別，社会的身分，経済的地位又は門地によって，教育上差別されない。

	A	B	C	D
1	個性の伸長	公共の精神	世界	適性
2	個性の伸長	豊かな情操	世界	能力
3	個性の伸長	公共の精神	国際社会	能力
4	人格の完成	豊かな情操	国際社会	能力
5	人格の完成	公共の精神	世界	適性
6	人格の完成	豊かな情操	国際社会	適性

問2　次は，地方公務員法(昭和25年12月13日　法律第261号)の条文または条文の一部である。文中の(　A　)～(　E　)にあてはまる語句の正しい組合せはどれか。1～6から選びなさい。

第30条　すべて職員は，(　A　)として公共の利益のために勤務し，且つ，職務の遂行に当つては，全力を挙げてこれに専念しなければならない。

第32条　職員は，その職務を遂行するに当つて，法令，条例，地方公共団体の規則及び地方公共団体の機関の定める規程に従い，且つ，上司の職務上の命令に(　B　)に従わなければならない。

第33条　職員は，その職の信用を傷つけ，又は職員の職全体の

(C)となるような行為をしてはならない。

第34条　職員は，職務上知り得た(D)を漏らしてはならない。その職を退いた後も，また，同様とする。

第35条　職員は，法律又は条例に特別の定がある場合を除く外，その勤務時間及び職務上の(E)のすべてをその職責遂行のために用い，当該地方公共団体がなすべき責を有する職務にのみ従事しなければならない。

	A	B	C	D	E
1	全体の奉仕者	忠実	不名誉	情報	集中力
2	全体の奉仕者	真摯	不利益	情報	注意力
3	全体の奉仕者	忠実	不名誉	秘密	注意力
4	公務員	真摯	不利益	秘密	集中力
5	公務員	忠実	不利益	情報	集中力
6	公務員	真摯	不名誉	秘密	注意力

問3　次は，教育職員等による児童生徒性暴力等の防止等に関する法律(令和3年6月4日　法律第57号)の条文である。下線部ア～オのうち，誤っているものはどれか。1～5から選びなさい。

第4条　教育職員等による児童生徒性暴力等の防止等に関する施策は，教育職員等による児童生徒性暴力等が全ての児童生徒等の$_{ア}$<u>心身の健全な発達</u>に関係する重大な問題であるという基本的認識の下に行われなければならない。

2　教育職員等による児童生徒性暴力等の防止等に関する施策は，児童生徒等が安心して学習その他の活動に取り組むことができるよう，学校の内外を問わず教育職員等による児童生徒性暴力等を$_{イ}$<u>未然に防止</u>することを旨として行われなければならない。

3　教育職員等による児童生徒性暴力等の防止等に関する施策は，被害を受けた児童生徒等を適切かつ迅速に$_{ウ}$<u>保護すること</u>を旨として行われなければならない。

4　教育職員等による児童生徒性暴力等の防止等に関する施策は，教育職員等による児童生徒性暴力等が懲戒免職の事由(解雇の事由として懲戒免職の事由に相当するものを含む。)となり得る行為であるのみならず，児童生徒等及びその保護者からの教育職員等に対する信頼を著しく低下させ，学校教育の信用を傷つけるものであることに鑑み，児童生徒性暴力等をした教育職員等に対する$_{エ}$懲戒処分等について，適正かつ厳格な実施の徹底を図るための措置がとられることを旨として行われなければならない。

5　教育職員等による児童生徒性暴力等の防止等に関する施策は，国，地方公共団体，学校，医療関係者その他の関係者の$_{オ}$連携の下に行われなければならない。

1　ア　　2　イ　　3　ウ　　4　エ　　5　オ

(☆☆◎◎◎◎)

【7】次の問1，問2に答えなさい。

問1　次のA～Eのうち，ブルーム(Bloom, B. S.)について説明したものはどれか。1～5から選びなさい。

A　アメリカ進歩主義教育運動の理論的指導者。プロジェクト-メソッドを創始し，教授方法論のレベルでデューイ(Dewey，J.)の理論を大衆化した。

B　教育の方法としての管理・教授・訓練の作用のうち，教育的教授を重視して，その形式的段階を定式化した。

C　スキナー箱による動物実験によってオペラント行動を研究し，その結果を教授学(ティーチング-マシン)や治療学(行動療法)などに広く応用した。

D　万物に内在する神性の展開を教育目的とし，ここから子供の内発的自己活動を重視する教育理論をつくりあげた。

E　教科ごとに教育目標になりうるものを認知・情意・運動に三分し，教授過程の具体的学習目標と達成基準を提示し，“教育目標の分類学”を推進した。

1　A　　2　B　　3　C　　4　D　　5　E

問2　次は，「教育の情報化に関する手引(追補版)」(令和2年6月　文部科学省)第3章　第1節の一部である。文中の(　A　)～(　D　)にあてはまる語句の正しい組合せはどれか。1～6から選びなさい。

1.(　A　)教育の必要性

今日，コンピュータは人々の生活の様々な場面で活用されている。スマートフォンや仕事を処理するパソコン，家電や自動車をはじめ身近なものの多くにもコンピュータが内蔵され，人々の生活を便利で豊かなものにしている。さらに，インフラや経済活動，生産活動等，(　B　)でもコンピュータは不可欠となっている。誰にとっても，職業生活，学校での学習，家庭生活など，あらゆる活動において，コンピュータなどの情報機器やサービスとそれらによってもたらされる情報とを適切に選択・活用して問題を解決していくことが不可欠な社会が到来しつつあり，今後「Society5.0」と言われる，大量の情報を生かし，(　C　)を活用して様々なことを判断させたり，身近な物の働きがインターネット経由で(　D　)されたりする時代の到来が，社会の在り方を大きく変えていくとの予測がなされている。

コンピュータをより適切かつ効果的に活用していくためには，その仕組みを知ることが重要である。

	A	B	C	D
1	情報モラル	生活の基盤	SNS	明瞭化
2	情報モラル	社会の基盤	人工知能	最適化
3	情報モラル	生活の基盤	SNS	最適化
4	プログラミング	社会の基盤	人工知能	最適化
5	プログラミング	生活の基盤	人工知能	明瞭化
6	プログラミング	社会の基盤	SNS	明瞭化

(☆☆◎◎◎◎)

【8】次の問1～問3に答えなさい。

問1　次は，「生徒指導提要」(令和4年12月　文部科学省)に示されている生徒指導の定義と目的である。文中の(　A　)～(　D　)にあてははまる語句の正しい組合せはどれか。1～6から選びなさい。

生徒指導の定義
生徒指導とは，児童生徒が，社会の中で(　A　)生きることができる存在へと，自発的・主体的に成長や発達する過程を支える教育活動のことである。なお，生徒指導上の課題に対応するために，必要に応じて指導や(　B　)を行う。

生徒指導の目的
生徒指導は，児童生徒一人一人の個性の発見とよさや(　C　)の伸長と社会的資質・能力の発達を支えると同時に，自己の(　D　)と社会に受け入れられる自己実現を支えることを目的とする。

	A	B	C	D
1	自分らしく	援助	可能性	幸福追求
2	自分らしく	アセスメント	創造性	幸福追求
3	自分らしく	援助	創造性	健全な成長
4	自信をもって	アセスメント	可能性	健全な成長
5	自信をもって	援助	可能性	幸福追求
6	自信をもって	アセスメント	創造性	健全な成長

問2　次は，「教育しが」(令和5年1月号　滋賀県教育委員会)に掲載された，「個別最適な学び」について表した図である。図中の(　A　)～(　D　)にあてはまる語句の正しい組合せはどれか。1～6から選びなさい。

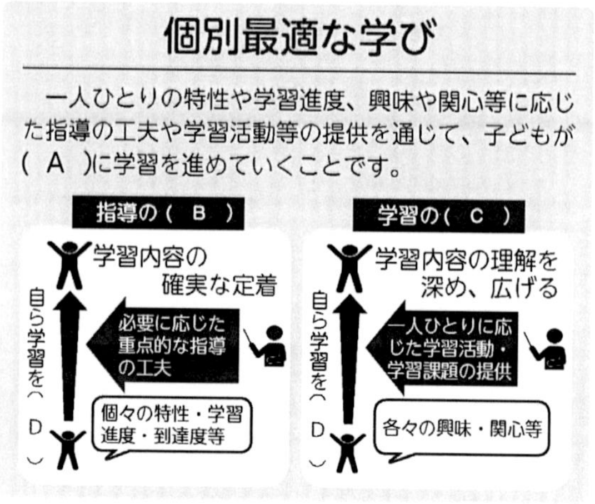

	A	B	C	D
1	主体的	個別化	個性化	計画
2	主体的	個性化	個別化	調整
3	主体的	個別化	個性化	調整
4	積極的	個性化	個別化	計画
5	積極的	個別化	個性化	計画
6	積極的	個性化	個別化	調整

問3　次は,「令和3・4年度　人と人とが豊かにつながる学校づくり支援事業」(滋賀県教育委員会)のリーフレットの一部である。文中の(　A　)～(　D　)にあてはまる語句の正しい組合せはどれか。1～6から選びなさい。

「豊かなつながり」を生み出すためのポイント

・教職員同士の情報共有によって,児童生徒との距離を縮める方法を模索・実施すること。

・児童生徒主体の活動を創造・実施し,教職員が(　A　)に徹すること。

・児童生徒が自分たちの力でつくりあげたという(　B　)や成

功体験を生み出す機会を創出すること。
・安心感が得られる居場所や相談・おしゃべりができる居人(いびと)の存在を大切にすること。
・児童生徒同士をつなぐ「リード役」の教職員は，児童生徒間の(　C　)ができた時点で少しずつ存在感を薄めていくこと。
・教職員が人権と自分との関係性を語ること(自己開示)。
・人権通信や掲示物等の活用を図り，児童生徒の声や(　D　)を発信すること。

	A	B	C	D
1	見守り役	実績	ルール	成果
2	見守り役	達成感	つながり	成果
3	見守り役	実績	つながり	変容
4	ファシリテーター	達成感	ルール	変容
5	ファシリテーター	実績	ルール	成果
6	ファシリテーター	達成感	つながり	変容

(☆☆◎◎◎◎)

【9】次の問1，問2に答えなさい。

問1　次は，ヴィゴツキー(Vygotsky, L. S.)について述べたものである。文中の(　A　)～(　D　)にあてはまる語句の正しい組合せはどれか。1～6から選びなさい。

人間に固有の認知機能である高次精神機能の起源は，(　A　)な活動の中にあり，それが次第に個人的なものへと(　B　)されていく，つまり，精神間機能から精神内機能へ移行すると考えた。

また，高次精神機能は，人間の活動が道具や(　C　)に媒介されることによって成立すると考えた。そして，発達の(　D　)領域や内言といった概念を提唱した。

	A	B	C	D
1	本能的	内面化	記号	高水準
2	本能的	潜在化	記号	高水準
3	本能的	内面化	音声	最近接
4	社会的	潜在化	音声	最近接
5	社会的	内面化	記号	最近接
6	社会的	潜在化	音声	高水準

問2　次のA～Dの記述と最も関連の深い人物について，正しい組合せはどれか。1～6から選びなさい。

A　リビドーや関心の向く方向によって人間の基本的態度に外向と内向の二つのタイプがあるとした。また，無意識のうちにコンプレックスがあることを主張した。

B　劣等感を補償しようとする傾向により，人は権力への意思をもつようになり，それにより性格形成や人格の発達のあり方が決定されると考えた。

C　人の基本的な生活領域として，理論，経済，審美，社会，政治，宗教等の6種を考え，これらのどの領域に価値を置き，興味をもって生活しているかによって生活形式による類型を考えた。

D　行動主義心理学の創始者であり，心理学では，意識や内観でなく，純粋に客観的に測定しうる行動を対象として扱うべきであると考えた。刺激－反応(S－R)心理学を確立した。

シュプランガー(Spranger, E.)　ユング(Jung, C. G.)
ワトソン(Watson, J. B.)　クレッチマー(Kretschmer, E.)
アドラー(Adler, A.)

	A	B	C	D
1	クレッチマー	アドラー	ユング	ワトソン
2	クレッチマー	シュプランガー	ワトソン	ユング
3	ユング	クレッチマー	アドラー	シュプランガー
4	ユング	アドラー	シュプランガー	ワトソン
5	アドラー	シュプランガー	ユング	クレッチマー
6	アドラー	クレッチマー	ワトソン	ユング

(☆☆◎◎◎◎)

解答・解説

【1】問1　1　　問2　5　　問3　2

〈解説〉問1　下線部は献身。1は貢献，2は顕著，3は検査，4は見解，5は保険。　問2　受動的・能動的・献身的という多様なcareのあり方として適切なものを選ぶ。　問3　本文は「『ケア』という新たな言葉」が「いまに至るまで『ケア』のまま生き残り続けた」ことについて述べている。

【2】問1　6　　問2　5

〈解説〉問1　製造品出荷額等の合計金額が最も高く，機械の占める割合が高いBは，自動車生産が中心の中京工業地帯と判断できる。Bに次いで製造品出荷額が高く，金属の占める割合が高いAが阪神工業地帯である。Bの中京工業地帯では機械が突出しているのに対し，Aの阪神工業地帯では各種工業がバランスよく発達しているのが特徴である。残るCは，輸送用機械を中心とした機械工業が発達している京浜工業地帯となる。　問2　Aの環境基本法の制定は1993年，Bの公害対策基本法の制定は1967年，Cの京都議定書の採択は1997年，Dのパリ協定の採択は2015年のことである。

【3】問1　4　　問2　4

〈解説〉問1　$\triangle OBC = \frac{1}{2}\triangle DBC = \frac{1}{2} \times \frac{BC}{BE}\triangle DBE = \frac{1}{2} \times \frac{2+1}{2} \times 8 = 6$〔$cm^2$〕　問2　濃度$a$%の食塩水$x$ gの中に含まれる食塩の量は$x \times \frac{a}{100} = \frac{ax}{100}$〔g〕，濃度$b$%の食塩水$y$ gの中に含まれる食塩の量は$y \times \frac{b}{100} = \frac{by}{100}$〔g〕だから，混ぜ合わせてできる食塩水$(x+y)$gの濃度は，(濃度〔%〕)$= \frac{(\text{食塩の量})}{(\text{食塩水の量})} \times 100$より，$\frac{\frac{ax}{100}+\frac{by}{100}}{x+y} \times 100 = \frac{ax+by}{x+y}$〔%〕である。

【4】問1　4　　問2　3

〈解説〉問1　なめらかな斜面を下る運動は初速度が0の等加速度運動なので，速さは時間に比例する。また移動距離は時間の二乗に比例する。問2　子の遺伝子型はAaなのでそれを自家受粉してできた孫の遺伝子型とその比は，AA：Aa：aa＝1：2：1となる。aaがしわ形なので，Aaはその2倍の数ができる。

【5】問1　1　　問2　3　　問3　2

〈解説〉問1　空欄前後の文意は「以前はwasps がcaterpillarsを捕食していたが，waspsが殺虫剤によって駆除された結果，(　　)を止めるものがいなくなった」であるので，caterpillarsが適切。　問2　3は，マラリアを媒介する蚊を撲滅するために使用した殺虫剤の影響が，食物連鎖に及ぼしてしまった影響として，本文中で説明されている。ネコは，waspsを捕食する動物を餌としていたが，殺虫剤でwaspsがいなくなったため，その捕食者である動物もいなくなった。よって，食料不足となったネコが死んでしまい，ネコがいなくなったため，ネズミが増え，ネズミが媒介する病気によって，マラリアで亡くなるより多くの人々が亡くなり，以前より状況が悪化した，という連鎖である。　問3　Aがプレゼンテーションのトピックについて考えていると言い，それに対するBの返答を選択する。Bの返答を聞いてAは賛成し，イルカやペンギンを紹介したいと述べているので，Bは2「海洋生物にしてはどうですか」と提案していると推察できる。

【6】問1　4　　問2　3　　問3　2

〈解説〉問1　教育基本法第1条は「教育の目的」，同法第2条はその目的を実現するための「教育の目標」，同法第4条(その第1項のみが出題)は「教育の機会均等」に関する規定である。　問2　出題されたのはいずれも公務員の服務に関する規定である。地方公務員法第30条は「服務の根本基準」，同法第32条は「法令等及び上司の職務上の命令に従う義務」，同法第33条は「信用失墜行為の禁止」，同法第34条(その第1項のみが出題)は「秘密を守る義務」，同法第35条は「職務に専念する義務」に関する規定である。　問3　下線部イが誤っており「根絶」が正しい文言である。

【7】問1　5　　問2　4

〈解説〉問1　Aはキルパトリック，Bはヘルバルト，Cはスキナー，Dはフレーベルに関する記述である。出題のブルームについては，完全習得学習(マスタリーラーニング)やその実践のための三段階の評価(診断的評価，形成的評価，総括的評価)を提唱したこともおさえておきたい。　問2「第1節 プログラミング教育の必要性及びその充実」の冒頭部分からの出題である。Aについては，問題文の部分に「…その仕組みを知ることが重要」とあることから，「プログラミング」を選択したい。誤肢である「情報モラル」とは，「情報社会で適正な活動を行うための基になる考え方と態度」といったことを意味するので，ここでは文脈に合わない。

【8】問1　1　　問2　3　　問3　6

〈解説〉問1「生徒指導の定義」と「生徒指導の目的」は，「第1章　生徒指導の基礎」における「1.1.1　生徒指導の定義と目的」の項に示されている。本年度において複数の自治体で出題されているので，当該箇所の説明文を熟読の上，定義と目的は正確に覚えておくこと。
問2「個別最適な学び」については，中央教育審議会答申「『令和の日本型学校教育』の構築を目指して～全ての子供たちの可能性を引き出す，個別最適な学びと，協働的な学びの実現～」(令和3年1月26日)を参照のこと。本答申における「個別最適な学び」の説明箇所(「第1部総論」の「3. 2020年代を通じて実現すべき『令和の日本型学校教育』の姿」)を読み込みたい。なお，出題された「教育しが」は保護者向けの情報誌で，ここ数年間，これを出典とした出題が続いている。自治体のホームページで確認しておくとよい。　問3　滋賀県教育委員会の「人と人とが豊かにつながる学校づくり支援事業」とは，「教職員が児童生徒一人ひとりとのつながりを豊かにするとともに，子ども同士のつながり，教職員同士のつながり，学校と保護者・地域のつながりを豊かに築いていくという視点を大切にし，人権教育を基盤に据えた学校づくりを進めていくための支援を行う」ことを目的とする。出題されたリーフレットには，令和3年・4年の2年間にわたる人権教育の取組の成果や児童生徒・教職員の変容がまとめられている。なお，空欄Aの正答であるファシリテーターは，組織や会議の調整役といった意味で用いられる。

【9】問1　5　　問2　4

〈解説〉問1　ヴィゴツキーは，「発達の最近接領域」や「内言」，「外言」といった概念を提唱したことをおさえておきたい。本問は「内言」及び「外言」概念を理解しているならば正答しうるが，その概要は次の通りである。子どもはまず周りとのコミュニケーションで用いることばを学び，そのことばが外言(外に向って発せられ，他人との相互交渉の用具としての機能をもつ音声化した言葉)である。やがて，子どもはそのことばを使って自ら思考するようになるが，最初はそれがひとり言として外界に発せられ，やがてそれが内言(発声を伴わずに自分自身の心のなかで用いる言葉)に転化するというものである。
問2　A　ユングは，はじめフロイトに影響を受けたが，後に独自の分析的心理学を確立し，「集合的無意識」，「元型」といった概念を主張した。　B　アドラーもはじめフロイトの影響を受けたが，後に人間の最も重要な欲求はフロイトのように性欲と捉えるのではなく，「優越の欲求」(「権力意志」)である旨を主張し，独自の個人心理学を提唱した。　C　シュプランガーはドイツの哲学者・教育学者で，文化哲学と心理学による文化教育学を展開したことや，また人間を6つに分類したことで知られる。　D　ワトソンはアメリカの心理学者で，心理学が科学であるためには，客観的に観察可能な行動を研究対象とすべきであるとする行動主義心理学を提唱したことで知られる。なお，誤肢であるクレッチマーはドイツの精神医学者で，体格と性格の関連性を指摘する性格類型論を提唱したことで知られる。

2023年度　実施問題

【1】次の文章を読んで問1～問3に答えなさい。

接続詞は，本来，後続文脈の展開の方向性を①セイゲンし，後続文脈の内容を理解しやすくするためにあるはずです。しかし，現実にはかえって読み手の理解の阻害要因として働くことがあります。その場合，接続詞によってセイゲンされた展開の方向性と，現実に示された後続文脈の内容とのズレに起因することが大半です。

次の「しかも」を含む二つの文章はどちらがわかりやすいでしょうか。

・今朝も朝から雨が降っている。しかも，風がかなり強い。
・今朝も朝からよく晴れている。しかも，風がかなり強い。

おそらく，ほとんどの人が前者，「雨」と「風」のほうを選ぶと思います。天気が悪いという点で共通しており，「外出するのが大変だ」といった文脈が想定しやすいからです。

一方，後者，「晴れ」と「風」のほうは理解しにくく感じられます。「晴れ」は好天を表すのに，「風」は悪天候を表すからです。

しかし，「晴れ」と「風」のほうも，それにふさわしい文脈を与えてやると，筋が通ります。たとえば，この文章の書き手が花粉症で悩んでいる場合です。本州では二月から四月にかけて，晴れて暖かい日は杉の花粉が飛散しやすくなります。それに，強い風が加わると，花粉症患者にとっては最悪の条件がそろいます。その場合，並列の接続詞「しかも」が自然になるのです。

私たちが書き手としてやってしまいがちなことは，読み手が，書き手と同じ文脈でその接続詞を理解するであろうという勝手な思い込みです。読み手は，書き手と同じ文脈で理解してくれるとはかぎりません。書き手と読み手の文脈が異なった場合，そこで使われる接続詞は，理解を促進するかわりに，理解を阻害する要因として働きます。

接続詞を使うさいには，書き手と読み手が同じ文脈で理解できるように表現を調整するということが，誤解を生ま②ない接続詞使用のための重要なポイントになります。

(石黒　圭『文章は接続詞で決まる』より)

問1　文章中の下線部①「セイゲン」の「セイ」を漢字になおしたとき，その「セイ」と同じ漢字を使うものは次の下線部のうちどれか。1～5から選びなさい。

1　文章のコウセイを考える。

2　セイジャクに包まれる。

3　シンセイヒンに関するお知らせが出た。

4　反対意見がタイセイを占めている。

5　センセイテンを取った方が有利だ。

問2　文章中の下線部②「ない」と，文法的に同じ「ない」は次の下線部のうちどれか。1～5から選びなさい。

1　そんなことは信じられない。

2　私は今，自分自身が情けない。

3　断定するだけの証拠がない。

4　気温があまり高くない。

5　その考えは明確ではない。

問3　この文章の内容と一致するものとして，最も適切なものはどれか。1～5から選びなさい。

1　接続詞は読み手の理解を方向付けるので，書き手の意図した文脈に沿って用いることが望ましい。

2　対照的な意味をもつ「晴れ」と「風」を含む文章は，並列の接続詞では接続することができない。

3　誤解を生まない接続詞使用のためには，読み手が，書き手と同じ文脈やその接続詞を理解すると想定しておくことがポイントである。

4　書き手は，接続詞が誤解を生む要因とならないように，読み手による文脈の理解を意識したうえで，表現を工夫することが重要である。

5　書き手と読み手の文脈の理解が異なっているときに，その差異を埋めてくれるものが接続詞である。

(☆☆☆◎◎◎)

【2】次の問1，問2に答えなさい。

問1　次の各文は，日本の気候を，気温・降水量とその月別の変化をもとに，6つの気候区に分けたときの，4つの気候区の特徴を述べたものである。(　A　)～(　D　)にあてはまる言葉の組合せとして正しいものはどれか。1～6から選びなさい。

○　太平洋側の気候は，冬は季節風の(　A　)になるため晴天の日が多く，夏は太平洋から吹く湿った季節風によって雨が多い。

○　瀬戸内の気候は，冬の季節風が中国山地に，夏の季節風が四国山地にさえぎられるため，一年中(　B　)で降水量が少ない。

○　南西諸島の気候は，1年を通して雨が多く，台風の通り道にあるため秋の降水量も多い。夏の気温は本州とそれほど変わらないが，沿岸に(　C　)が流れていて冬でも温暖である。

○　内陸(中央高地)の気候は，海から離れているため季節風によって運ばれる水分が少なく，1年を通して降水量が少ない。加えて，夏と冬の気温の差が(　D　)。

	A	B	C	D
1	風上	冷涼	黒潮	大きい
2	風上	温暖	親潮	小さい
3	風上	冷涼	親潮	小さい
4	風下	温暖	親潮	大きい
5	風下	冷涼	黒潮	小さい
6	風下	温暖	黒潮	大きい

問2　次の各文は，日本の裁判員制度について述べたものである。正しいものはどれか。1～5から選びなさい。

1　裁判員制度では，30歳以上の国民の中からくじで選ばれた人が，裁判員として参加する。

2　裁判員制度では，裁判長だけで，被告人や証人への質問を行い，被告人が有罪か無罪かを判断する。

3　裁判員制度では，殺人，強盗，放火など，有罪となれば罪が重くなる事件を対象としていない。

4　裁判員制度では，従事する職業に関係なく，裁判員の職務に就くことができる。

5　裁判員制度では，裁判員としての役目が終わった後も，評議の内容などについて守秘義務がある。

(☆☆☆◎◎◎)

【3】次の問1，問2に答えなさい。

問1　nがある自然数のとき，$n^2-10n-11$の値が素数pになる。この素数pはどれか。1～5から選びなさい。

1　5　　2　7　　3　11　　4　13　　5　17

問2　次の図の△ABCにおいて，点D，Eは辺ABを3等分した点であり，点Fは辺BCの中点である。また，点Gは線分AFと線分CDとの交点である。EF＝6cmのとき，線分CGの長さはどれか。1～5から選びなさい。

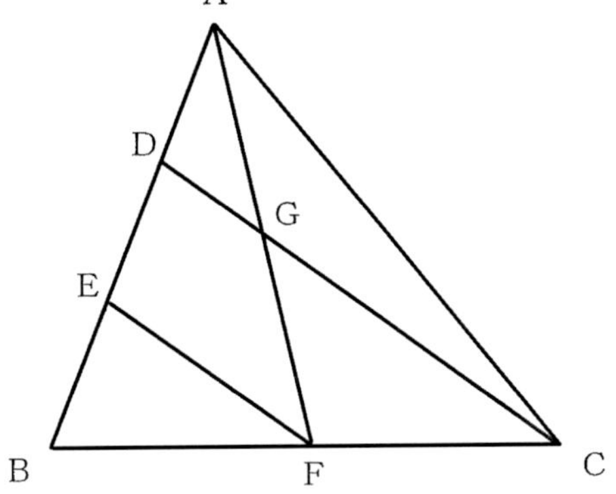

1　6cm　　2　8cm　　3　9cm　　4　10cm　　5　12cm

(☆☆☆◎◎◎)

【4】次の問1，問2に答えなさい。

問1　次の各文は，地震について述べたものである。下線部が誤っているものはどれか。1～5から選びなさい。

1　地下の浅いところで起きた大きな地震でできる断層は，その後もくり返しずれが生じることがある。その可能性があるものを活断層という。

2　地震の規模は地震のエネルギーの大きさのことであり，マグニチュードで表される，マグニチュードの値が1大きいと地震のエネルギーは約10倍になる。

3　気象庁は，地震によるゆれの大きさを震度で表し，震度の階級は10階級に分けている。

4　海溝付近でプレートがずれることで生じる地震を海溝型地震という。例として2011年に発生した東北地方太平洋沖地震がある。

5　P波の方がS波よりも速く伝わる。震源からの距離が大きいほどP波とS波の到着時刻の差が大きくなるため，初期微動継続時間は長くなる。

問2　次の文中の(　ア　)と(　イ　)にあてはまるものの正しい組合せはどれか。1～6から選びなさい。

図のような装置を用いて，うすい水酸化ナトリウム水溶液に電圧を加え，水の電気分解を行った。このとき電極Aでは(　ア　)が発生した。電極Aと電極Bで発生した気体の体積の関係を表したグラフは(　イ　)である。

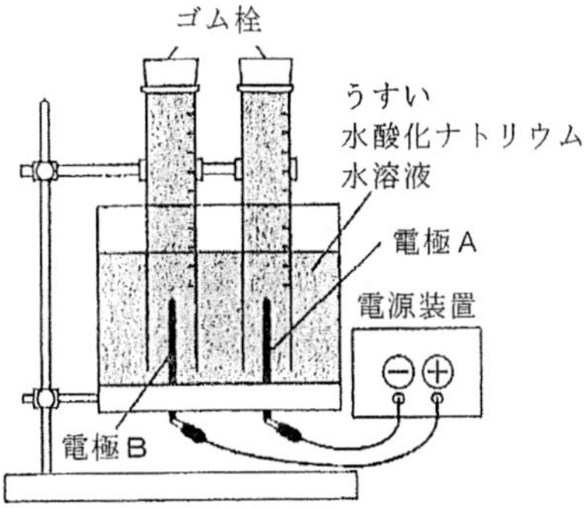

a

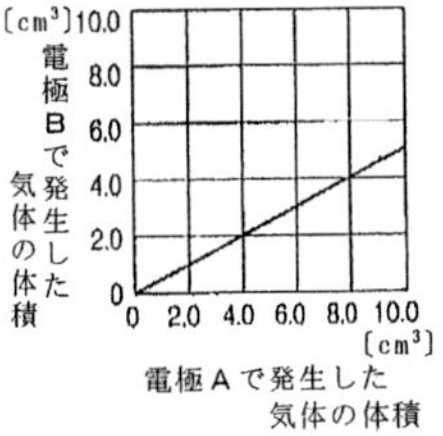

b

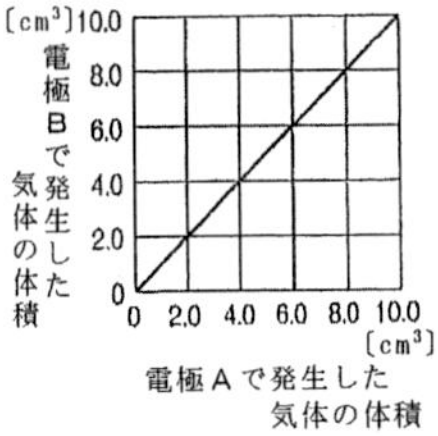

c

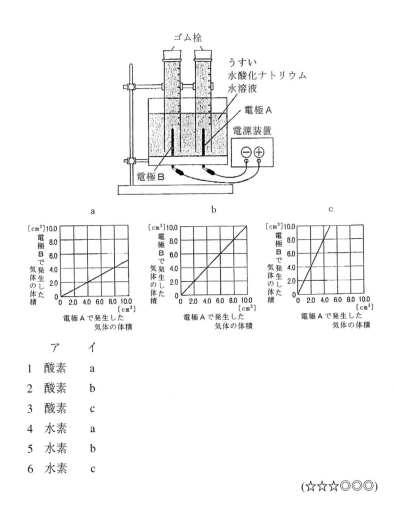

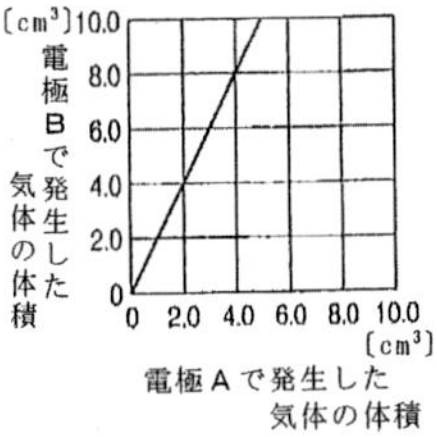

	ア	イ
1	酸素	a
2	酸素	b
3	酸素	c
4	水素	a
5	水素	b
6	水素	c

(☆☆☆◎◎◎)

【5】次の問1～問3に答えなさい。

〔問1・問2〕 次の英文を読んで各問いに答えなさい。

Factories and people already produce 1,300 billion kilograms of rubbish every year. And we are producing more and more all the time because people are buying and using more things. In many countries, shops now sell most things in packaging, and when people buy these things, they throw the packaging away. Most of our rubbish goes in landfills − places where rubbish is put in the ground. Chemicals from the rubbish can then go into the ground and into rivers, and landfills also produce a lot of the greenhouse gas, methane.

A lot of rubbish today is made of plastic, which stays in the (　　) for a long time − possibly even one thousand years − before it decomposes (breaks into smaller and smaller pieces and goes back into the land).

The world's oceans are full of pieces of plastic from things like bags and bottles, and a lot of seabirds and other ocean animals now have these pieces in their bodies. Many of them are dying because of this.

＜Alex Raynham and Rachel Bladon『*Global Issues*』より＞

問1　英文中の(　　)に入る最も適切な語はどれか。1～5から選びなさい。

1　shops　　2　factory　　3　environment　　4　community

5　present

問2　この英文の内容と一致するものとして，最も適切なものはどれか。1～5から選びなさい。

1　Chemicals from rubbish stay in the ground forever.

2　The lives of sea animals are threatened by plastic waste.

3　Only a few pieces of plastic enter the oceans.

4　One thousand three hundred billion kilograms of rubbish is produced each month.

5　Many countries don't allow plastic packaging.

問3　次は，留学生のリサ＜Lisa＞と，クラスメイトの美也＜Miya＞の対話文である。文中の(　　)に入る最も適切なものはどれか。1～5から選びなさい。

Miya : What are you doing?

Lisa　: I'm thinking about what club I should join. I want to try something related to Japanese culture.

Miya : How about the tea ceremony club? You can learn about the heart of

Japanese hospitality.

Lisa : Well..., it might be interesting, but I'd like to try a sport.

Miya : Then, how about a Japanese sport famous all over the world? It's one of the Olympic events.

Lisa : What is it?

Miya : *Judo*. Actually, I'm a member of the *Judo* club. (　　)

Lisa : That sounds nice! I want to try that.

1 Why don't you join us?　　2 When can you come?

3 Have you seen a *Judo* match?　　4 How did you like it?

5 What do you know about *Judo*?

(☆☆☆◎◎◎)

【6】次の問1，問2に答えなさい。

問1　次は，教育基本法(平成18年12月22日　法律第120号)の条文または条文の一部である。下線部が誤っているものはどれか。1～5から選びなさい。

1　第1条　教育は，人格の完成を目指し，平和で民主的な国家及び<u>社会の形成者</u>として必要な資質を備えた心身ともに健康な国民の育成を期して行われなければならない。

2　第3条　国民一人一人が，自己の人格を磨き，豊かな人生を送ることができるよう，その<u>生涯にわたって</u>，あらゆる機会に，あらゆる場所において学習することができ，その成果を適切に生かすミことのできる社会の実現が図られなければならない。

3　第4条　すべて国民は，ひとしく，その能力に応じた<u>教育を受ける機会</u>を与えられなければならず，人種，信条，性別，社会的身分，経済的地位又は門地によって，教育上差別されない。

4　第5条　国民は，その保護する子に，別に法律で定めるところにより，普通教育を受けさせる<u>義務を負う</u>。

5　第9条　法律に定める学校の教員は，自己の<u>崇高な職責</u>を深く自覚し，絶えず研究と修養に励み，その職責の遂行に努めなければならない。

問2　次は，それぞれの法規の条文または条文の一部である。文中の(　A　)～(　D　)にあてはまる語句の正しい組合せはどれか。1～6から選びなさい。

〔地方公務員法〕

すべて職員は，全体の奉仕者として公共の利益のために勤務し，且つ，職務の遂行に当つては，全力を挙げてこれに(　A　)しなければならない。

〔学校保健安全法〕

校長は，感染症にかかつており，かかつている疑いがあり，又はかかるおそれのある児童生徒等があるときは，政令で定めるところにより，(　B　)ことができる。

〔教育職員等による児童生徒性暴力等の防止等に関する法律〕

教育職員等は，基本理念にのっとり，児童生徒性暴力等を行うことがないよう教育職員等としての(　C　)を図るとともに，その勤務する学校に在籍する児童生徒等が教育職員等による児童生徒性暴力等を受けたと思われるときは，適切かつ迅速にこれに対処する責務を有する。

〔いじめ防止対策推進法〕

学校の設置者及びその設置する学校は，当該学校におけるいじめを(　D　)に発見するため，当該学校に在籍する児童等に対する定期的な調査その他の必要な措置を講ずるものとする。

	A	B	C	D
1	集中	出席の扱いとする	倫理の保持	確実
2	集中	出席を停止させる	自己の研鑽	確実
3	集中	出席の扱いとする	自己の研鑽	早期
4	専念	出席を停止させる	倫理の保持	早期
5	専念	出席の扱いとする	倫理の保持	確実
6	専念	出席を停止させる	自己の研鑽	早期

(☆◎◎◎◎◎)

【7】次の問1～問3に答えなさい。

問1　次は，小学校学習指導要領(平成29年3月告示)の「第1章　総則　第1　小学校教育の基本と教育課程の役割」の一部である。文中の(　A　)～(　C　)にあてはまる語句の正しい組合せはどれか。1～6から選びなさい。

(1)　基礎的・基本的な知識及び技能を確実に習得させ，これらを活用して課題を解決するために必要な思考力，判断力，表現力等を育むとともに，主体的に学習に取り組む態度を養い，(　A　)を生かし多様な人々との協働を促す教育の充実に努めること。

(2)　(　B　)や体験活動，多様な表現や鑑賞の活動等を通して，豊かな心や創造性の涵養を目指した教育の充実に努めること。

(3)　学校における体育・健康に関する指導を，児童の発達の段階を考慮して，学校の教育活動全体を通じて適切に行うことにより，健康で安全な生活と豊かな(　C　)の実現を目指した教育の充実に努めること。

	A	B	C
1	能力	情報教育	スクールライフ
2	能力	道徳教育	スクールライフ
3	能力	情報教育	スポーツライフ
4	個性	道徳教育	スクールライフ
5	個性	情報教育	スポーツライフ
6	個性	道徳教育	スポーツライフ

(注)　(1)～(3)の内容は，中学校，高等学校，特別支援学校小学部・中学部および高等部の各学習指導要領にも同様に示されている。ただし，文中の「児童」を中学校，高等学校，特別支援学校高等部においては「生徒」，特別支援学校小学部・中学部においては「児童又は生徒」と読み替える。

問2　次は，中央教育審議会答申「『令和の日本型学校教育』の構築を目指して」(令和3年1月26日)の一部である。文中の(　A　)～(　C　)にあてはまる語句の正しい組合せはどれか。1～6から選びなさい。

(1)　学校教育の質の向上に向けたICTの活用

○　ICTの活用により新学習指導要領を着実に実施し，学校教育の質の向上につなげるためには，(　A　)を充実させつつ，各教科等において育成を目指す資質・能力等を把握した上で，特に「主体的・対話的で深い学び」の実現に向けた(　B　)に生かしていくことが重要である。また，従来はなかなか伸ばせなかった資質・能力の育成や，他の学校・地域や海外との交流など今までできなかった学習活動の実施，家庭など学校外での学びの充実などにもICTの活用は有効である。

○　その際，1人1台の端末環境を生かし，端末を日常的に活用することで，ICTの活用が特別なことではなく「当たり前」のこととなるようにするとともに，ICTにより現実の社会で行われているような方法で児童生徒も学ぶなど，学校教育を現代化することが必要である。児童生徒自身がICTを「(　C　)」として自由な発想で活用できるよう環境を整え，授業をデザインすることが重要である。

	A	B	C
1	カリキュラム・マネジメント	授業改善	教科書
2	カリキュラム・マネジメント	授業実践	文房具
3	カリキュラム・マネジメント	授業改善	文房具
4	アクティブ・ラーニング	授業実践	教科書
5	アクティブ・ラーニング	授業改善	教科書
6	アクティブ・ラーニング	授業実践	文房具

問3　次のA～Cの記述と最も関連の深い人物について，正しい組合せを1～6から選びなさい。

A　学習者の認知構造と学習材料との関連づけを重視した有意味受容学習と，それを促進する先行オーガナイザーの有効性を提唱した。

B　子どもの側の主体的探究活動を通じて基本的概念を発見させる発見学習の理論的基礎を提供した。

C　従来の一斉教授を打ち破り，一人ひとりの子どもの個性や要求に応じた個別学習の方式を採用したドルトン・プランを考案した。

パーカースト(Parkhurst, H.)
ブルーナー(Bruner, J. S.)
オーズベル(Ausubel, D. P.)

	A	B	C
1	パーカースト	ブルーナー	オーズベル
2	パーカースト	オーズベル	ブルーナー
3	ブルーナー	パーカースト	オーズベル
4	ブルーナー	オーズベル	パーカースト
5	オーズベル	ブルーナー	パーカースト
6	オーズベル	パーカースト	ブルーナー

(☆☆◎◎◎◎)

【8】次の問1～問3に答えなさい。

問1　次は,「教育しが」(令和4年4月号　滋賀県教育委員会)の中で,「滋賀の教育大綱(第3期滋賀県教育振興基本計画)」の基本目標「未来を拓く心豊かでたくましい人づくり」の実現に向けて,令和4年度に滋賀の教育において重点的に取り組む事業の内容として示されているものの一部である。文中の(　A　)～(　D　)にあてはまるものの正しい組合せはどれか。1～6から選びなさい。

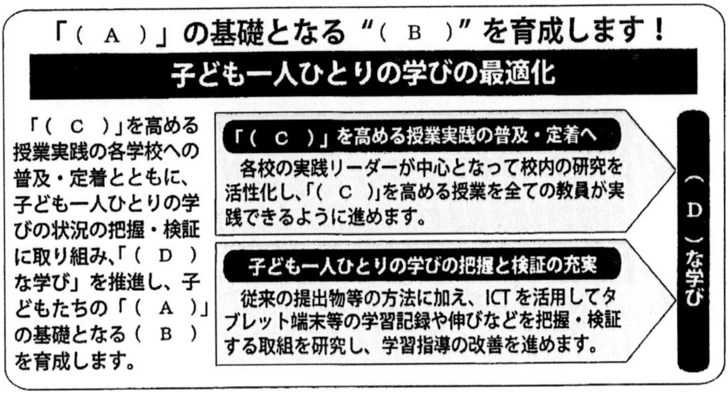
「(　A　)」の基礎となる“(　B　)”を育成します！
子ども一人ひとりの学びの最適化
「(　C　)」を高める授業実践の各学校への普及・定着とともに、子ども一人ひとりの学びの状況の把握・検証に取り組み、「(　D　)な学び」を推進し、子どもたちの「(　A　)」の基礎となる(　B　)を育成します。
「(　C　)」を高める授業実践の普及・定着へ
各校の実践リーダーが中心となって校内の研究を活性化し、「(　C　)」を高める授業を全ての教員が実践できるように進めます。
子ども一人ひとりの学びの把握と検証の充実
従来の提出物等の方法に加え、ICTを活用してタブレット端末等の学習記録や伸びなどを把握・検証する取組を研究し、学習指導の改善を進めます。
(　D　)な学び

	A	B	C	D
1	確かな学力	読み解く力	生きる力	個別最適
2	確かな学力	生きる力	読み解く力	個別最適
3	確かな学力	読み解く力	生きる力	持続的
4	生きる力	確かな学力	読み解く力	個別最適
5	生きる力	読み解く力	確かな学力	持続的
6	生きる力	確かな学力	読み解く力	持続的

問2　次は，滋賀県教育委員会が示している副籍(副次的な学籍)制度の説明とイメージ図である。(　A　)～(　C　)にあてはまる語句の正しい組合せはどれか。1～6から選びなさい。

> 副籍制度とは，保護者からの申請により，障害のある児童が居住地を通学区域とする小学校(公立小学校および義務教育学校前期課程)と県立特別支援学校の双方に学籍を置き，小学校における「(　A　)」と県立特別支援学校における「(　B　)を受ける機会」の両方を実現するための新たな仕組みです。

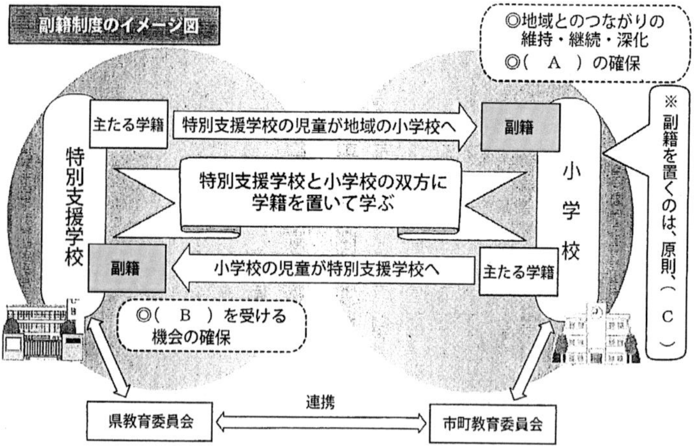

	A	B	C
1	交流する機会	個別の指導	通常の学級
2	交流する機会	専門的な教育	特別支援学級
3	交流する機会	個別の指導	特別支援学級
4	共に学び育つ機会	専門的な教育	特別支援学級
5	共に学び育つ機会	個別の指導	通常の学級
6	共に学び育つ機会	専門的な教育	通常の学級

問3　次は,「第4次滋賀県子ども読書活動推進計画」(平成31年3月　滋賀県教育委員会)「第3章　計画の基本的な考え方　[2]　基本的方針」の一部である。文中の下線部ア～オのうち誤っているものはどれか。1～5から選びなさい。

(1)　子どもが読書に親しむ機会の提供と諸条件の整備・充実

子どもが自主的に読書を行うようになるためには,ア<u>学齢期</u>から読書に親しむような環境づくりに配慮することが必要です。

家庭,地域,学校においては,子どもがイ<u>積極的</u>に読書活動を行う意欲を高め,進んで読書を行う態度を養い,生涯にわたるウ<u>読書習慣</u>を身につけることができるよう,子どものエ<u>発達の段階</u>に応じて,子ども自身が読書の楽しさを知るきっかけを作り,その読書活動を広げ,読書体験を深める働きかけを行うことが肝要です。そして,子どもが興味を持ち,感動する本等を整えることが重要です。

このような観点から,子どもの自主的な読書活動に資するため,子どもが読書に親しむ機会を提供し,それぞれがオ<u>適切な本</u>にめぐり会えるよう,子どもと本をつなぐ役割を果たす人材の育成等,人的な環境の整備に努めるとともに,施設,設備その他の物的諸条件の整備・充実に努めます。

1　ア　　2　イ　　3　ウ　　4　エ　　5　オ

(☆☆☆☆◎◎)

【9】次の問1，問2に答えなさい。

問1　次の各文のうち，ソーンダイク(Thorndike, E. L.)について説明したものはどれか。1～5から選びなさい。

1　生理的欲求，安全の欲求，愛情の欲求，自尊の欲求，自己実現の欲求，といった5つの階層的欲求理論を提唱した。

2　問題箱の実験を通して学習の試行錯誤説を提唱し，学習の原理として，効果・練習・準備の法則を主張した。

3　行動の結果が，その結果に先立つ行動をコントロールするというオペラント条件づけの学習理論を提唱した。

4　知能を，5種類の知的操作，4種類の知的素材，6種類の知的所産の3次元から，計120の構成因子を推定した知能構造モデルを提唱した。

5　広く一般に，人の心の中に潜む無意識の存在を認め，それに基づくパーソナリティ発達の理論を提唱した。

問2　次の文が説明しているものはどれか。1～5から選びなさい。

同一の対象に対して，相反する感情，態度，傾向が同時に存在する状態のことである。たとえば，ある人物に対して，愛情と憎しみ，あるいは尊敬と軽蔑などの感情を同時にもつ場合などである。

1　ラポール　　2　レディネス　　3　アンビバレンス
4　アセスメント　　5　レミニッセンス

(☆◎◎◎◎◎)

解答・解説

【1】問1　5　　問2　1　　問3　4

〈解説〉問1　①は「制限」。1は「構成」，2は「静寂」，3は「新製品」，4は「大勢」，5は「先制点」。　問2　②と1は打消の助動詞「ない」。2は形容詞「情けない」の一部，3は形容詞の「ない」，4と5は補助形容詞の「ない」。　問3　「誤解を生まない接続詞使用」という，本文の主旨に合うものを探す。筆者は，書き手の視点から，接続詞による読み手との理解のズレが起きないように，思い込みをせず，読み手が理解できるように表現を調整することが重要であると述べている。

【2】問1　6　　問2　5

〈解説〉問1　A　冬の季節風は，大陸側から吹く北西の風である。そのため，太平洋側は風下となる。　B　中国山地と四国山地によって季節風がさえぎられるため，瀬戸内の気候は一年を通して暖かく，降水量が少ない。　C　南西諸島の沿岸を流れているのは，暖流の黒潮(日本海流)である。親潮(千島海流)は，千島列島に沿って南下して日本の東まで達する寒流である。　D　中央高地は標高が高く，山に囲まれているため，年間を通して気温が低い。特に夜間，冬の気温が下がるため，昼と夜，夏と冬の気温差が大きい。　問2　裁判員制度とは，地方裁判所で行われる刑事裁判に，衆議院議員の選挙権を有する国民(令和5年からは18歳以上)の中からくじで選ばれた人が，裁判員として参加する制度である。　1　衆議院議員の選挙権を有する国民が対象なので，20歳以上(令和5年からは18歳以上)が正しい。　2　6名の裁判員と3名の裁判官で，証拠を調べ，被告人や証人に質問し，被告人が有罪か無罪かを判断する。　3　裁判員裁判の対象事件は，殺人罪，強盗致死傷罪，現住建造物等放火罪，覚醒剤取締法違反(営利目的の密輸入)，危険運転致死罪などの重大な犯罪である。　4　義務教育を終了していない人，禁固以上の刑に処せられた人などの欠格事由に該当する人や，国会議員，司法関係者，自衛官，警察官など就職禁止事由に該当する人は，裁判員になることができない。

【3】問1　4　　問2　3

〈解説〉問1　$n^2-10n-11=(n-11)(n+1)\cdots$①　素数は1とその数のほかに約数がない自然数だから，①の値が素数になるとき，$n-11$と$n+1$のどちらか一方が1で，もう一方がその素数自身でなければならない。これより，$n-11<n+1$は明らかだから，$n-11=1$　$n=12$と決まり，素数pは$p=n+1=12+1=13$である。　問2　△BCDで，点E，Fはそれぞれ辺BD，BCの中点だから，中点連結定理より，EF//CD，CD＝2EF＝2×6＝12〔cm〕　EF//CDより，平行線と線分の比についての定理を用いると，DG：EF＝AD：AE＝1：(1＋1)＝1：2　$\mathrm{DG}=\mathrm{EF}\times\frac{1}{2}=6\times\frac{1}{2}=3$〔cm〕　以上より，CG＝CD−DG＝12−3＝9〔cm〕

【4】問1　2　　問2　4

〈解説〉問1　マグニチュードが1大きくなると，地震のエネルギーは約32倍になり，2大きくなると約1000倍になる。　問2　水酸化ナトリウム水溶液の電気分解では，陰極(電極A)では水素，陽極(電極B)では酸素が発生する。化学反応式に表すと，$2H_2O \rightarrow 2H_2+O_2$で，発生する水素と酸素の体積比は2：1である。

【5】問1　3　　問2　2　　問3　1

〈解説〉問1　穴埋め問題。プラスチックでできた，多くのゴミが残り続ける場所が空欄になっているので，3の環境が適切。　問2　本文との内容一致問題。　1　ゴミからの化学物質は，地面や川に流れ込み，埋め立て地からも大量のメタンが発生していることが書かれている。　3　世界の海は，プラスチック片でいっぱいであると書かれている。　4「毎月」ではなく，「毎年」である。　5　多くの国がプラスチック包装を許可していないということは，書かれていない。　問3　会話文穴埋め問題。MiyaがLisaを柔道部に誘う場面で空欄があるので，1の

「あなたも参加しませんか」が適切。

【6】問1　5　　問2　4

〈解説〉問1　下線部は「崇高な使命」が正しい。教育基本法第1条は教育の目的，第3条は生涯学習の理念，第4条は教育の機会均等，第5条は義務教育，第9条は教員に関して，それぞれ規定している。

問2　A　地方公務員法の第30条で，服務の根本基準に関する規定である。　B　学校保健安全法の第19条で，感染症に関しての出席停止の規定である。なお，同法第20条に規定されている感染症の予防上の措置による臨時休業は，学校の設置者に権限を与えている。区別して覚えておく必要がある。　C　教育職員等による児童生徒性暴力等の防止等に関する法律の第10条で，教育職員等の責務に関する規定である。同法は，児童生徒に対する強制的なわいせつ行為といった教員の不祥事が後を絶たないために，令和3(2021)年6月に公布された法律である。一部の規定を除き，令和4年4月より施行されている。　D　いじめ防止対策推進法の第16条第1項で，いじめの早期発見のための措置に関する規定である。

【7】問1　6　　問2　3　　問3　5

〈解説〉問1　小学校学習指導要領(平成29年告示)の「第1章　総則　第1　小学校教育の基本と教育課程の役割」の2では，知・徳・体のバランスのとれた「生きる力」の育成を目指すことが示されている。　A　(1)は，「知」に当たる確かな学力に関する事項で，確かな学力を身に付けるためには，自分のよさや可能性を認識して，個性を生かして課題を解決していくことが重要である。　B　(2)は「徳」に当たる豊かな心に関する事項で，道徳教育を中心とした内容が示されている。C　(3)は「体」に当たる健やかな体に関する事項で，健康で安全な生活と豊かなスポーツライフの実現を目指した教育の充実に努めることが示されている。　問2　A・B　第Ⅰ部総論の「5.『令和の日本型学校教育』の構築に向けたICTの活用に関する基本的な考え方」の「(1)

学校教育の質の向上に向けたICTの活用」からの出題である。新しい学習指導要領の改訂の基本方針として，「主体的・対話的で深い学びの実現に向けた授業改善の推進」と「各学校におけるカリキュラム・マネジメントの推進」がある。テーマが「学校教育の質の向上」に向けたICTの活用であることから，前述の基本方針に向けたICTの活用が示されていると言える。　C 「自由な発想で活用できる」アイテムになぞらえていることから考える。　問3　A　先行オーガナイザーは，学ばせたい知識を整理したり対象づけたりする目的で，当該知識に先行して提供する枠組みをいい，たとえば授業ならば前回の振り返り，新聞ならば記事の見出しがこれに該当する。　B　発見学習は，学習者が能動的にその知識の生成過程をたどることにより，知識を発見し学習する学習法を意味する。　C　ヘレン・パーカーストが，アメリカ・マサチューセッツ州のドルトンに創設した学校で実施したことから，このような名称になった。

【8】問1　4　　問2　6　　問3　1

〈解説〉問1 「滋賀の教育大綱(第3期滋賀県教育振興基本計画)」では，施策の総合的な推進を図るための3つの柱を設けている。柱の一つ目として「子ども一人ひとりの個性を大切にし，生きる力を育む」ことを掲げ，そのうちの「(1)確かな学力を育む」の主な取組の中心テーマとして，「読み解く力の育成」を示している。また，中央教育委員会答申「『令和の日本型学校教育』の構築を目指して」では，「個別最適な学び」と「協働的な学び」の一体的な充実を，中心テーマとして打ち出している。出題された「教育しが」は，滋賀県教育委員会が発行する広報資料で，印刷版(保護者向け教育情報誌)と電子版がある。「教育しが」からは前年度も出題されたので，余裕がある人はひと通り目を通しておきたい。　問2　副籍とは副次的な学籍のことで，特別支援学校に通う小・中学部在籍の児童生徒が，自分が暮らす地域の(通常の)小・中学校に籍をもつことである。ただ，副籍校への通学は保護者の責任であり，通学に係る送迎や給食等の経費は保護者の負担などから，副籍を利用しない児童生徒が多いといった課題が挙げられている。副籍制度については，滋賀県教育委員会ホームページの「副籍(副次的な学籍)に関する情報」に，提示された図とともに解説されている。

問3　下線部アは「乳幼児期」が正しい。「子どもが自主的に読書を行うようになる」には，「学齢期」よりも早くその環境づくりをした方がよいと考えられるか，あるいは他の4つの選択肢が適切な語句であることを判断できるかが，解答のポイントといえる。

【9】問1　2　　問2　3

〈解説〉問1　1　人間は自己実現に向かって成長すると仮定して，欲求5段階説を提唱したのは，マズローである。　2　ソーンダイクは，猫の問題箱の実験から，試行錯誤説を提唱した。　3　スキナーは，自身が発見した自発的な行動に対する条件づけを「オペラント条件づけ」とし，パブロフの犬のような受動的な古典的条件づけを「レスポンデント条件付け」として区別した。　4 「内容(素材)，操作，所産」という3次元の知能構造モデルを提唱したのは，ギルフォードである。　5　無意識の存在を前提として，精神分析を発表したのは，フロイトである。　問2　ラポールは，カウンセリング等の心理的面接場面で必要とされる，面接者と被面接者間の信頼関係，レディネスは，学習のための準備状態のこと。アセスメントは，人物や物事などの対象を客観的に評価すること，レミニッセンスは，記銘した直後より，一定時間経過後の方が良く記憶を想起できることを，それぞれ意味する。

2022年度　実施問題

【1】次の文章を読んで問1～問3に答えなさい。

いわゆるおしゃべりの多くは，かなり自己完結的な世界の話ですから，そのままでは，それ以上の発展性がないのです。その意味では，おしゃべりは，相手に向かって話しているように見えても，実際は，モノローグ(独り言)に近いわけでしょう。表面的には，ある程度，やりとりは進むように見えますが，それは，対話として成立しません。ここにモノローグであるおしゃべりとダイアローグとしての対話の大きな違いがあるといえます。

ちょっと<u>ヨダン</u>になりますが，カルチャーセンターの講演会や大学の講義などでも，こうしたモノローグはよく見られます。本来，聴衆や学生に語りかけているはずなのだけれど，実際は，自分の関心事だけを自己満足的にとうとうと話している，これはまさにモノローグの世界ですね。

これに対して，ダイアローグとしての対話は，常に他者としての相手を想定したものなのです。自分の言っていることが相手に伝わるか，伝わらないか，どうすれば伝わるか，なぜ伝わらないのか，そうしたことを常に考えつづけ，相手に伝えるための最大限の努力をする，その手続きのプロセスが対話にはあります。

対話成立のポイントはむしろ，話題に関する他者の存在の有無なのではないかとわたしは考えます。実際のやりとりに他者がいるかどうかだけではなく，話題そのものについても「他者がいる話題」と「いない話題」があるということなのです。つまり，その話題は，□ということが対話の進展には重要だということです。

したがって，ダイアローグとしての対話行為は，モノローグのおしゃべりを超えて，他者存在としての相手の領域に大きく踏み込む行為なのです。

言い換えれば，一つの話題をめぐって異なる立場の他者に納得してもらうために語るという行為だともいえますし，ことばによって他者を促し交渉を重ねながら少しずつ前にすすむという行為，すなわち，人間ならだれにでも日常の生活や仕事で必要な相互関係構築のためのことばの活動だといえるでしょう。

(細川　英雄『対話をデザインする ― 伝わるとはどういうことか』より)

問1　文章中の下線部「ヨダン」の「ヨ」を漢字になおしたとき，その「ヨ」と同じ漢字を使うものは次の下線部のうちどれか。1～5から選びなさい。

1　銀行にヨキン口座をつくる。
2　彼のメイヨを傷つける。
3　初めてのキュウヨを受け取る。
4　ヨカを海外で過ごす。
5　全くヨキしない出来事だった。

問2　文章中の[　　]に入る最も適切なものはどれか。1～5から選びなさい。

1　他者に自分の意見が伝わっているか
2　他者にとってどのような意味を持つか
3　他者が自分の目の前で聞いているか
4　他者に事前に伝えている内容であるか
5　他者の好みに合っているかどうか

問3　この文章の内容と一致するものとして，最も適切なものはどれか。1～5から選びなさい。

1　おしゃべりの中にも，相手の存在を意識しないモノローグと相手の存在を意識したダイアローグという違いが存在する。
2　対話は，異なる立場の他者に自分の意見をわかりやすく伝えることを通して，交渉を優位にすすめるための手段である。
3　対話は，相手のプライベートにまで踏み込む可能性を持つため，相互関係の構築にはおしゃべりの方が適している。

4　おしゃべりと対話には，他者存在への意識の差だけでなく，満足感の度合いといった部分でも差が見受けられる。

5　対話とは，自分の意見を他者に理解してもらうために，他者を念頭に置いて行う，ことばのやり取りである。

(☆☆☆◎◎◎)

【2】次の問1～問3に答えなさい。

問1　次の図は，日本における経済の循環をあらわしている。図中の矢印A，Bにあてはまる内容の組合せとして最も適切なものはどれか。1～6から選びなさい。

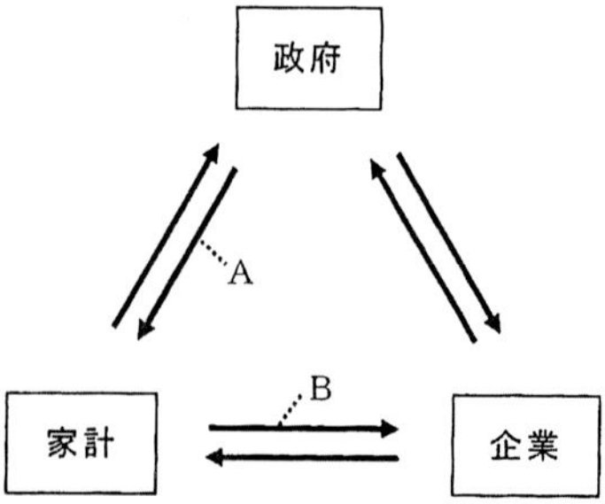

	A	B
1	税金	社会保障などの公共サービス
2	税金	労働力・代金
3	社会保障などの公共サービス	税金
4	社会保障などの公共サービス	労働力・代金
5	労働力・代金	社会保障などの公共サービス
6	労働力・代金	税金

問2　次の表は，近畿地方の各府県の農業産出額およびその品目の割合を示したものである。表中の(　A　)～(　C　)にあてはまる県名の組合せとして正しいものはどれか。1～6から選びなさい。

府県名	農業産出額 (億円)	米 (%)	野菜 (%)	果実 (%)	畜産 (%)	その他 (%)
(A)	1,634	29.1	24.8	2.3	38.4	5.4
奈良	430	25.1	25.8	20.0	14.2	14.9
京都	737	24.0	37.2	2.8	19.4	16.6
(B)	647	56.0	19.0	1.2	16.8	7.0
大阪	357	21.6	44.5	19.9	6.4	7.6
(C)	1,225	6.3	14.0	66.6	4.3	8.8
三重	1,122	24.5	12.6	6.0	39.8	17.1

(『データで見る県勢2020年版』より作成。データは2017年のもの。)

	A	B	C
1	滋賀	兵庫	和歌山
2	滋賀	和歌山	兵庫
3	兵庫	滋賀	和歌山
4	兵庫	和歌山	滋賀
5	和歌山	滋賀	兵庫
6	和歌山	兵庫	滋賀

問3　次の各文は，第二次世界大戦後の世界の出来事について述べたものである。古い順に並べたとき正しいものはどれか。1～6から選びなさい。

A　世界不況のような重要な国際問題を話し合うために，第1回先進国首脳会議(サミット)がフランスのパリ郊外で開かれた。

B　冷戦の象徴であったベルリンの壁が取りはらわれ，アメリカとソ連の首脳がマルタ島で会談し，冷戦の終結を宣言した。

C　インドネシアのバンドンで第1回アジア・アフリカ会議が開かれ，平和十原則を発表し，反植民地主義，平和共存などの理念を打ち出した。

D　「アフリカは一つ」のスローガンのもとに，アフリカ独立諸国首脳会議において，アフリカ統一機構が結成され，アフリカの諸問題を討議した。

1　A→B→D→C　　2　A→C→D→B　　3　C→B→D→A

4　C→D→A→B　　5　D→A→B→C　　6　D→C→B→A

(☆☆☆◎◎◎)

【3】次の問1～問3に答えなさい。

問1　次の表は，あるテストの結果をまとめたものである。平均点が3点のとき，表の中のxの値はどれか。1～5から選びなさい。

点数(点)	人数(人)
0	1
1	3
2	3
3	x
4	6
5	y
計	20

1　3　　2　4　　3　5　　4　6　　5　7

問2　次のことが成り立つように，[　　]にあてはまる式を，以下の1～5から選びなさい。

実数a，bについて，[　　]ならば「$a=1$または$b=1$」である。

1　$a+b=1$　　2　$ab=1$　　3　$a^2+b^2=1$　　4　$a-b=1$

5　$(a-1)(b-1)=0$

問3　次の図は，AB＝$\sqrt{7}$ cm，AC＝2cm，∠ACB＝120°の三角形である。この三角形の面積はどれか。1～5から選びなさい。

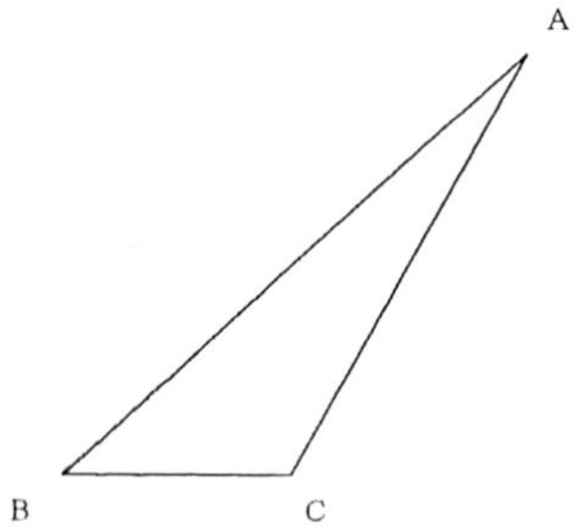

1　$\frac{\sqrt{3}}{2}$cm²　　2　$\sqrt{3}$ cm²　　3　$\frac{3\sqrt{3}}{2}$cm²　　4　$\sqrt{7}$ cm²

5　$2\sqrt{7}$ cm²

(☆☆☆◎◎◎)

【4】次の問1～問3に答えなさい。

問1　冬の日本で，日本海側に大量の雪が降る要因を説明したものとして最も適切なものはどれか。1～5から選びなさい。

1　乾燥した季節風が，日本列島の急峻な山脈にぶつかると上昇気流となり，このとき温度が上がる。

2　太平洋側からの季節風によって，日本海側では東西に伸びる停滞前線が生じ，積乱雲が大量に発生する。

3　西高東低の気圧配置により，太平洋側から大量の水蒸気を含む空気が日本海側へ供給され，ユーラシア大陸からの北西の季節風とぶつかって積乱雲が発生する。

4　日本海には寒流が流れており，ユーラシア大陸からの北西の季節風が日本海の海面の上を通過する間に冷やされる。

5　ユーラシア大陸からの北西の季節風が，風に比べて高い温度をもつ日本海の海面の上を通過する間に大量の水蒸気を含む。

問2　酸素，水素，二酸化炭素，アンモニアのいずれかである4つの気体A～Dについて次のような実験結果が得られた。4つの気体のうち，気体A，Bの組合せとして正しいものはどれか。1～6から選びなさい。

実験1　気体A～Dを石灰水に通すと，気体Dのときだけ石灰水が白く濁った。

実験2　気体A～Cの密度を調べると，気体Cだけ密度が空気より大きいことがわかった。

実験3　気体A，Bの水溶液に緑色のBTB溶液を数滴加えて色の変化を調べると，気体Aの水溶液は青色に変わり，気体Bの水溶液の色は変わらなかった。

	気体A	気体B
1	酸素	水素
2	酸素	アンモニア
3	水素	アンモニア
4	水素	酸素
5	アンモニア	酸素
6	アンモニア	水素

問3　次の文中の(　ア　)と(　イ　)にあてはまるものの正しい組合せはどれか。1～6から選びなさい。

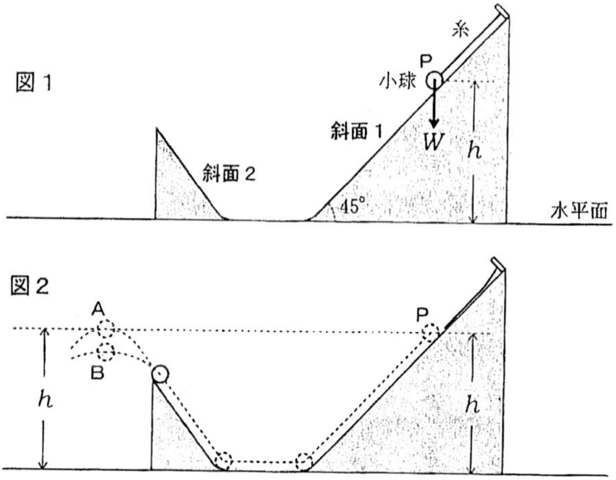

図1のように，傾角45°の斜面1上の点Pに，糸につながれた重さWの小球を静止させた。点Pの水平面からの高さはhで，糸は斜面1と平行であった。このとき，糸が小球を引く力の大きさは(　ア　)である。

その後，糸を切ると小球は動き出し，やがて図2のように，斜面2から飛び出した。この後，小球が達する最高点の位置は(　イ　)である。

ただし，糸の質量や摩擦，空気抵抗は無視でき，斜面と水平面はなめらかにつながっているものとする。

	ア	イ
1	W	点Pと高さが同じ点A
2	$\frac{1}{\sqrt{2}}W$	点Pと高さが同じ点A
3	$\frac{1}{2}W$	点Pと高さが同じ点A
4	W	点Pより高さが低い点B
5	$\frac{1}{\sqrt{2}}W$	点Pより高さが低い点B
6	$\frac{1}{2}W$	点Pより高さが低い点B

(☆☆☆◎◎◎)

【5】次の問1～問3に答えなさい。

〔問1・問2〕 次の英文を読んで各問に答えなさい。

Animals are everywhere in Alaska. If you go out to the wild areas, you can see a lot of wild animals. Some large animals, like the caribou, live in groups, and you can see hundreds of them. You can see other large animals, such as moose and deer. There are also bears and wolves, of course. These animals are not as dangerous as people think. If you stay away from them, they will usually stay away from you. They are usually afraid of people.

Sometimes the wild animals come to areas with people. You may see deer or moose, for example, in someone's backyard. This makes the children and the tourists (　　), but it's a problem for Alaskan gardeners. These animals like to eat the plants in gardens, and they walk all over the grass and flowers.

<B.S. Mikulecky & L. Jeffries『*READING POWER*』より>

問1　英文中の(　　)に入る最も適切な語はどれか。1～5から選びなさい。

1　free　　2　unhappy　　3　interesting　　4　happy　　5　pretty

問2　この英文の内容と一致するものとして，最も適切なものはどれか。1～5から選びなさい。

1　If you go out to the wild areas, you won't see many wild animals.

2　You can sometimes see wild animals in backyards.

3　Moose and deer sometimes eat food in kitchens.

4　Only children and tourists like to have deer or moose as pets.

5　Some gardeners like to give plants and grass to the wild animals.

問3　次の対話文の(　　)に入る最も適切なものはどれか。1～5から選びなさい。

A : Wow! So, this is Hikone Castle.

B : It's about 400 years old.

A : 400 years old? Has this been here for such a long time? It's unbelievable.

B : Well, the old ways of making buildings made that possible.

A : That's amazing.

B : Actually, Hikone Castle Tower is a national treasure. Many people in Hikone are very proud of it.

A : I understand why. I like its beauty and design. Well, this is one of the most popular places in the city, right?

B : (　　)

1　No, they have not.

2　Just looking, thank you.

3　It certainly is.

4　Could you do me a favor?

5　Let's keep in touch.

(☆☆☆◎◎◎)

【6】次の問1～問3に答えなさい。

問1　次は，教育基本法(平成18年12月22日　法律第120号)の条文または条文の一部である。文中の(　A　)～(　D　)にあてはまる語句の正しい組合せはどれか。1～6から選びなさい。

第1条　教育は，(　A　)を目指し，平和で民主的な国家及び社会の形成者として必要な資質を備えた心身ともに健康な国民の育成を期して行われなければならない。

第4条　すべて国民は，ひとしく，その能力に応じた教育を受ける機会を与えられなければならず，人種，信条，性別，社会的身分，(　B　)又は門地によって，教育上差別されない。

第10条　父母その他の保護者は，子の教育について(　C　)を有するものであって，生活のために必要な習慣を身に付けさせるとともに，自立心を育成し，心身の調和のとれた発達を図るよう努めるものとする。

第13条　学校，家庭及び(　D　)その他の関係者は，教育におけるそれぞれの役割と責任を自覚するとともに，相互の連携及び協力に努めるものとする。

	A	B	C	D
1	人格の完成	経済的地位	第一義的責任	地域住民
2	人格の完成	居住地	義務	地域住民
3	人格の完成	経済的地位	義務	教育委員会
4	自己の実現	居住地	義務	教育委員会
5	自己の実現	経済的地位	第一義的責任	教育委員会
6	自己の実現	居住地	第一義的責任	地域住民

問2　次は，地方公務員法(昭和25年12月13日　法律第261号)の条文または条文の一部である。下線部が誤っているものはどれか。1～5から選びなさい。

1　第30条　すべて職員は，全体の奉仕者として<u>公共の利益</u>のために勤務し，且つ職務の遂行に当つては，全力を挙げてこれに専念しなければならない。

2　第32条　職員は，その職務を遂行するに当つて，法令，条例，地方公共団体の規則及び地方公共団体の機関の定める規程に従い，且つ，<u>上司の命令</u>に忠実に従わなければならない。

3　第34条　職員は，<u>職務上知り得た秘密</u>を漏らしてはならない。その職を退いた後も，また，同様とする。

4　第35条　職員は，法律又は条例に特別の定がある場合を除く外，その勤務時間及び職務上の注意力のすべてをその職責遂行のために用い，当該地方公共団体がなすべき責を有する職務にのみ従事しなければならない。

5　第36条　職員は，政党その他の政治的団体の結成に関与し，若しくはこれらの団体の役員となつてはならず，又はこれらの団体の構成員となるように，若しくはならないように勧誘運動をしてはならない。

問3　次は，それぞれの法規の条文または条文の一部である。文中の(A)～(D)にあてはまる語句の正しい組合せはどれか。1～6から選びなさい。

〔日本国憲法〕

すべて国民は，法律の定めるところにより，その(A)に応じて，ひとしく教育を受ける権利を有する。

〔学校教育法〕

校長及び教員は，教育上必要があると認めるときは，文部科学大臣の定めるところにより，児童，生徒及び学生に(B)を加えることができる。ただし，体罰を加えることはできない。

〔教育公務員特例法〕

教育公務員は，その職責を遂行するために，絶えず(C)と修養に努めなければならない。

〔学校保健安全法〕

学校においては，児童生徒等の安全の確保を図るため，当該学校の施設及び設備の安全点検，児童生徒等に対する(D)を含めた学校生活その他の日常生活における安全に関する指導，職員の研修その他学校における安全に関する事項について計画を策定し，これを実施しなければならない。

	A	B	C	D
1	年齢	懲罰	研修	課外活動
2	年齢	懲戒	研究	課外活動
3	年齢	懲罰	研究	通学

4	能力	懲戒	研究	通学
5	能力	懲罰	研修	通学
6	能力	懲戒	研修	課外活動

(☆◎◎◎◎◎)

【7】次の問1～問3に答えなさい。

問1　次は，中央教育審議会答申「『令和の日本型学校教育』の構築を目指して」(令和3年1月26日)の一部である。文中の(　A　)～(　D　)にあてはまる語句の正しい組合せはどれか。1～6から選びなさい。

急激に変化する時代の中で，我が国の学校教育には，一人一人の児童生徒が，自分のよさや可能性を認識するとともに，あらゆる(　A　)を価値のある存在として尊重し，多様な人々と協働しながら様々な社会的変化を乗り越え，豊かな人生を切り拓き，(　B　)の創り手となることができるよう，その資質・能力を育成することが求められている。

「予測困難な時代」であり，新型コロナウイルス感染症により一層先行き不透明となる中，私たち一人一人，そして社会全体が，答えのない問いにどう立ち向かうのかが問われている。目の前の事象から解決すべき課題を見いだし，(　C　)に考え，多様な立場の者が協働的に議論し，(　D　)を生み出すことなど，正に新学習指導要領で育成を目指す資質・能力が一層強く求められていると言えよう。

	A	B	C	D
1	他者	持続可能な社会	多面的	納得解
2	他者	新しい社会	主体的	絶対解
3	他者	持続可能な社会	主体的	納得解
4	生命	新しい社会	多面的	絶対解
5	生命	持続可能な社会	多面的	絶対解
6	生命	新しい社会	主体的	納得解

問2　次は，学習指導要領の変遷をまとめたものである。(　A　)～(　D　)にあてはまる語句の正しい組合せはどれか。1～6から選びなさい。

昭和 33～35 年改訂	教育課程の基準としての性格の明確化
昭和 43～45 年改訂	教育内容の一層の向上(「教育内容の現代化」)
昭和 52～53 年改訂	ゆとりある充実した学校生活の実現＝学習負担の適正化
平成元年改訂	社会の変化に自ら対応できる（　A　）人間の育成
平成 10～11 年改訂	基礎・基本を確実に身に付けさせ、自ら学び自ら考える力などの[（　B　）]の育成
平成 15 年一部改正	学習指導要領のねらいの一層の実現
平成 20～21 年改訂	「（　B　）」の育成、基礎的･基本的な知識･技能の習得、思考力･判断力･表現力等の育成のバランス
平成 27 年一部改正	道徳の「（　C　）の教科」化
平成 29～30 年改訂	「（　B　）」の育成を目指し資質･能力を三つの柱(※)で整理、（　D　）教育課程の実現 (※)「知識及び技能」、「思考力、判断力、表現力等」、「学びに向かう力、人間性等」

	A	B	C	D
1	たくましい	学ぶ力	一般	社会に開かれた
2	たくましい	生きる力	一般	社会に開かれた
3	たくましい	学ぶ力	特別	地域に開かれた
4	心豊かな	生きる力	特別	地域に開かれた
5	心豊かな	学ぶ力	一般	地域に開かれた
6	心豊かな	生きる力	特別	社会に開かれた

問3　次のA～Dの記述と最も関連の深い人物について，正しい組合せを1～6から選びなさい。

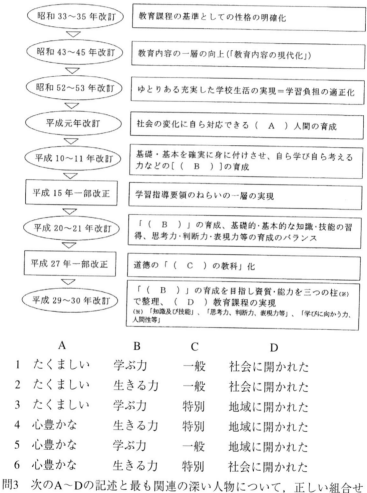

A　著書『学校と社会』において，学校教育を，民主主義の実現

といったコミュニティの期待を担う社会的機関として，また社会有機体の統合的進化に関わるものとして位置づけた。

B　すべての国の人が同一の言語によって，階級差別のない単線型学校制度において，学問のあらゆる分野を結合した万人に共通の普遍的知識の体系を学ぶ必要を説いた。

C　人間の自然的本性を善とみなし，既成の社会制度によってそれが悪へと変質させられることを防ぐ教育，すなわち消極教育を，著書『エミール』において説いた。

D　人間の本性を基礎とする調和的な人間形成，普遍的一般的陶冶，近代的人間陶冶など，近代的な学校教育理論の源流となる教育理論・思想を形成・実践した。

ペスタロッチ(Pestalozzi，Johann Heinrich)
デューイ(Dewey，John)
ルソー(Rousseau，Jean－Jacques)
コメニウス(Comenius，Johann Amos)

	A	B	C	D
1	ペスタロッチ	デューイ	ルソー	コメニウス
2	ペスタロッチ	ルソー	コメニウス	デューイ
3	デューイ	ルソー	ペスタロッチ	コメニウス
4	デューイ	コメニウス	ルソー	ペスタロッチ
5	ルソー	コメニウス	ペスタロッチ	デューイ
6	ルソー	デューイ	コメニウス	ペスタロッチ

(☆☆◎◎◎◎)

【8】次の問1～問6に答えなさい。

問1　次は，「滋賀の教育大綱(第3期滋賀県教育振興基本計画)」(平成31年3月)の「3　基本目標の達成に向けた基本的考え方」に示されているものである。文中の下線部ア～オのうち誤っているものはどれか。1～5から選びなさい。

＜近江の心＞

・先人たちの教えを引き継ぎ，未来につなぐことで，郷土への愛着と道徳性を育てます。

(主な教え)

○中江藤樹先生の教えである「ア良知(生まれながらにして持っている美しい心)」の心

○糸賀一雄先生の言葉である「この子らを世の光に」の考えにあるイ一人ひとりを大切にする心

○雨森芳洲先生の言葉である「互いに誠を持って交わろう」の考えにあるウ他者を理解する心

○近江商人の経営の理念である「三方よし」の考えにあるエ公の心

○琵琶湖とともに生き，オ自然環境を大切にする心

1　ア　　2　イ　　3　ウ　　4　エ　　5　オ

問2　次の図は，「教育しが」(令和3年4月号　滋賀県教育委員会)の「未来を拓く心豊かでたくましい人づくり～人生100年を見据えた『共に生きる』滋賀の教育～令和3年度の滋賀の教育」に示されている，令和3年度に重点的に取り組む内容の一部である。図中の(　A　)～(　D　)にあてはまる語句の正しい組合せはどれか。1～6から選びなさい。

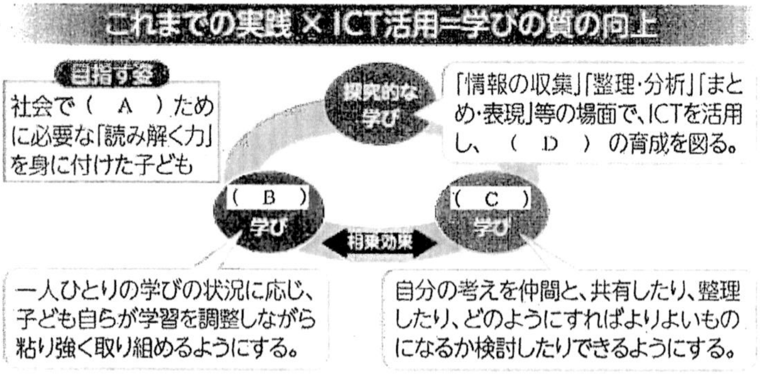

	A	B	C	D
1	学び続ける	段階的な	統合的な	豊かな表現力
2	学び続ける	個別最適な	協働的な	豊かな表現力
3	学び続ける	段階的な	統合的な	課題解決能力
4	生きていく	個別最適な	協働的な	課題解決能力
5	生きていく	段階的な	協働的な	豊かな表現力
6	生きていく	個別最適な	統合的な	課題解決能力

問3　次は,「滋賀の特別支援教育」(令和2年度　滋賀県教育委員会)に示されている滋賀のめざす特別支援教育の一部である。文中の(A)~(D)にあてはまる語句の正しい組合せはどれか。1~6から選びなさい。

障害のある子どもが十分な教育を受けられるよう教育の充実を図るとともに,障害のある子どもと障害のない子どもが(A)ことにより,「地域で共に生きていくための力」を育て,「(B)の形成」をめざします。

[具体的な取組]

○障害のある子どもが,地域の同世代の子どもや大人との交流等を通して,(C)の中で,積極的に活動し,その一員として豊かに生きていくことのできる力を育てます。

○人との豊かなコミュニケーションの中で,与えられた役割や仕事に責任を持って最後までやり切り,(C)に積極的に参画して,(D)基盤を形成することができる力を育てます。

	A	B	C	D
1	共に学びあう	共生社会	生活集団	学習
2	共に学びあう	共存社会	地域社会	学習
3	共に学びあう	共生社会	地域社会	生活
4	交流を深める	共存社会	地域社会	生活
5	交流を深める	共生社会	生活集団	生活
6	交流を深める	共存社会	生活集団	学習

問4　次は，滋賀県教育委員会が示している市町立学校でのコミュニティ・スクールの仕組みを表した図である。(　A　)～(　C　)にあてはまる語句の正しい組合せはどれか。1～5から選びなさい。

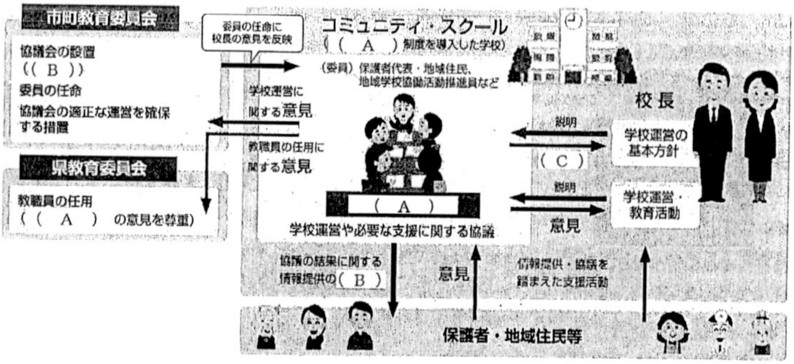

	A	B	C
1	地域運営協議会	配慮義務	助言
2	地域運営協議会	努力義務	承認
3	学校運営協議会	努力義務	助言
4	学校運営協議会	配慮義務	承認
5	学校運営協議会	努力義務	承認

問5　次は，いじめ防止対策推進法(平成25年6月28日　法律第71号)の条文または条文の一部である。文中の下線部ア～オのうち誤っているものはどれか。1～5から選びなさい。

第2条　この法律において「いじめ」とは，児童等に対して，当該児童等が在籍する学校に在籍している等当該児童等と$_{ア}$<u>一定の人的関係にある</u>他の児童等が行う心理的又は物理的な影響を与える行為(インターネットを通じて行われるものを含む。)であって，当該行為の対象となった児童等が$_{イ}$<u>心身の苦痛</u>を感じているものをいう。

第3条　いじめの防止等のための対策は，いじめが全ての児童等に関係する問題であることに鑑み，児童等が安心して学習その他の活動に取り組むことができるよう，$_{ウ}$<u>学校内において</u>いじめが行われなくなるようにすることを旨として行われなければならない。

第8条　学校及び学校の教職員は，基本理念にのっとり，当該学校に在籍する児童等の保護者，地域住民，エ児童相談所その他の関係者との連携を図りつつ，オ学校全体でいじめの防止及び早期発見に取り組むとともに，当該学校に在籍する児童等がいじめを受けていると思われるときは，適切かつ迅速にこれに対処する責務を有する。

1 ア　2 イ　3 ウ　4 エ　5 オ

問6　次は，中央教育審議会答申「新しい時代の教育に向けた持続可能な学校指導・運営体制の構築のための学校における働き方改革に関する総合的な方策について」(平成31年1月25日)の「第1章　学校における働き方改革の目的」の一部である。文中の(　A　)～(　D　)にあてはまる語句の正しい組合せはどれか。1～6から選びなさい。

教師のこれまでの働き方を見直し，教師が我が国の学校教育の(　A　)と向かい合って自らの授業を磨くとともに日々の生活の質や教職人生を豊かにすることで，自らの(　B　)を高め，子供たちに対して効果的な教育活動を行うことができるようになることが学校における働き方改革の目的であり，そのことを常に原点としながら改革を進めていく必要がある。

〈　中略　〉

教育は(　C　)なりと言われるように，我が国の将来を担う子供たちの教育は教師にかかっており，教師とは崇高な使命を持った仕事である。学校における働き方改革の実現により，教師は‘魅力ある仕事’であることが再認識され，これから教師を目指そうとする者が増加し，教師自身も士気を高め，誇りを持って働くことができることは，子供たちの(　D　)に不可欠であり，次代の我が国を創造することにほかならない。

	A	B	C	D
1	蓄積	人間性や創造性	人	教育の充実
2	蓄積	見識や専門性	人	教育の充実
3	蓄積	人間性や創造性	愛情	生きる力の育成
4	指針	見識や専門性	人	生きる力の育成
5	指針	人間性や創造性	愛情	生きる力の育成
6	指針	見識や専門性	愛情	教育の充実

(☆☆◎◎◎◎)

【9】次の問1～問3に答えなさい。

問1　次は，ある心理的効果について説明した文である。この心理的効果の名称はどれか。1～6から選びなさい。

> ある特定の人物が望ましい特性をいくつかもっていると，ほかの諸側面についても調査・観察することなしにすべて望ましい特性であると判断しがちな傾向。逆に望ましくない特性をいくつかもっていると，すべての特性にわたって望ましくないと判断することもある。

1　ピグマリオン効果　　2　スリーパー効果
3　ブーメラン効果　　4　アンダーマイニング効果
5　ハロー効果　　6　ホーソン効果

問2　次の各文は，［　　］内の心理検査について説明したものである。このうち，「HTP」の説明として最も適切なものはどれか。1～5から選びなさい。

1　未完成の文章が与えられ，それに続けて自由に完成させた文章を分析することによって，性格特性などを探ろうとする投影法検査。

2　「家屋」，「樹木」，「人物」の3つの主題について自由に絵をかかせ，その内容から性格や知的水準などを臨床的経験から判断する検査。

3　「インクのしみ」が印刷された10枚の図版が「何に見えるか」を

問い掛け，そこから得られる反応を分析の対象とする投影法性格検査。

4　一桁の数字の足し算を一定時間行い，計算量の変化のパターンなどから人の特徴を知ろうとする検査。

5　何枚かの絵を1枚ずつ見せ，それぞれの絵に対して物語を作るよう教示し，得られた反応を分析の対象とする投影法性格検査。

TAT　　ロールシャッハ・テスト　　SCT　　HTP 内田クレペリン精神検査

問3　スキャモン(Scammon,R.E.)は身体的発達を発達曲線で示した。A～Dの曲線にあてはまる器官の正しい組合せを1～6から選びなさい。

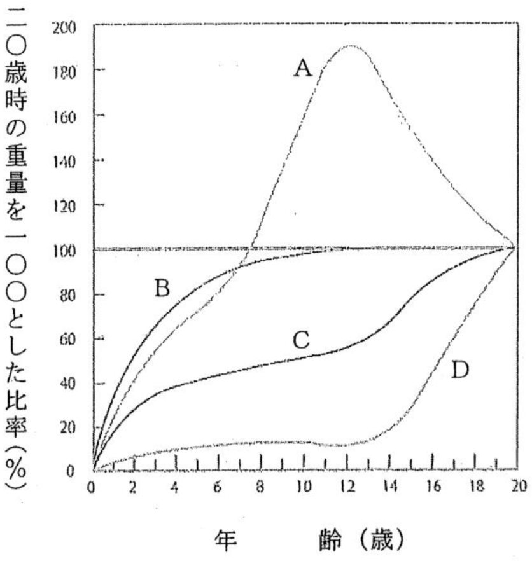

	A	B	C	D
1	リンパ腺	脳	消化器	卵巣
2	リンパ腺	消化器	卵巣	脳
3	脳	消化器	リンパ腺	卵巣
4	脳	卵巣	消化器	リンパ腺
5	消化器	卵巣	リンパ腺	脳
6	消化器	脳	卵巣	リンパ腺

(☆◎◎◎◎◎)

解答・解説

【1】問1　4　　問2　2　　問3　5

〈解説〉問1 「ヨダン」は「予断」と「余談」があるが，この段落は筆者の意見が書かれていない，本筋から外れた話(実際は例示であるが)であるので，「余談」である。1は「預金」，2は「名誉」，3は「給与」，4は「余暇」，5は「予期」である。　問2　空欄の直前の「つまり」は前後の内容が同じであるということを示す語句である。よって，「話題そのものについても『他者がいる話題』と『いない話題』があるということ」と同じ内容の選択肢を選ぶ。　問3　1　第1段落に「モノローグであるおしゃべりとダイアローグとしての対話」と書いてある。2　最後の段落に「交渉を重ねながら」とは書いているが「優位にすすめる」とは書いていない。　3　第5段落と第6段落に，対話が相互関係構築のためのことばの活動であると書かれているので，「おしゃべりの方が適している」は誤りである。　4「満足感の度合い」についてのくわしい説明はない。　5　第3段落の内容に適合している。

【2】問1　4　　問2　3　　問3　4

〈解説〉問1 「家計→政府」と「企業→政府」は「税金」である。「政府→企業」は「社会保障などの公共サービス」である。「企業→家計」は「給料・商品サービス」である。　問2　まず，Cの果実の割合に注目したい。和歌山県は「かき・みかん・うめ」の生産一位の県である。次に，Bの米に注目したい。滋賀県では，古くから，琵琶湖の豊富な水資源を活用した稲作がさかんである。最後にAの畜産に注目したい。兵庫県は但馬牛や神戸牛などのブランド牛が有名である。　問3　Aは1975年，Bは1989年，Cは1955年，Dは1963年である。

【3】問1　2　　問2　5　　問3　1

〈解説〉問1　人数の関係から，$1+3+3+x+6+y=20$　整理して，$x+$

$y=7$…① 平均点の関係から，$(0\cdot1+1\cdot3+2\cdot3+3\cdot x+4\cdot6+5\cdot y)\div20=3$ 整理して，$3x+5y=27$…② ①，②の連立方程式を解いて，$x=4$，$y=3$ 問2 1 「$a+b=1$ならば，$a=1$または$b=1$」は偽である。(反例：$a=2$，$b=-1$) 2 「$ab=1$ならば，$a=1$または$b=1$」は偽である。$\left(\text{反例：}a=2,\ b=\frac{1}{2}\right)$ 3 「$a^2+b^2=1$ならば，$a=1$または$b=1$」は偽である。$\left(\text{反例：}a=b=\frac{1}{\sqrt{2}}\right)$ 4 「$a-b=1$ならば，$a=1$または$b=1$」は偽である。(反例：$a=3$，$b=2$) 5 $(a-1)(b-1)=0 \Leftrightarrow a-1=0$または$b-1=0 \Leftrightarrow a=1$または$b=1$ より，「$(a-1)(b-1)=0$ならば，$a=1$または$b=1$」は真である。 問3 BC$=x$cmとする。余弦定理より，$AB^2=BC^2+AC^2-2BC\cdot AC\cos\angle ACB \Leftrightarrow (\sqrt{7})^2=x^2+2^2-2x\cdot2\cos120^\circ \Leftrightarrow x^2+2x-3=0 \Leftrightarrow (x-1)(x+3)=0$ $x>0$より，$x=1$ よって，$\triangle ABC=\frac{1}{2}BC\cdot AC\sin\angle ACB=\frac{1}{2}\cdot1\cdot2\cdot\sin120^\circ=\frac{1}{2}\cdot1\cdot2\cdot\frac{\sqrt{3}}{2}=\frac{\sqrt{3}}{2}$cm^2

【4】問1 5 問2 6 問3 5

〈解説〉問1 冬に発達する，ユーラシア大陸のシベリア高気圧から吹き出す空気が北西の季節風となり，日本海を通過するときに大量の水蒸気を供給され湿潤な空気になる。その空気が日本列島の脊梁山脈を越えるときに日本海側に雪や雨を降らせる。 問2 実験1 石灰水が白濁することから気体Dは二酸化炭素である。 実験2 問題にあげられた4つの気体のうち，空気より密度が大きい気体は二酸化炭素と酸素なので，気体Cは酸素である。 実験3 気体Aの水溶液にBTB溶液を加えると青色に変わったことから，この水溶液はアルカリ性であるので，気体Aがアンモニアであるとわかる。よって気体Bが水素となる。 問3 ア 糸が小球を引く力は，$W\times\sin45^\circ=W\times\frac{1}{\sqrt{2}}=\frac{1}{\sqrt{2}}W$となる。 イ 運動エネルギーと位置エネルギーの和は常に一定の値となる。点

Pでの速さは0なので運動エネルギーは0となり，この時もつ力学的エネルギーはすべて位置エネルギーである。一方，斜面2から斜め方向に投げ上げられた小球が最高点に達したときの速さは0ではないので，運動エネルギーも0ではない。よって斜面2から最高点に達したときの位置エネルギーは，点Pの時の位置エネルギーよりも小さくなるので，高さはhより低くなる。

【5】問1　4　　問2　2　　問3　3

〈解説〉問1　空所補充問題。直後に，butに続いてAlaskan gardenersにとっては問題であると言っており，childrenやtouristsと対比されていることから，happyが適切。　問2　内容一致問題。2は，第2段落2文目の内容と一致する。　問3　会話文の空所補充問題。彦根城について，市内で一番人気の場所ですねと尋ねられているので，その通りですと応えている3が適切。

【6】問1　1　　問2　2　　問3　4

〈解説〉問1　教育基本法第1条は教育の目的についての規定である。教育基本法第4条は教育の機会均等についての規定である(出題はその第1項)。教育基本法第4条は，日本国憲法第14条が法の下の平等を規定していることを受けて，教育における差別の禁止を特に定めたもの。教育基本法第10条は家庭教育について(出題はその第1項)，第13条は学校，家庭及び地域住民等の相互の連携協力についての規定で，これらは平成18年教育基本法改正により新設された条文である。出題された条文はいずれも頻出なので，その文言等をしっかりおさえておきたい。問2　下線部は「上司の職務上の命令」が正しい。地方公務員法第32条は職務上の義務のひとつを定めていることを把握していると，2の下線部が誤りであると判断できる。　問3　日本国憲法の条文はその第26条第1項，学校教育法の条文はその第11条，教育公務員特例法の条文はその第21条第1項，学校保健安全法の条文はその第27条からの出題である。いずれも頻出条文である。

【7】問1　3　　問2　6　　問3　4

〈解説〉問1「第Ⅰ部　総論」の「1．急激に変化する時代の中で育むべき資質・能力」から2箇所を抜粋して出題した問題である。本答申は，平成31(2019)年に文部科学大臣から「新しい時代の初等中等教育の在り方について」諮問されたことを受け，中央教育審議会内で話し合われた結果をまとめたものである。すなわち，我が国の学校教育がこれまで果たしてきた役割等を振り返りつつ，新型コロナウイルス感染症の流行拡大をはじめとする社会の急激な変化の中で再認識された学校の役割や課題を踏まえ，2020年代を通じて実現を目指す学校教育を「令和の日本型学校教育」とし，その姿を「全ての子供たちの可能性を引き出す，個別最適な学びと，協働的な学びの実現」とすることが説明されている。このように今後の教育の在り方を考える上で非常に重要な内容である。特に，「3．2020年代を通じて実現すべき『令和の日本型学校教育』の姿」の項の「(1)　子どもの学び」の箇所が頻出になっている。その内容をしっかり読み込みたい。　問2「教育内容の現代化」が進められた結果，学習内容が高度なものになり，授業についてこられない児童生徒が多数発生し，それゆえに転換を図った以降のことが出題されている。少し細かい内容の出題になっているが，教員として知っておくべきことなので，本問を活用してしっかりおさえておきたい。　問3　教育史の基礎知識が問われている。Aのデューイに関しては『民主主義と教育』という著作があること，Bのコメニウスには『大教授学』や世界初の絵入り教科書とされる『世界図絵』という著作があること，Dのペスタロッチには『隠者の夕暮』という著作があることもおさえておきたい。

【8】問1　3　　問2　4　　問3　3　　問4　5　　問5　3　　問6　1

〈解説〉問1　下線部ウは「異文化」が正しい。雨森芳洲は江戸時代中期の儒学者。現在の滋賀県長浜市に生まれ，18歳頃江戸において儒学者である木下順庵に学び，その後対馬府中藩につかえ，朝鮮との外交にあたった。なお，本問で出題された内容は，「3　基本目標の達成に向けた基本的考え方」の項の「(1)　滋賀らしさを生かした学び」にその記述がある。　問2　個別最適な学びと協働的な学びに関することは中央教育審議会答申「『令和の日本型学校教育』の構築を目指して～全ての子供たちの可能性を引き出す，個別最適な学びと，協働的な学びの実現～」にも記述があるので，確認されたい。なお，出題された「教育しが」は，滋賀県教育委員会が発行する広報資料(保護者向け教育情報誌)で，印刷版と電子版がある。　問3 「滋賀の特別支援教育」は滋賀県教育委員会が発行するリーフレットのひとつで，出題された内容はその冒頭に記述がある。インクルーシブ教育に関する基礎知識が問われているので，「共生社会の形成に向けたインクルーシブ教育システム構築のための特別支援教育の推進(報告)」(平成24年7月23日)などに目を通しておきたい。　問4　コミュニティスクールは，学校と地域住民等が力を合わせて学校の運営に取り組むことが可能となる「地域とともにある学校」への転換を図るために，学校運営協議会が設置されている学校をいう。地方教育行政の組織及び運営に関する法律第47条の5第1項は，教育委員会に，その所管に属する学校ごとに，当該学校の運営及び当該運営への必要な支援に関して協議する機関として，学校運営協議会を設置する努力義務があることを規定している。そして，学校運営協議会には，校長が作成する学校運営の基本方針を承認する，学校運営に関する意見を教育委員会又は校長に述べることができる，教職員の任用に関して，教育委員会規則に定める事項について，教育委員会に意見を述べることができるという3つの役割がある。これらは教育法規の基礎知識ともいえる内容であるので，必ずおさえておきたい。　問5　下線部ウは「学校の内外を問わず」が正しい。いじめ防止対策推進法第3条第1項からの出題である。　問6　出題は，第1章の「2. 学校における働き方改革の目的」の項からである。本項では，なぜ学校において働き方改革を進めなければならないのかが説明されているので，目を通しておくとよいだろう。

【9】問1　5　　問2　2　　問3　1

〈解説〉問1　ピグマリオン効果は，親や教師に期待されると，子どもの能力がその方向に変化する現象をいう。スリーパー効果は，たとえば信頼できる人から説得されると説得の効果は高くなり，その逆に信頼できない人からの説得の効果は低くなるが，時間が経つにつれて，信頼性の低い人からの説得の効果があがっていくような現象を指す。ブーメラン効果は，説得的なコミュニケーションを行うことによって，被説得者の態度は，説得者が意図する方向ではなく，かえってその反対方向に変容してしまう場合などを指す。アンダーマイニング効果は，報酬を与えることが内発的動機付けの減少につながることをいう。ホーソン効果は，人は一般に注目されることを好み，特別な扱いを受けると，さらに成果を上げようとする傾向があることをいう。

問2　HTPは家(house)，木(tree)，人(person)の3つを指す。1はSCT(sentence completion technique：文章完成法)，3はロールシャッハ・テスト，4は内田クレペリン精神検査，5はTAT(thematic apperception test：主題統覚検査)である。　問3　スキャモンの発達曲線では，Aはリンパ型(胸腺などのリンパ組織の成長)，Bは神経型(脳や視覚器などの神経系や感覚器系の成長)，Cは一般型(身長，体重，筋骨格などの成長)，Dは生殖型(生殖器，乳房などの成長)を表す。扁桃腺やリンパ腺などの分泌組織は10歳くらいまでは急激に発達するが，それ以降は低下し，20歳頃には10歳頃の半分程度になる。一方，卵巣などの生殖器官は思春期まではあまり変化しないが，思春期以降から急速に変化することがわかる。

2021年度　実施問題

【1】次の文章を読んで問1～問3に答えなさい。

言葉や文章で直接的には表現されていない真意や心情を感じ取ることを「行間を読む」と言います。書き手や話し手による表現の省略を，読み手側や聞き手側がオギナって理解すること，ともいえるでしょう。

行間を読むことの例として私はよく，詩人のまど・みちおさんが手がけた有名な童謡『ぞうさん』を挙げます。

ぞうさん
ぞうさん
おはなが　ながいのね
そうよ
かあさんも　ながいのよ

鼻の長さを指摘された子ゾウが，「自分だけでなく，お母さんも長い」と答えた――。書かれている文章のみに目を向ければ，読み取れる状況はこれだけです。

しかし極限まで削ぎ落とされた，わずか数行の短い詩には，作者であるまど・みちおさんが伝えたかった“文章では書かれていない真意”が隠されています。

子ゾウに向けられた「あなたってお鼻が長いんだね」という言葉は，いわば身体的な特徴をからかった意地悪な悪口。しかし当の子ゾウはそれを意地悪とも思わず，むしろ嬉しそうに「そうよ。お母さんだって長いのよ」と答えています。

その誇らしげな子ゾウの姿には，「自分の身体的特徴を何ものにも代えがたい大切な個性と捉え，自分が自分であることに自信を持って生きることは素晴らしい」という思いが込められている。まど・みちおさんご本人がそのように語られています。

言葉では表現されずに「行と行の間」に織り込まれている真意を読み解く。

書かれている文章だけで理解しようとするのではなく，その描写の裏に何があるのか，本当は何を言おうとしているのかを常に想像しながら読む。これが行間を読むということです。

当然ながら，行間を読み解くためには「書かれている文章」の前後関係やつながりといった文脈を把握すること，全体を俯瞰で捉えることが不可欠になります。まず目に見えている文章を的確に理解する。その土台があって初めて，行と行の間に(　　)された真意を洞察することも可能になります。

書かれている文章を手掛かりにして，書かれていないことを探り出す。それが行間を読むことであり，文章読解の総合力，本当の意味での「読解力」といえるでしょう。

(齋藤　孝『大人の読解力を鍛える』より)

問1　文章中の下線部「オギナ」を漢字になおしたとき，次の選択肢の下線部で，「オギナ」と同じ漢字を使うものはどれか。1～5から選びなさい。

1　<u>ホ</u>ソウされた道路を自動車で走る。

2　山で動物を<u>ホ</u>カクした。

3　黄金色にイナ<u>ホ</u>が実る。

4　優秀な人材をカク<u>ホ</u>する。

5　賞の有力なコウ<u>ホ</u>に選ばれる。

問2　文章中の(　　)に入る最も適切なものはどれか。1～5から選びなさい。

1　誇張　　2　内包　　3　回避　　4　継続　　5　密閉

問3　この文章の内容と一致するものとして，最も適切なものはどれか。1～5から選びなさい。

1　一つひとつの言葉の意味を正確に把握することよりも，文章全体を俯瞰して捉えることが重要である。

2　童謡は言葉が平易で，語数が限られているため，作者が本当に伝えたい真意を読み手や聞き手が誤解する可能性がある。
3　暗黙のルールを察知して，その場に応じた行動を考えることが，場の空気を読む力である。
4　書かれている文章をもとに，書かれていない真意を探り出していくことが，行間を読むということである。
5　極限にまで言葉を削ぎ落とした詩は，言葉によって表現された部分が作者の最も伝えたい内容である。

(☆☆◎◎◎)

【2】次の問1～問3に答えなさい。

問1　次の表は，日本とおもな国の発電量とその内訳を割合で示したものである。表中の(　A　)～(　C　)にあてはまる国名の組合せとして正しいものはどれか。1～6から選びなさい。

国名	発電量 (億kWh)	水力 (%)	火力 (%)	原子力 (%)	風力・地熱・太陽光等 (%)
日本	9,979	8.5	87.9	1.7	1.9
(　A　)	62,179	19.2	72.4	3.4	5.0
アメリカ合衆国	43,220	6.8	66.8	19.4	7.0
(　B　)	6,491	4.0	64.6	13.0	18.3
(　C　)	5,789	65.8	25.6	2.7	5.9
フランス	5,562	11.7	10.3	72.5	5.5

（『世界国勢図会 2019/20』より作成。データは2016年のもの。）

	A	B	C
1	ブラジル	ドイツ	中国
2	ブラジル	中国	ドイツ
3	ドイツ	ブラジル	中国
4	ドイツ	中国	ブラジル
5	中国	ブラジル	ドイツ
6	中国	ドイツ	ブラジル

問2　次の各文は，欧米各国の出来事について述べたものである。古い順に並べたとき正しいものはどれか。1～6から選びなさい。

A　アメリカで，生命，自由および幸福追求をゆずりわたすことのできない権利であるとする，アメリカ独立宣言が発表された。

B　イギリスで，議会の同意なしに国王の権限によって法律とその効力を停止することは違法であるとする，権利章典が制定された。

C　ドイツで，人々の人間らしい生活を保障しようとする社会権を取り入れた最初の憲法である，ワイマール憲法が制定された。

D　フランスで，人は生まれながらに，自由で平等な権利を持つと規定した，フランス人権宣言が採択された。

1　A→B→D→C　　2　B→A→D→C　　3　B→C→D→A

4　C→D→B→A　　5　D→C→A→B　　6　D→A→B→C

問3　次の図は，市場における需要量と供給量と価格との関係を表したものである。一般的に，ある農作物が不作だった場合の，その農作物の供給曲線と価格の変化について説明したものとして，最も適切なものはどれか。1～5から選びなさい。

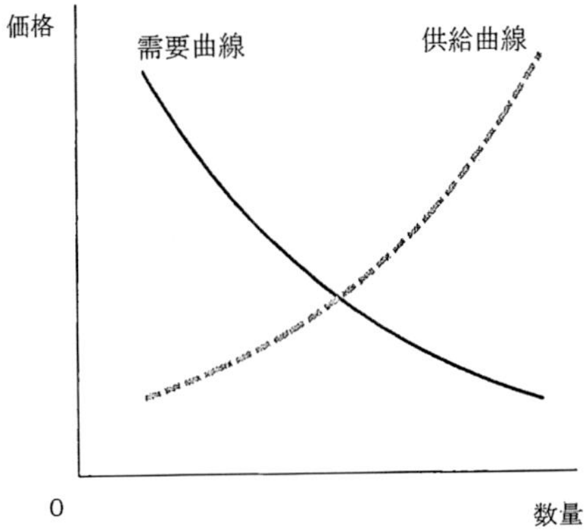

1　供給曲線は右側に移動し，価格は上がる。

2　供給曲線は右側に移動し，価格は下がる。

3　供給曲線は左側に移動し，価格は上がる。

4　供給曲線は左側に移動し，価格は下がる。

5　供給曲線は移動せず，価格は変わらない。

(☆☆☆◎◎◎)

【3】次の問1～問3に答えなさい。

問1　大小2個のさいころを同時に投げるとき，出る目の和が5になる確率として正しいものはどれか。1～5から選びなさい。

1　$\frac{1}{3}$　　2　$\frac{1}{6}$　　3　$\frac{1}{9}$　　4　$\frac{1}{12}$　　5　$\frac{1}{18}$

問2　妹は，家から1500m離れた学校へ向かって歩き出した。その4分後に，兄は家から同じ道を通って，歩いて妹を追いかけた。妹は分速50m，兄は分速70mで進んだとすると，兄が妹に追いつくのは，兄が出発してから何分後になるか。1～5から選びなさい。

1　8分後　　2　10分後　　3　12分後　　4　14分後　　5　16分後

問3　次のように5つの点を結んでできる星形の図形がある。先端部分の5つの角の和は下のうちどれか。1～5から選びなさい。

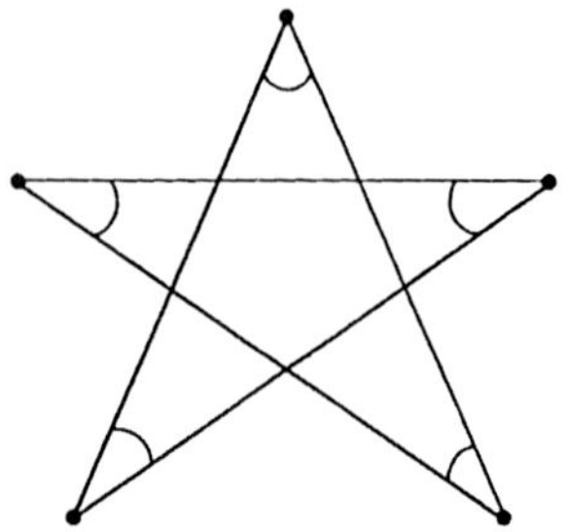

1　90°　　2　120°　　3　150°　　4　180°　　5　210°

(☆☆☆◎◎◎)

【4】次の問1～問3に答えなさい。

問1　モノコードの弦をはじいたときの音を高くするために，弦の張りの強さを変える。このときの説明として最も適切なものはどれか。

1～6から選びなさい。

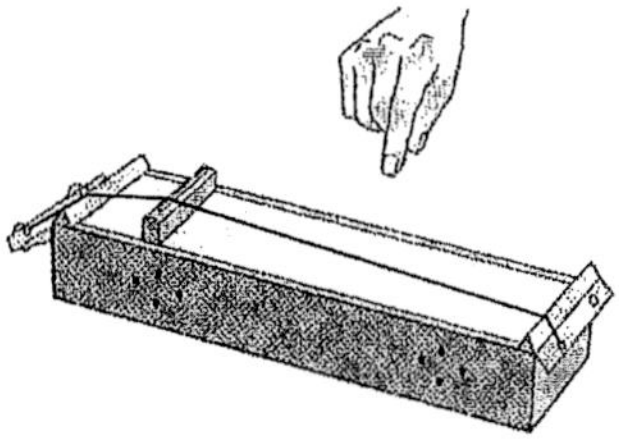

1　弦の張りを強くすると，振動数が多くなり，音が高くなる。
2　弦の張りを強くすると，振動数が少なくなり，音が高くなる。
3　弦の張りを強くすると，振動数は変わらないが，音が高くなる。
4　弦の張りを弱くすると，振動数が多くなり，音が高くなる。
5　弦の張りを弱くすると，振動数が少なくなり，音が高くなる。
6　弦の張りを弱くすると，振動数は変わらないが，音が高くなる。

問2　ある金属を電子てんびんにのせて質量をはかったところ，37.9gであった。この金属を水60.0cm^{3}の入った100cm^{3}用のメスシリンダーに入れ，金属全体を水に沈めたところ，水面付近が図のようになった。この金属の密度を，小数第2位を四捨五入して小数第1位まで求めたものとして，最も適切なものはどれか。1～6から選びなさい。

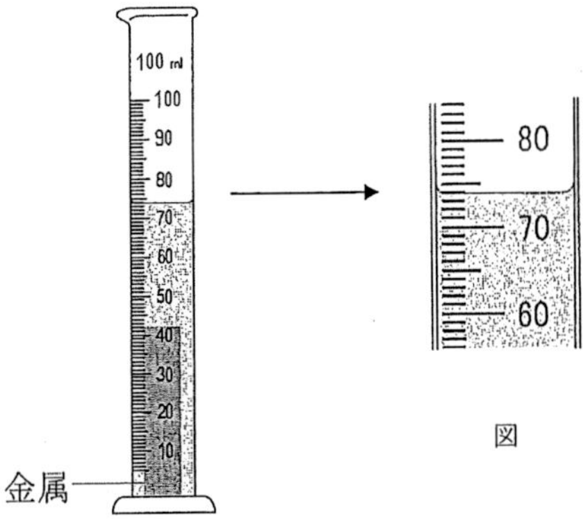

図

1　0.5g/cm^3　　2　1.5g/cm^3　　3　2.0g/cm^3　　4　2.3g/cm^3
5　2.5g/cm^3　　6　2.7g/cm^3

問3　滋賀県のある地点における，ある日の日の出，日の入り，月の出，月の入りの時刻は，次の表のとおりであった。図は，地球の北極側から見た地球と月の位置，太陽の光を模式的に示したものである。この日の月の位置として，最も適切なものはA～Fのうちどれか。1～6から選びなさい。

日の出	6:13
日の入り	18:01
月の出	19:51
月の入り	7:19

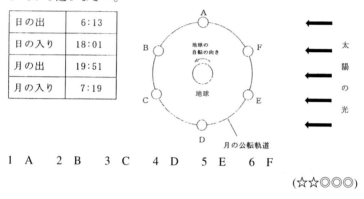

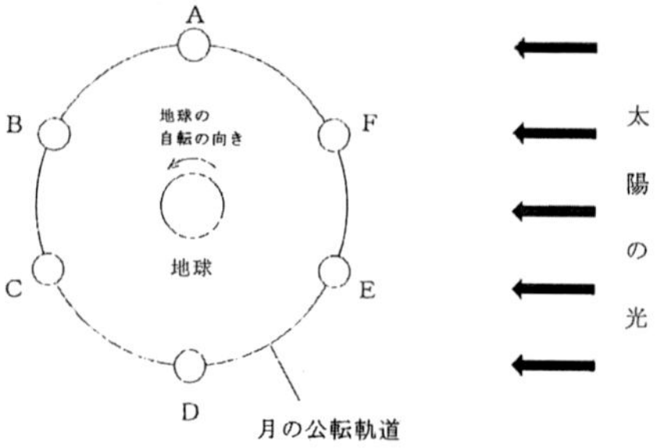

1　A　　2　B　　3　C　　4　D　　5　E　　6　F

(☆☆◎◎◎)

【５】次の問1～問3に答えなさい。

〔問1・問2〕次の英文を読んで各問に答えなさい。

Megacities are defined as cities with more than ten million people. The number of megacities is growing very quickly. In the 1950s, there were only two megacities in the world.

Today, 12% of the world's urban population lives in megacities. Studies show that there will be eight billion people in the world in 2025. Experts say that there will be 40 megacities.

Today, more than 35 cities in the world are megacities. 75% are in Asia, South America, and Africa. More and more people around the world are leaving their homes in the countryside and moving to the city.

Many megacities have better (　　), such as more jobs and a choice of schools and universities. Megacities are also exciting places to live — there are lots of different people, languages, and restaurants, and there are many interesting things to do.

However, megacities have problems, too. The cities are very big, and this can cause problems like pollution or poor housing.

＜『Michele Lewis & Richard O'Neill (2018) *PRISM READING 1*』より＞

問1　英文中の(　　)に入る最も適切な語はどれか。1～5から選びなさい。

1　opportunities　　2　relations　　3　demands　　4　traditions
5　goods

問2　この英文の内容と一致するものとして，最も適切なものはどれか。1～5から選びなさい。

1　A megacity is a large city, typically with a population of more than eight billion people.
2　According to experts, there will be 35 megacities in the world in 2025.
3　Most megacities are in Europe.
4　Many people leave the countryside and move to a city.
5　In megacities, it is easy to find a house or an apartment to live in.

問3　次の対話文の(　　)に入る最も適切なものはどれか。1～5から選びなさい。

A : Hi. I didn't see you at soccer practice yesterday. Were you sick?
B : No. It was my father's 50th birthday, so we had a party. I cooked a special lunch with my mother and my sister.
A : Oh, I see. Your father must have had a good time.
B : Yes. He looked very happy. After lunch, he showed us a lot of old photos he took in Canada when he was twenty years old. We enjoyed looking at them very much.
A : Wow! Those photos are thirty years old. Amazing.
B : Yes, they are. His pictures are all fantastic. Would you like to see them? I can bring some to school tomorrow.
A : (　　) I'm looking forward to seeing them.
B : OK. See you later.

1　Of course not.　　2　That's right.　　3　Good luck.

4　Not at all.　　　　5　Sounds great.

(☆☆☆◎◎◎)

【6】次の問1～問3に答えなさい。

問1　次は，教育基本法(平成18年12月22日　法律第120号)の条文または条文の一部である。下線部が誤っているものはどれか。1～5から選びなさい。

1　第1条　教育は，人格の完成を目指し，平和で文化的な国家及び社会の形成者として必要な資質を備えた心身ともに健康な国民の育成を期して行われなければならない。

2　第4条　すべて国民は，ひとしく，その能力に応じた教育を受ける機会を与えられなければならず，人種，信条，性別，社会的身分，経済的地位又は門地によって，教育上差別されない。

3　第5条　国民は，その保護する子に，別に法律で定めるところにより，普通教育を受けさせる義務を負う。

4　第9条　法律に定める学校の教員は，自己の崇高な使命を深く自覚し，絶えず研究と修養に励み，その職責の遂行に努めなければならない。

5　第11条　幼児期の教育は，生涯にわたる人格形成の基礎を培う重要なものであることにかんがみ，国及び地方公共団体は，幼児の健やかな成長に資する良好な環境の整備その他適当な方法によって，その振興に努めなければならない。

問2　次は，地方公務員法(昭和25年12月13日　法律第261号)の条文または条文の一部である。文中の(　A　)～(　E　)にあてはまる語句の正しい組合せはどれか。1～6から選びなさい。

第30条　すべて職員は，全体の(　A　)として公共の利益のために勤務し，且つ，職務の遂行に当つては，全力を挙げてこれに専念しなければならない。

第31条　職員は，条例の定めるところにより，服務の(　B　)をしなければならない。

第32条　職員は，その職務を遂行するに当つて，法令，条例，地方公共団体の規則及び地方公共団体の機関の定める規程に従い，且つ，上司の職務上の命令に(　C　)に従わなければならない。

第33条　職員は，その職の(　D　)を傷つけ，又は職員の職全体の不名誉となるような行為をしてはならない。

第35条　職員は，法律又は条例に特別の定がある場合を除く外，その勤務時間及び職務上の(　E　)のすべてをその職責遂行のために用い，当該地方公共団体がなすべき責を有する職務にのみ従事しなければならない。

	A	B	C	D	E
1	勤労者	宣言	忠実	信頼	注意力
2	勤労者	宣誓	誠実	信頼	集中力
3	勤労者	宣言	忠実	信用	集中力
4	奉仕者	宣誓	誠実	信用	注意力
5	奉仕者	宣言	誠実	信頼	集中力
6	奉仕者	宣誓	忠実	信用	注意力

問3　次は，それぞれの法規の条文または条文の一部である。文中の(　A　)～(　E　)にあてはまる語句の正しい組合せはどれか。1～6から選びなさい。

〔食育基本法〕　食育は，食に関する適切な(　A　)を養い，生涯にわたって健全な食生活を実現することにより，国民の心身の健康の増進と豊かな人間形成に資することを旨として，行われなければならない。

〔学校保健安全法〕　(　B　)は，感染症の予防上必要があるときは，臨時に，学校の全部又は一部の休業を行うことができる。

〔児童虐待の防止等に関する法律〕　児童虐待を受けたと思われる児童を発見した者は，速やかに，これを市町村，都道府県の設置する福祉事務所若しくは児童相談所又は児童委員を介して市町村，都道府県の設置する福祉事務所若しくは児童相談所に(　C　)しなければならない。

〔学校教育法〕　学校においては，別に法律で定めるところにより，幼児，児童，生徒及び学生並びに職員の健康の保持増進を図るため，(　D　)を行い，その他その保健に必要な措置を講じなければならない。

〔子どもの貧困対策の推進に関する法律〕　子どもの貧困対策は，社会のあらゆる分野において，子どもの年齢及び発達の程度に応じて，その(　E　)が尊重され，その最善の利益が優先して考慮され，子どもが心身ともに健やかに育成されることを旨として，推進されなければならない。

	A	B	C	D	E
1	態度	学校の設置者	通告	健康相談	権利
2	態度	校長	報告	健康相談	意見
3	態度	学校の設置者	報告	健康診断	意見
4	判断力	校長	報告	健康相談	権利
5	判断力	学校の設置者	通告	健康診断	意見
6	判断力	校長	通告	健康診断	権利

(☆◎◎◎◎◎)

【7】次の問1～問3に答えなさい。

問1　次は，小学校学習指導要領(平成29年3月告示)「第1章　総則　第4　児童の発達の支援」における「1　児童の発達を支える指導の充実(※)」の一部である。文中の(　A　)～(　D　)にあてはまる語句の正しい組合せはどれか。1～6から選びなさい。

教育課程の編成及び実施に当たっては，次の事項に配慮するものとする。

(1)　学習や生活の基盤として，教師と児童との信頼関係及び児童相互のよりよい人間関係を育てるため，日頃から学級経営の充実を図ること。また，主に集団の場面で必要な指導や援助を行うガイダンスと，個々の児童の多様な実態を踏まえ，一人一人が抱える課題に(　A　)に対応した指導を行うカウンセリングの双方により，児童の発達を支援すること。

(2)　児童が，自己の(　B　)を実感しながら，よりよい人間関係を形成し，有意義で充実した学校生活を送る中で，現在及び将来における(　C　)を図っていくことができるよう，児童理解を深め，学習指導と関連付けながら，生徒指導の充実を図ること。

(3)　児童が，学ぶことと(　D　)とのつながりを見通しながら，社会的・職業的自立に向けて必要な基盤となる資質・能力を身に付けていくことができるよう，特別活動を要としつつ各教科等の特質に応じて，キャリア教育の充実を図ること。

	A	B	C	D
1	個別	存在感	自己理解	自己の将来
2	個別	成長	自己実現	日常生活
3	個別	存在感	自己実現	自己の将来
4	積極的	成長	自己実現	自己の将来
5	積極的	存在感	自己理解	日常生活
6	積極的	成長	自己理解	日常生活

※この内容は，中学校，高等学校，特別支援学校小学部・中学部および高等部の各学習指導要領にも同様に示されている。ただし，特別支援学校においては，「調和的な発達を支える指導の充実」として記載されている。

問2　次の各文は「Society 5.0に向けた人材育成～社会が変わる，学びが変わる～」(平成30年6月5日　文部科学省公表)の「第2章　新たな時代に向けて取り組むべき政策の方向性」の中で示された内容である。文中の下線部ア～オのうち誤っているものはどれか。1～5から選びなさい。

すべての子供たちがすべての学校段階において，基盤的な学力の確実な定着と，他者と協働しつつ自ら考え抜く$_ア$<u>自立した学び</u>を実現できるよう，「公正に$_イ$<u>個別最適化された学び</u>」を実現する多様な学習機会と場の提供を図ることが必要である。

学校や教師だけでなく，あらゆる教育資源やICT環境を駆使し，ウ<u>基礎的読解力</u>，数学的思考力などの基盤的な学力やエ<u>情報収集能力</u>をすべての児童生徒が確実に習得できるようにする必要がある。

高等学校や大学において文系・理系に分かれ，特定の教科や分野について十分に学習しない傾向にある実態を改め，オ<u>文理両方を学ぶ人材</u>を育成するよう，高等学校改革と大学改革，高等学校と大学をつなぐ高大接続改革を進める必要がある。

1　ア　　2　イ　　3　ウ　　4　エ　　5　オ

問3　次の各文は，学習理論や学習方法を唱えた人物に関するものである。A～Dの内容と最も関係の深い人物を下から選ぶとき，正しい組合せはどれか。1～6から選びなさい。

A　学習者の生活と結びついた教育を主唱し，そのためには社会的環境における目的的活動が教育過程の基礎単位となるべきと説いた。この単位を「プロジェクト」と定義し，それを基礎とする教育過程を，目的の設定，計画の立案，実行，判断という四段階において定式化した。

B　オペラント条件づけの理論を基にして，学習内容をスモールステップで学習者に提示して学習させるというティーチングマシンを開発した。プログラムが重要と考え，学習内容をスモールステップで学習者に提示し，段階的に学習目標の達成を図るプログラムを用意した。

C　学習者の側から見た教授の段階を，教師の実際的な教授手続きへと転換した五段階教授法に改めた。予備，提示，比較，統括，応用という五段階を教授法として示した。

D　知識・技能の習得と道徳観の形成のどちらにも偏らずに両者を結合した「教育的教授」を主張した。教授の進行過程を明瞭，連合，系統，方法の四段階に区分して説明した。

ヘルバルト(Herbart, J. F.)	ライン(Rein, W.)
キルパトリック(Kilpatrick, W. H.)	スキナー(Skinner. B. F.)

	A	B	C	D
1	ヘルバルト	ライン	キルパトリック	スキナー
2	ヘルバルト	スキナー	ライン	キルパトリック
3	ヘルバルト	ライン	スキナー	キルパトリック
4	キルパトリック	スキナー	ヘルバルト	ライン
5	キルパトリック	ライン	スキナー	ヘルバルト
6	キルパトリック	スキナー	ライン	ヘルバルト

(☆☆◎◎◎◎)

【8】次の問1～問6に答えなさい。

問1　次は，「滋賀県公立学校教員人材育成基本方針」(平成26年3月滋賀県教育委員会)の「Ⅲ　めざす教員像と求められる力　1　滋賀県がめざす教員像」である。(　A　)～(　C　)にあてはまる語句の正しい組合せはどれか。1～6から選びなさい。

滋賀県がめざす教員像

1　教育者としての使命感と責任感，(　A　)を持っている人
・教職に対する情熱と誇りを持つ
・教職生活を通して自主的に学び続ける
・温かいまなざしで子どもたちの成長を見守る

2　(　B　)を備え，専門的指導力を持っている人
・高度な専門的知識と確固たる教育理念を持つ
・授業力，生徒指導力，学級経営力等の実践力を持つ
・思考力・判断力・表現力の育成等，新たな学びが展開できる

3　(　C　)で，豊かな人間性と社会性を持っている人
・社会の一員として尊敬され信頼される
・コミュニケーション力を有し，良好な人間関係を構築できる
・学校組織の一員として同僚と連携し力を発揮できる
・社会の多様な組織と連携・協働できる

	A	B	C
1	向上心	主体性と協調性	明朗
2	向上心	柔軟性と創造性	快活
3	向上心	主体性と協調性	快活
4	教育的愛情	柔軟性と創造性	明朗
5	教育的愛情	主体性と協調性	明朗
6	教育的愛情	柔軟性と創造性	快活

問2　次は，「第Ⅱ期　学ぶ力向上滋賀プラン～『読み解く力』の育成を通して～」(平成31年3月18日　滋賀県教育委員会)に示されている「4　3つの視点からの取組の推進」の一部である。文中の(　A　)～(　D　)にあてはまる語句の正しい組合せはどれか。1～6から選びなさい。

本プランの目標の達成に向けて，まずは，子どもたちの基本的な生活習慣の定着を図り，「読み解く力」の育成に重点をおいて，以下の3つの視点から「学ぶ力」を向上する取組を推進します。

(視点1)　学びを実感できる授業づくり

子どもたちが，基礎的・基本的な知識・技能を習得し，その知識・技能を活用して課題を解決する力を身に付けるためには，子ども一人ひとりの(　A　)を的確に把握し，その状況に応じた指導の充実を図ることが大切です。

(視点2)　学ぶ意欲を引き出す学習集団づくり

子どもたちが，自分の考えや思いなどを，安心して表現できる人間関係を築き，その中で豊かな(　B　)を育成するために，思いやりをもって関わり合い，互いの違いを認め，高め合える，(　C　)集団づくりが重要です。

(視点3)　子どものために一丸となって取り組む学校づくり

各校の状況に応じた学ぶ力を向上する取組を，学校全体で組織的に実践するためには，管理職のリーダーシップのもと，全ての教員が，課題やビジョンを(　D　)じ，PDCAサイクルにより取組を着実に推進することが大切です。

	A	B	C	D
1	学びの状況	人間性	一体感のある	共有
2	学びの状況	感性	学びに向かう	協議
3	学びの状況	人間性	学びに向かう	共有
4	生活の状況	感性	一体感のある	共有
5	生活の状況	人間性	学びに向かう	協議
6	生活の状況	感性	一体感のある	協議

問3　次の文は，「滋賀のめざす特別支援教育ビジョン(実施プラン)」(平成28年3月　滋賀県教育委員会)に示されている内容の一部である。文中の(　A　)～(　D　)にあてはまる語句の正しい組合せはどれか。1～6から選びなさい。

○　発達障害を含む障害のある子どもが，日常生活上や社会生活上の技能・習慣を身に付け，(　A　)のための知識や技能および態度を養うことができるよう，社会的・職業的自立に向けた指導を展開する。

○　発達障害を含む障害のある子ども一人ひとりの能力の伸長と豊かな成長をめざして，各学校園における(　B　)に応じた指導の充実と改善を図る。

○　発達障害を含む障害のある子どもの障害の状態や(　C　)に応じたきめ細かな指導ができるよう，教員の指導力や専門性を向上させる。

○　基礎的な教育環境を整えるとともに，子ども一人ひとりの障害の状況に応じた(　D　)を提供する。

	A	B	C	D
1	社会参加	教育課程	社会的ニーズ	合理的配慮
2	社会参加	発達段階	教育的ニーズ	合理的配慮
3	社会参加	教育課程	教育的ニーズ	福祉サービス
4	一般就労	発達段階	教育的ニーズ	福祉サービス
5	一般就労	教育課程	社会的ニーズ	福祉サービス

6　一般就労　　発達段階　　社会的ニーズ　　合理的配慮

問4　次は，「不登校児童生徒への支援の在り方について(通知)」(令和元年10月25日　文部科学省)に示されている「1　不登校児童生徒への支援に対する基本的な考え方　(2)学校教育の意義・役割」の一部である。文中の(　A　)～(　D　)にあてはまる語句の正しい組合せはどれか。1～6から選びなさい。

不登校児童生徒への支援については児童生徒が不登校となった要因を的確に把握し，学校関係者や家庭，必要に応じて関係機関が情報共有し，組織的・(　A　)な，個々の児童生徒に応じたきめ細やかな支援策を策定することや，(　B　)へ向けて進路の選択肢を広げる支援をすることが重要であること。さらに，既存の学校教育になじめない児童生徒については，学校としてどのように受け入れていくかを検討し，なじめない要因の解消に努める必要があること。

また，児童生徒の才能や(　C　)に応じて，それぞれの可能性を伸ばせるよう，本人の希望を尊重した上で，場合によっては，(　D　)や不登校特例校，ICTを活用した学習支援，フリースクール，中学校夜間学級での受入れなど，様々な関係機関等を活用し(　B　)への支援を行うこと。

その際，フリースクールなどの民間施設やNPO等と積極的に連携し，相互に協力・補完することの意義は大きいこと。

	A	B	C	D
1	弾力的	将来	出席状況	通級指導教室
2	弾力的	社会的自立	能力	通級指導教室
3	弾力的	将来	能力	教育支援センター
4	計画的	社会的自立	能力	教育支援センター
5	計画的	将来	出席状況	教育支援センター
6	計画的	社会的自立	出席状況	通級指導教室

問5　次は，「小学校，中学校，高等学校及び特別支援学校等における児童生徒の学習評価及び指導要録の改善等について(通知)」(平成31年3月29日　文部科学省)に示されている「2．学習評価の主な改善

点について」の一部である。文中の(　A　)～(　D　)にあてはまる語句の正しい組合せはどれか。1～6から選びなさい。

(1)　各教科等の目標及び内容を「知識及び技能」,「思考力，判断力，表現力等」,「(　A　)，人間性等」の資質・能力の三つの柱で再整理した新学習指導要領の下での指導と評価の(　B　)を推進する観点から，観点別学習状況の評価の観点についても，これらの資質・能力に関わる「知識・技能」,「思考・判断・表現」,「主体的に学習に取り組む態度」の3観点に整理して示し，設置者において，これに基づく適切な観点を設定することとしたこと。その際,「(　A　)，人間性等」については,「主体的に学習に取り組む態度」として観点別学習状況の評価を通じて見取ることができる部分と観点別学習状況の評価にはなじまず，(　C　)等を通じて見取る部分があることに留意する必要があることを明確にしたこと。

(2)「主体的に学習に取り組む態度」については，各教科等の観点の趣旨に照らし，知識及び技能を獲得したり，思考力，判断力，表現力等を身に付けたりすることに向けた粘り強い取組の中で，自らの学習を(　D　)しようとしているかどうかを含めて評価することとしたこと。

	A	B	C	D
1	学びに向かう力	一体化	個人内評価	調整
2	学びに向かう力	個別化	絶対評価	調整
3	学びに向かう力	一体化	絶対評価	継続
4	生きる力	個別化	絶対評価	継続
5	生きる力	一体化	個人内評価	継続
6	生きる力	個別化	個人内評価	調整

問6　次は,「体罰の禁止及び児童生徒理解に基づく指導の徹底について(通知)」(平成25年3月13日　文部科学省)の一部である。文中の(　A　)～(　D　)にあてはまる語句の正しい組合せはどれか。1～6から選びなさい。

体罰は，(　A　)第11条において禁止されており，校長及び教員(以下「教員等」という。)は，児童生徒への指導に当たり，いかなる場合も体罰を行ってはならない。体罰は，(　B　)行為であるのみならず，児童生徒の心身に深刻な悪影響を与え，教員等及び学校への信頼を失墜させる行為である。

体罰により正常な倫理観を養うことはできず，むしろ児童生徒に力による解決への志向を助長させ，いじめや暴力行為などの連鎖を生む恐れがある。もとより教員等は指導に当たり，児童生徒一人一人をよく理解し，適切な(　C　)を築くことが重要であり，このために日頃から自らの指導の在り方を見直し，指導力の向上に取り組むことが必要である。(　D　)が必要と認める状況においても，決して体罰によることなく，児童生徒の規範意識や社会性の育成を図るよう，適切に(　D　)を行い，粘り強く指導することが必要である。

	A	B	C	D
1	学校教育法	反道徳的	人間関係	懲戒
2	学校教育法	違法	信頼関係	懲戒
3	学校教育法	反道徳的	信頼関係	懲罰
4	学校保健安全法	違法	人間関係	懲罰
5	学校保健安全法	反道徳的	信頼関係	懲罰
6	学校保健安全法	違法	人間関係	懲戒

(☆☆◎◎◎◎)

【9】次の問1～問3に答えなさい。

問1　次は，クライエント中心療法を説明した文である。文中の(　A　)～(　D　)にあてはまる人物，語句の正しい組合せはどれか。1～6から選びなさい。

クライエント中心療法は，(　A　)によって創始された心理療法理論であり，人間は自己実現へと向かう傾向をもつ存在であると見なし，自己決定と個人の固有性を重視する人間観が基礎にある。セラピストが(　B　)理解，無条件の(　C　)的配慮，自己(　D　)という関係的条件を与えることによって，クライエントは自分自身を受け入れ，生得的に備わっている成長傾向を発揮できると考える。

	A	B	C	D
1	ベック(Beck,S. J.)	相互	否定	開示
2	ベック(Beck,S. J.)	共感的	否定	開示
3	ベック((Beck,S. J.)	相互	肯定	一致
4	ロジャーズ(Rogers, C. R.)	共感的	否定	一致
5	ロジャーズ(Rogers, C. R.)	相互	肯定	開示
6	ロジャーズ(Rogers, C. R.)	共感的	肯定	一致

問2　次の各文のうち，ピアジェ(Piaget, J.)について説明したものはどれか。1～5から選びなさい。

1　発見学習の理論的基礎を提供した。主著に『教育の過程』，『教授理論の建設』があり，固定したレディネス観を否定した。

2　問題箱を用いて，学習の試行錯誤説を唱え，学習の原理として，効果，練習，準備の3法則を主張した。

3『教育目標の分類学』で世界の教育界に知られる。形成的評価を重視する評価理論，完全習得学習の理論，カリキュラム理論を含む総合的な教育理論を展開した。

4　模倣，同一視等を代理的観察学習とみなし，モデリングと命名。社会的学習理論を大きく発展させた。

5　臨床法を用いて，児童の思考の特質が自己中心性であることを明らかにし，適応と認識における主体の活動を重視し，心理学における発生的観点の重要性を指摘した。

問3　次は，ペアレント・トレーニングについて説明した文である。文中の下線部ア～オのうち誤っているものはどれか。1～5から選びなさい。

ペアレント・トレーニングとは，子どもの行動上の問題に対して，親(養育者)が行動変容理論等の$_{ア}$<u>学習理論</u>に基づいた態度や$_{イ}$<u>技法</u>で関わることを学ぶための，グループトレーニングである。ここでは，親(養育者)が子どもの問題行動を$_{ウ}$主観的に理解し，適切な$_{エ}$関わり方を習得することで，子どもの適応行動が増え，親の育児ストレスの緩和や$_{オ}$肯定的な親子関係を促進することが期待できる。

1　ア　　2　イ　　3　ウ　　4　エ　　5　オ

(☆☆◎◎◎◎◎)

解答・解説

【1】問1　5　　問2　2　　問3　4

〈解説〉問1　下線部の漢字は「補」。1は舗装，2は捕獲，3は稲穂，4は確保，5は候補。語句の意味を捉えて漢字を考えることが大切である。
問2　後半の「言葉では」から始まる段落に見られる「「行と行の間」に織り込まれている」などの表現から，適切な語句を捉えたい。
問3　4の内容は，最終段落の記述と一致する。1の「文章全体を俯瞰」することや，3の「暗黙のルールを察知」して考えることは述べられていない。2の童謡は読み手や聞き手が誤解するというのは述べられておらず，削ぎ落とされた情報から読み取れる状況は少ないが，文章では書かれなかった真意が隠されていると述べられている。5については，文章では書かれていない真意を行間から読み解くと述べられている。

【2】問1　6　　問2　2　　問3　3

〈解説〉問1　表中で最も発電量が多く，日本についで火力発電の割合が高いAは，中国と判断できる。風力・地熱・太陽光など再生可能エネルギーの割合が高いBはドイツ，水力の割合が高いCがブラジルである。
問2　Aのアメリカ独立宣言は1776年，Bのイギリスの権利章典の制定は1689年，Cのワイマール憲法の制定は1919年，Dのフランス人権宣言は1789年に制定された。　問3　農作物が不作ということは，供給量が減るということである。供給の数量が小さくなるので，供給曲線は左による。供給が減れば，価格は上がる。

【3】問1　3　　問2　2　　問3　4

〈解説〉問1　大小2個のさいころを同時に投げるとき，全ての目の出方は$6\times6=36$〔通り〕。このうち，出る目の和が5になるのは，大きいさいころの出た目の数をa，小さいさいころの出た目の数をbとしたとき，$(a,\ b)=(1,\ 4),\ (2,\ 3),\ (3,\ 2),\ (4,\ 1)$の4通り。よって，求める確率は　$\frac{4}{36}=\frac{1}{9}$　問2　兄が妹に追いつくのは，兄が出発してからx分後になるとする。兄が出発するまでの間に妹が進んだ距離は$50\times4=200$〔m〕二人の間の距離は1分あたり$(70-50)$〔m〕ずつ縮まるから，$(70-50)\times x=200$　$x=10$　で，10分後に追いつく。なお，学校までの距離の1500mは使わないことに注意。　問3　次の図のように，星形の図形の先端部分の5つの角を$\angle a$〜$\angle e$とする。△CEFの内角と外角の関係から，$\angle\mathrm{AFG}=\angle c+\angle e$　△BDGの内角と外角の関係から，$\angle\mathrm{AGF}=\angle b+\angle d$　△AFGの内角の和は180°だから，$\angle\mathrm{FAG}+\angle\mathrm{AFG}+\angle\mathrm{AGF}=180°$　⇔　$\angle a+(\angle c+\angle e)+(\angle b+\angle d)=\angle a+\angle b+\angle c+\angle d+\angle e=180°$

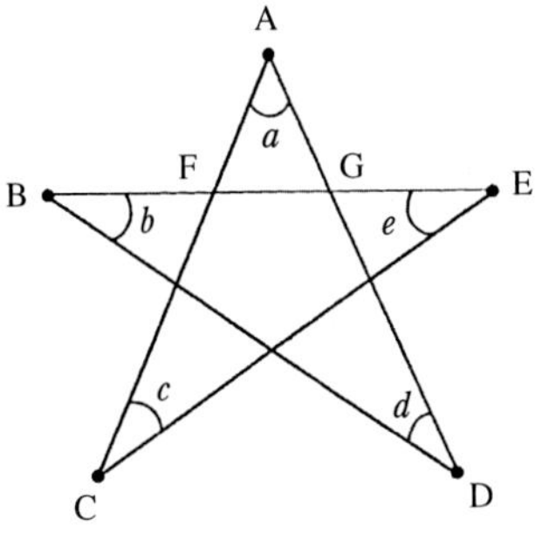

【4】問1　1　　問2　6　　問3　3

〈解説〉問1　音の高低は，振動数が多いと高く，少ないと低くなる。モノコードの弦では，振動数は，弦の張り方，弦の長さ，弦の太さによって変化する。弦を強く張るほど振動数が多くなり音が高くなる。また，弦の長さが長いほど，弦の太さが太いほど，振動数は少なくなり音が低くなる。　問2　メスシリンダー内の水面はメニスカスを形成する。水の体積を知るときメニスカスの底面の値を読む。したがってこの場合の目盛りは74.0cm^3と読み取れ，金属を入れたことによる増加分，すなわち金属の体積は74.0−60.0＝14.0〔cm^3〕となる。金属の密度は質量÷体積より37.9÷14.0＝2.707…≒2.7〔g/cm^3〕となる。なお，密度が2.7g/m^3の金属にはアルミニウムがある。　問3　補助情報を加えた図を示す。

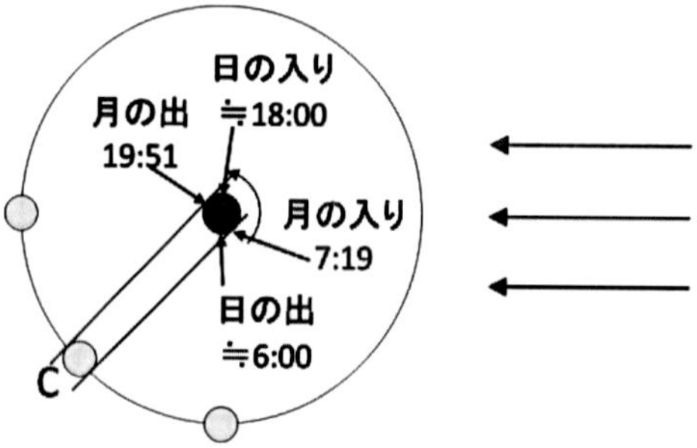

太陽の光が見え始める日の出，太陽の光が見えなくなる日の入りの時間，位置を示した。そしてその時間に対して月の出19:51と月の入り7:19の位置から月の見え始める(月の出)位置，月の見えなくなる(月の入り)位置を考えると，Cが該当する。

【5】問1　1　　問2　4　　問3　5

〈解説〉問1　空欄の後に，具体例として，より多くの仕事や，学校，大学の選択が挙げられていることから，1のopportunitiesが適切。　問2　4の「多くの人が，地方を離れて都市に移住する」という内容は，本文第3段落に記述がある。1及び2は，第1段落から第2段落にかけての記述と一致していない。3は，巨大都市の多くはアジアにあると書かれている。5は最終段落の記述と一致しない。　問3　Bの提案に対して，Aが答えている。直後に「楽しみにしている」とあることから，肯定的な返答であることがわかる。従って，5のSounds great.が適切。

【6】問1　1　　問2　6　　問3　5

〈解説〉問1　教育基本法第1条は教育の目的を定めている。「文化的な国家」ではなく，「民主的な国家」が正しい。同法第4条は教育の機会均等について，同法第5条は義務教育について，同法第9条は教員について，同法第11条は幼児期の教育について，それぞれ規定している。問2　地方公務員法第30条は服務の根本基準に関する規定で，公務員の服務に関する諸規定の，最も基礎をなす規定である。同法第31条は服務の宣誓，同法第32条は法令等及び上司の職務上の命令に従う義務，同法第33条は信用失墜行為の禁止，同法第35条は職務に専念する義務について，それぞれ規定している。　問3　食育基本法は国民の心身の健康の増進と豊かな人間形成について規定した第2条，学校保健安全法は学校の臨時休業について規定した第20条，児童虐待の防止等に関する法律は児童虐待に係る通告について規定した第6条第1項，学校教育法は学校における健康診断等について規定した第12条，子どもの貧困対策の推進に関する法律は基本理念を規定した第2条第1項である。

【7】問1　3　　問2　4　　問3　6

〈解説〉問1　今回の学習指導要領の改訂にあたって，総則改正の要点の一つとして，児童の発達の支援を重視するよう改善が行われた。改善内容としては，児童一人一人の発達を支える視点から，学級経営や生徒指導，キャリア教育の充実について示された。その内容を具体的に示したのが出題の配慮事項である。　問2「第2章　(5)　今後の方向性の総括」からの出題である。今後取り組むべき教育政策の方向性を，出題された3点の事項に整理している。エは，「情報活用能力」が正しい記述である。　問3　A　キルパトリックはアメリカの教育学者で，デューイに師事し，デューイの考えを発展させてプロジェクト・メソッドを提唱した。　B　スキナーはアメリカの心理学者で，オペラント条件付けの理論を応用してプログラム学習を提唱した。　C・D　ドイツの哲学者・教育学者であるヘルバルトは四段階教授法を提唱した。それを基礎に，ドイツの教育学者ツィラーが明瞭をふたつに分け，「分析」「総合」「連合」「系統」「方法」の五段階教授法を提唱し，またドイツの教育学者ラインは，「予備」「提示」「比較」「統括」「応用」の5つに区分した五段階教授法を提唱した。

【8】問1　4　　問2　3　　問3　2　　問4　4　　問5　1　　問6　2

〈解説〉問1「滋賀県がめざす教員像」は，平成24年8月の中央教育審議会答申において示された「これからの教員に求められる資質能力」を踏まえて示された。「滋賀県がめざす教員像」は「滋賀県公立学校教員人材育成基本方針」だけでなく，「滋賀県教員のキャリアステージにおける人材育成指標」等にも記載されている。　問2　本プランの目標の達成に向けて，出題された3つの視点が挙げられている。

問3「第2　具体の取組」で示されている各項目の目標からの出題である。Aを含む事項は「1　社会的・職業的自立の実現」の目標，Bを含む事項は「2　発達段階に応じた指導の充実」の目標，Cを含む事項は「3　教員の指導力や専門性の向上」で掲げられた2つの目標のうちの一つ，Dを含む事項は「4　教育環境の充実」の目標である。　問4　出題された通知には，不登校児童生徒への支援に対する基本的な考え方として，児童生徒が自らの進路を主体的に捉えて，社会的に自立することを目指す必要があることが示されている。　問5　新学習指導要領は育成を目指す資質能力の明確化を重視し，その資質能力を「知識・技能」，「思考力・判断力・表現力等」，「学ぶに向かう力，人間性等」の三つの柱で示している。この三つの柱について，実際にどのように評価すべきかに関して，文部科学省が各教育委員会等に示した通知が，本問で出題された通知である。　問6　出題された通知では併せて，懲戒と体罰の区別や，正当防衛及び正当行為の具体的状況などについて示されている。

【9】問1　6　　問2　5　　問3　3

〈解説〉問1　ロジャーズはアメリカの心理学者で，非指示的カウンセリングあるいはクライエント中心療法を提唱し，カウンセラーに求められる態度として，「共感的理解」，「無条件の肯定的配慮」，「自己一致」の3つを挙げている。ちなみに，ベックはアメリカの心理学者で，ロールシャッハ・テストの研究者の一人である。　問2　ピアジェはスイスの心理学者で，子どもの認知力の発達の過程を明らかにし，自己中心性の概念を提唱した。1はブルーナー，2はソーンダイク，3はブルーム，4はバンデューラの説明である。　問3　ウは「客観的」。平成28(2016)年に改正された発達障害者支援法においては，家族支援の重要性が強調されている。その流れを受けて厚生労働省の「発達障害児者及び家族等支援事業」において，都道府県・市町村に対してペアレント・トレーニングなどの推進が行われている。さらに，令和3(2021)年度からの障害福祉計画においても，発達障害支援体制の基本方針の活動指標のひとつとして，ペアレント・トレーニングが検討されている。

2020年度　実施問題

【１】次の文章を読んで問1～問3に答えなさい。

人は誰でも，覚えていることや知っていることを使って考えることしかできません。

精神分析を確立して精神医学はじめ社会科学や現代思想にまで大きな影響を与えたフロイトが注目した「無意識」というものは，きっとあるのでしょう。

ふとしたことで長く忘れていた出来事を思い出す経験は誰でもありますから，表面に出てこない奥深い記憶も間違いなくあります。

でも，それらは，意識できない以上，自分から積極的に使うことはできません。

ある問題を長時間あれこれ考えたが，一向に答えが出ない。そのうち考えたことすら忘れてしまった。ところが，ある日突然，(　　)な答えがひらめいた。その背後には，潜在意識や奥深い記憶があった。さんざん考え悩んだのがきっかけとなって，水面下で何かが起こり，ふとした拍子に現われてきた――ということは，よくあるのでしょう。

まったくゼロのところからひらめくというのは，ありそうもない話です。

ヒラメキや(　　)な発想は，何かを仕込んだ結果，それが発酵なり熟成なりという変化を起こし，別の何かが突然ポンと飛び出してくるわけです。

ですから，私たちがヒラメキや(　　)な発想を期待して意識的にできるのは，手持ちの記憶や知識をクシして考えることだけです。

だからこそ，本を読んで自分で覚えていることや知っていることが，重要なのです。

本の要約としてのノート，自分で考えたことのメモ，著者意見のインデックス(索引)としての鉛筆印や付箋は，自分の頭の外にあるわけですから，二の次三の次に決まっています。

目次を眺め，必要と思って読んだ何ページを私がどのくらい覚えているかといえば，論旨はだいたい覚えているでしょうが，細かいところまで再現できる記憶が残っているわけではありません。そのように記憶しようと思ったこともありません。

あくまで頭の片隅に，簡潔にとらえた著者の考え方や主張がおおよそ残っているという感じです。つまり，これまた「さわり」だけです。

それを自分の中でよく吟味し咀嚼し，それ以外に自分が持っている，体験から得たり別の本から得たりしたさまざまな記憶や知識と組み合わせ，新しい「自分の考え」としてまとめることが重要です。それを外に出すのが正しいアウトプットなのです。

(榊原英資『見る読書』より)

問1　文章中の下線部「クシ」の「ク」を漢字になおしたとき，その「ク」と同じ漢字を使うものは次の下線部のうちどれか。1～5から選びなさい。

1　望郷の念にカられる。

2　一斉に草をカる。

3　本をカりに図書館へ行く。

4　夏休みの宿題を生徒にカする。

5　猟師が山で鳥獣をカる。

問2　文章中の三箇所の(　　)に共通して入る最も適切なものはどれか。1～5から選びなさい。

1　具体的　　2　画期的　　3　狭義的

4　習慣的　　5　一般的

問3　この文章の内容と一致するものとして，最も適切なものはどれか。1～5から選びなさい。

1　本を読むことを通して，その内容を細部にわたるまで克明に記憶しておくと，それが新しいアイデアを生み出す源となる。

2　本を読む際にはメモをとったり，印をつけておいたりすると，新しいヒラメキを生み出すときに振り返りやすく，最も役立つ。

3　新たに読書から得たことと自分が持っている記憶や知識を組み合わせることで，新しい自分の考えをまとめることが重要である。

4　全く何もないところから新しいアイデアが生まれることは度々あるが，自分の頭の中に記憶や知識を地道に蓄積することもまた重要である。

5　人間は自分が持っている記憶や知識を使ってしか考えることができないため，読書以上に，他の経験から情報を得なければならない。

(☆☆☆◎◎◎)

【2】次の問1～問3に答えなさい。

問1　次の各文は，日本銀行の役割について述べたものである。誤っているものはどれか。1～5から選びなさい。

1　日本の「中央銀行」として，物価の変動をおさえ，景気の安定化を図る。

2「政府の銀行」として，政府の資金を預金として預かり，その出し入れを行う。

3「銀行の銀行」として，金融機関に資金の貸し出しや預金の受け入れを行う。

4「貨幣の銀行」として，日本で唯一，すべての貨幣を製造する。

5「発券銀行」として，日本銀行券と呼ばれる紙幣を発行する。

問2　次の各文は，第2次世界大戦後の日本の出来事について述べたものである。古い順に並べたとき3番目になるものはどれか。1～5から選びなさい。

1　第4次中東戦争の影響を受けて石油の価格が上がり，大きな打撃を受けた。

2　テレビの本放送が開始され，街頭テレビが設置された。

3　間接税である消費税が，税率3%で初めて導入された。

4　産業や経済を独占してきた財閥が解体させられ，経済の民主化が進められた。

5　アジアで初めて開かれた東京オリンピックに合わせて，東海道新幹線が開通した。

問3　次の文の(　　)にあてはまるものとして正しいものはどれか。1～6から選びなさい。

東経135度の経線を標準時子午線とする日本の東京が，1月1日の午後3時であるとき，東経30度の経線を標準時子午線とするエジプトのカイロの日時は，(　　)である。

1　12月31日の午後11時　　2　1月1日の午前4時
3　1月1日の午前8時　　4　1月1日の午後10時
5　1月2日の午前2時　　6　1月2日の午前7時

(☆☆☆◎◎◎)

【3】次の問1～問3に答えなさい。

問1　次の図は，直方体の展開図である。これを組み立ててできる直方体で，辺ABと垂直になる面の組合せとして正しいものはどれか。1～5から選びなさい。

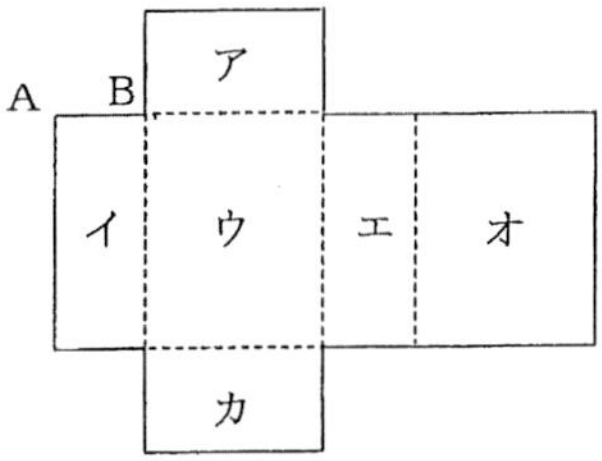

1　アとイ　　2　アとオ　　3　ウとエ　　4　ウとオ
5　エとオ

問2　S，H，I，G，Aの5枚のカードを左から右へ一列に並べるとき，Aのカードが I のカードより左にある並べ方は何通りあるか。1～5から選びなさい。

1　24通り　　2　30通り　　3　48通り　　4　60通り
5　96通り

問3　図のように，半径が2cm，中心角90°のおうぎ形とAB＝BC＝2cm

の直角二等辺三角形の斜辺を直径とする半円が重なっている。図の斜線をつけた部分の面積として正しいものはどれか。1～5から選びなさい。

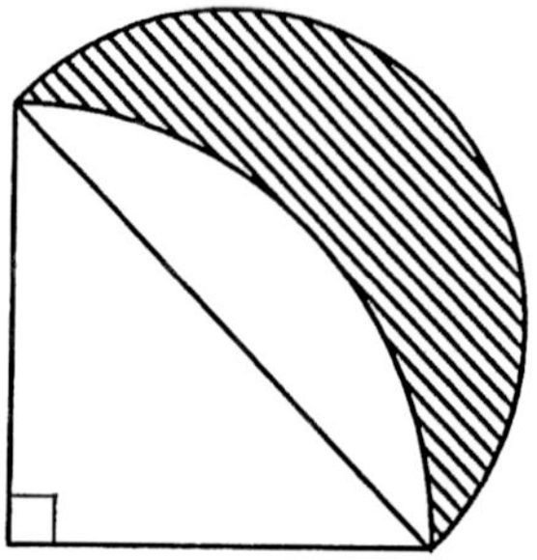

1　1cm²　　2　$\frac{3}{2}$cm²　　3　2cm²　　4　$\frac{5}{2}$cm²　　5　3cm²

(☆☆☆◎◎◎)

【4】次の問1～問3に答えなさい。

問1　次の各文は，顕微鏡の操作について述べたものである。誤っているものはどれか。1～5から選びなさい。

1　顕微鏡を使うために，水平で直射日光の当たらない明るい場所においた。

2　ピントを合わせるために，接眼レンズをのぞいて，遠ざけておいた対物レンズとプレパラートを近づけた。

3　視野を明るくするために，接眼レンズをのぞいて，反射鏡としぼりを調節した。

4　観察したいものを視野の左に動かすために，プレパラートを右に動かした。

5　高倍率にして詳しく観察するために，対物レンズを10倍から40倍にした。

問2　次の文中の(　ア　)と(　イ　)にあてはまるものの組合せとして，最も適切なものはどれか。1～6から選びなさい。

次の図のように，加熱して赤くなった木炭を，(　ア　)を入れた集気びんの中にしばらくおいた。その後，木炭を取り出し，ふたをして集気びんをよく握ると(　ア　)が白くにごったことから，二酸化炭素が発生したことがわかった。

このとき二酸化炭素が生じる化学変化を，化学反応式で表すと(　イ　)となる。

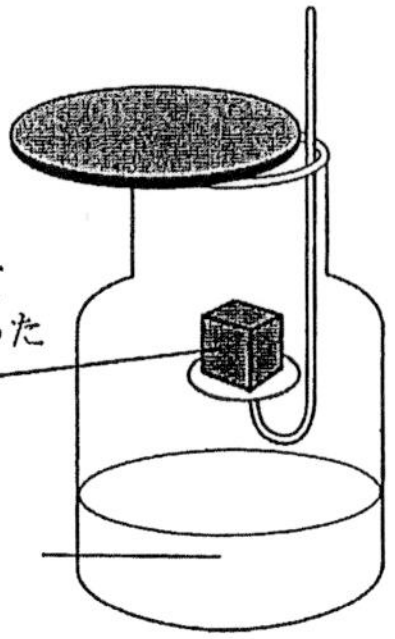

	ア	イ
1	BTB溶液	$C+O_2 \rightarrow CO_2$
2	BTB溶液	$2C+O_2 \rightarrow 2CO$
3	BTB溶液	$C+2O \rightarrow CO_2$
4	石灰水	$C+O_2 \rightarrow CO_2$
5	石灰水	$2C+O_2 \rightarrow 2CO$
6	石灰水	$C+2O \rightarrow CO_2$

問3　次の文中の(　ア　)と(　イ　)にあてはまるものの組合せとして，最も適切なものはどれか。1～6から選びなさい。

次の図のように，2.0〔Ω〕の抵抗Aと3.0〔Ω〕の抵抗Bを直列に接続し，10〔V〕の電圧を加えた。このとき，抵抗Aに加わる電圧は(　ア　)〔V〕となる。また，抵抗Bにおいて消費される電力の大きさは(　イ　)〔W〕となる。ただし，導線の抵抗は無視できるものとする。

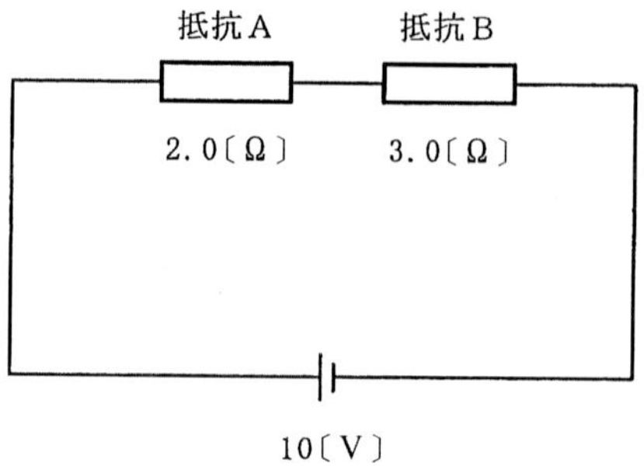

	ア	イ
1	4.0	12
2	4.0	20
3	4.0	30
4	10	12
5	10	20
6	10	30

(☆☆◎◎◎)

【5】次の問1～問3に答えなさい。

〔問1・問2〕次の英文を読んで各問に答えなさい。

It's important to use names and titles correctly in a business situation. The best way to introduce someone is to use their given name and family name, for example, *This is Peter Smith* or *Can I introduce you to Jenny Chang?* You might also want to add some extra information to explain who the person is, for example, *This is Peter Smith. He's the Sales Manager of ABC Computers* or *Can I introduce you to Jenny Chang? She's from our branch office in Taipei.*

Use a title with a family name, not a given name, for example, *Mr. Smith* not *Mr. Peter* or *Doctor Chang* not *Doctor Jenny.*

In a very (　　) situation, such as an international conference, you might use someone's title and family name when you're speaking to them, but in everyday situations, it's common in English-speaking countries to start using someone's given name immediately or quite soon after meeting. With a co-worker of similar status, you would use given names automatically; with very *senior people, it may be a good idea to wait until they have invited you to use their first name.

Don't *hesitate to ask if you're not sure how to pronounce someone's name or have forgotten it.

<『Passport to Work』より>

(注)　*senior: 目上の　　*hesitate: ためらう

問1　英文中の(　　)に入る最も適切な語はどれか。1～5から選びなさい。

1　relaxed

2　miserable

3　unusual

4　friendly

5　formal

問2　この英文の内容と一致するものとして，最も適切なものはどれか。1～5から選びなさい。

1　When you introduce someone, it is best to use their given name and family name.

2　Don't give other information with someone's name to explain who they are.

3　A title cannot be used with a family name, only with a given name.

4　You should call someone by their first name immediately even if they are very senior.

5　It is not polite to ask someone's name when you're not sure or when you have forgotten it.

問3　次の対話文の(　　)に入る最も適切なものはどれか。1～5から選びなさい。

A : You must have been very angry with me yesterday. I have to apologize to you.

B : I have no idea what you are talking about.

A : Don't you remember?　We planned to go to see a movie yesterday, but I totally forgot!

B : Oh, did we?　(　　　) Actually, I must apologize to you.

A : Really?　Why?

B : Yesterday I had to take care of my little brother. And I totally forgot to tell you.

A ： That's OK. Maybe we can go to see a movie next time.

1　That's for sure.

2　Don't worry about it.

3　Mind your own business.

4　That's too bad.

5　Long time no see.

(☆☆☆◎◎◎)

【6】次の問1～問3に答えなさい。

問1　次は，教育基本法(平成18年12月22日　法律第120号)の条文である。文中の(　A　)～(　E　)にあてはまる語句の正しい組合せはどれか。1～6から選びなさい。

第6条　法律に定める学校は，公の性質を有するものであって，国，(　A　)及び法律に定める法人のみが，これを設置することができる。

2　前項の学校においては，(　B　)が達成されるよう，教育を受ける者の心身の発達に応じて，体系的な教育が(　C　)に行われなければならない。この場合において，教育を受ける者が，学校生活を営む上で必要な(　D　)を重んずるとともに，自ら進んで学習に取り組む(　E　)を高めることを重視して行われなければならない。

	A	B	C	D	E
1	都道府県	教育の質の向上	組織的	規律	能力
2	都道府県	教育の目標	段階的	規律	能力
3	都道府県	教育の質の向上	段階的	基礎学力	意欲
4	地方公共団体	教育の目標	組織的	規律	意欲
5	地方公共団体	教育の質の向上	組織的	基礎学力	意欲
6	地方公共団体	教育の目標	段階的	基礎学力	能力

問2　次は，それぞれの法規の条文または条文の一部である。下線部が誤っているものはどれか。1～5から選びなさい。

1 〔日本国憲法〕すべて国民は，法律の定めるところにより，その保護する子女に普通教育を受けさせる義務を負ふ。

2 〔学校教育法〕教諭は，児童の教育をつかさどる。

3 〔学校教育法施行規則〕校長(学長を除く。)は，当該学校に在学する児童等について出席簿を作成しなければならない。

4 〔学校保健安全法〕学校においては，児童生徒等の心身の健康に関し，健康相談を行うものとする。

5 〔学校図書館法〕学校には，学校図書館の専門的職務を掌らせるため，学校司書を置かなければならない。

問3　次は，地方公務員法(昭和25年12月13日　法律第261号)の条文または条文の一部である。文中の(　A　)～(　E　)にあてはまる語句の正しい組合せはどれか。1～6から選びなさい。

第29条　職員が次の各号の一に該当する場合においては，これに対し(　A　)として戒告，減給，停職又は免職の処分をすることができる。

一　この法律若しくは第57条に規定する特例を定めた法律又はこれに基く条例，地方公共団体の規則若しくは地方公共団体の機関の定める規程に違反した場合

二　職務上の(　B　)に違反し，又は職務を怠つた場合

三　全体の奉仕者たるにふさわしくない非行のあつた場合

第30条　すべて職員は，全体の奉仕者として公共の利益のために勤

務し，且つ，職務の遂行に当つては，全力を挙げてこれに(C)しなければならない。

第33条　職員は，その職の信用を傷つけ，又は職員の職全体の(D)となるような行為をしてはならない。

第34条　職員は，職務上知り得た(E)を漏らしてはならない。その職を退いた後も，また，同様とする。

	A	B	C	D	E
1	懲戒処分	義務	従事	不名誉	個人情報
2	懲戒処分	役割	専念	信用失墜	個人情報
3	懲戒処分	義務	専念	不名誉	秘密
4	行政処分	役割	従事	信用失墜	秘密
5	行政処分	義務	専念	信用失墜	個人情報
6	行政処分	役割	従事	不名誉	秘密

(☆☆☆◎◎◎◎)

【7】次の問1～問3に答えなさい。

問1　次は，学習指導要領(※)の「前文」の一部である。文中の(A)～(D)にあてはまる語句の正しい組合せはどれか。1～6から選びなさい。

教育課程を通して，これからの時代に求められる教育を実現していくためには，よりよい学校教育を通してよりよい(A)という理念を学校と社会とが共有し，それぞれの学校において，必要な学習内容をどのように学び，どのような資質・能力を身に付けられるようにするのかを教育課程において明確にしながら，(B)によりその実現を図っていくという，社会に開かれた教育課程の実現が重要となる。

学習指導要領とは，こうした理念の実現に向けて必要となる(C)を大綱的に定めるものである。学習指導要領が果たす役割の一つは，公の性質を有する学校における教育水準を(D)ことである。

	A	B	C	D
1	人格を形成する	専門家による支援体制	教育課程の基準	全国的に確保する
2	人格を形成する	社会との連携及び協働	教育活動の内容	全国的に確保する
3	人格を形成する	専門家による支援体制	教育活動の内容	着実に向上させる
4	社会を創る	社会との連携及び協働	教育活動の内容	着実に向上させる
5	社会を創る	専門家による支援体制	教育課程の基準	着実に向上させる
6	社会を創る	社会との連携及び協働	教育課程の基準	全国的に確保する

学習指導要領(※)

・小学校学習指導要領(平成29年3月告示)

・中学校学習指導要領(平成29年3月告示)

・高等学校学習指導要領(平成30年3月告示)

・特別支援学校小学部・中学部学習指導要領(平成29年4月告示)

・特別支援学校高等部学習指導要領(平成31年2月公示)

問2　次は，中央教育審議会総会「第2次学校安全の推進に関する計画の策定について(答申)」(平成29年2月3日)において示された【安全に関する資質・能力】である。文中の(　A　)～(　D　)にあてはまる語句の正しい組合せはどれか。1～6から選びなさい。

【安全に関する資質・能力】

(知識・技能)

様々な(　A　)や事件・事故等の危険性，安全で安心な社会づくりの意義を理解し，安全な生活を実現するために必要な知識や技能を身に付けていること。

(思考力・判断力・表現力等)

自らの安全の状況を適切に(　B　)するとともに，必要な情報を収集し，安全な生活を実現するために何が必要かを考え，適切に意思決定し，(　C　)するために必要な力を身に付けていること。

(学びに向かう力・人間性等)

安全に関する様々な課題に関心を持ち，主体的に(　D　)の安全な生活を実現しようとしたり，安全で安心な社会づくりに貢献しようとしたりする態度を身に付けていること。

	A	B	C	D
1	問題行動	評価	行動	自己
2	問題行動	察知	伝達	自己
3	問題行動	評価	伝達	自他
4	自然災害	察知	伝達	自他
5	自然災害	評価	行動	自他
6	自然災害	察知	行動	自己

問3　次の各文のうち，パーカースト(Parkhurst, H.)について説明したものはどれか。1～5から選びなさい。

1　ドイツの教育学者で，教育科学を樹立し，子どもの個性を発達させ，その子どもの集団を発展させるために，「イエナ・プラン」を構想し実践した。この計画を通して，子どもに生命に対する畏敬の念を起こし，人間性を解放しようとした。

2　アメリカの教育学者で，個人差に応ずる個別学習形態の一種「ドルトン・プラン」の創始者である。教育計画は，単に子どもの尊重・個性の尊重という主張にとどまらず，各個人が自らを発達させる自由と集団生活における協力とを二大原理として，学習の個性化と学校の社会化をめざすものとして評価された。

3　チェコの教育家で，教科書作成や学校運営などを通して教育改革に尽力した。人類の破滅を救うには青少年を正しく教育するより有効な道はほかにないと考え，「すべての人にすべての事柄を教授する」ことを『大教授学』において主張した。

4　ドイツの教育思想家，実践家で，人智学に基づいた教育理論を展開し，ヴァルドルフ学校を創設した。そこでは，8年間一貫担任制，周期集中エポック授業，フォルメン，オイリュトミーなどを中心にカリキュラムが組まれ，競争・能力原理を排した特色ある実践を行った。

5　アメリカの哲学者，教育学者で，プラグマティズムの哲学を提唱し，実験主義・道具主義とも称する立場を確立した。経験主義の教育「なすことによって学ぶ」の実験を試み，20世紀初頭の新教育運動，進歩主義教育の指導者として活躍した。

(☆☆☆◎◎◎)

【8】次の問1～問6に答えなさい。

問1　次は，「障害を理由とする差別の解消の推進に関する法律(障害者差別解消法)」(平成25年6月26日　法律第65号)の条文の一部である。文中の(　A　)～(　D　)にあてはまる語句の正しい組合せはどれか。1～6から選びなさい。

第7条　行政機関等は，その事務又は事業を行うに当たり，障害を理由として障害者でない者と不当な差別的取扱いをすることにより，障害者の(　A　)を侵害してはならない。

2　行政機関等は，その事務又は事業を行うに当たり，障害者から現に(　B　)の除去を必要としている旨の(　C　)があった場合において，その実施に伴う負担が過重でないときは，障害者の(　A　)を侵害することとならないよう，当該障害者の性別，年齢及び障害の状態に応じて，(　B　)の除去の実施について必要かつ(　D　)をしなければならない。

	A	B	C	D
1	自由	社会的障壁	事前の申し出	合理的な配慮
2	自由	心理的不安	意思の表明	最大限の支援措置
3	自由	社会的障壁	事前の申し出	最大限の支援措置
4	権利利益	社会的障壁	意思の表明	合理的な配慮
5	権利利益	心理的不安	事前の申し出	最大限の支援措置
6	権利利益	心理的不安	意思の表明	合理的な配慮

問2　次は，「滋賀の教育大綱(第3期滋賀県教育振興基本計画)」(平成31年3月)の一部である。文中の(　A　)～(　D　)にあてはまる語句の正しい組合せはどれか。1～6から選びなさい。

基本目標とサブテーマ

未来を拓く(　A　)でたくましい人づくり ～人生100年を見据えた「(　B　)」滋賀の教育～

今後5年間に実施する施策の方向性と主な取組

3つの柱を設け，施策の総合的な推進を図ります。

柱1 「子ども一人ひとりの(　C　)を大切にし，生きる力を育む」 柱2 「(　D　)で支え合い，子どもを育む」 柱3 「すべての人が学び続け，(　B　)ための生涯学習を振興する」

	A	B	C	D
1	心豊か	共に生きる	感性	地域全体
2	心豊か	共に生きる	個性	社会全体
3	心豊か	協働する	個性	地域全体
4	健やか	協働する	個性	社会全体
5	健やか	共に生きる	感性	社会全体
6	健やか	協働する	感性	地域全体

問3　次は，「第Ⅱ期　学ぶ力向上滋賀プラン～『読み解く力』の育成を通して～」(平成31年3月18日)に示されているものの一部である。文中の(　A　)～(　D　)にあてはまる語句の正しい組合せはどれか。1～6から選びなさい。

本プランの目標の達成に向けて，まずは，子どもたちの基本的な生活習慣の定着を図り，「読み解く力」の育成に重点をおいて，以下の3つの視点から「学ぶ力」を向上する取組を推進します。 (視点1)　学びを(　A　)できる授業づくり (視点2)　(　B　)を引き出す学習集団づくり (視点3)　子どものために一丸となって取り組む学校づくり

読み解く力のイメージ

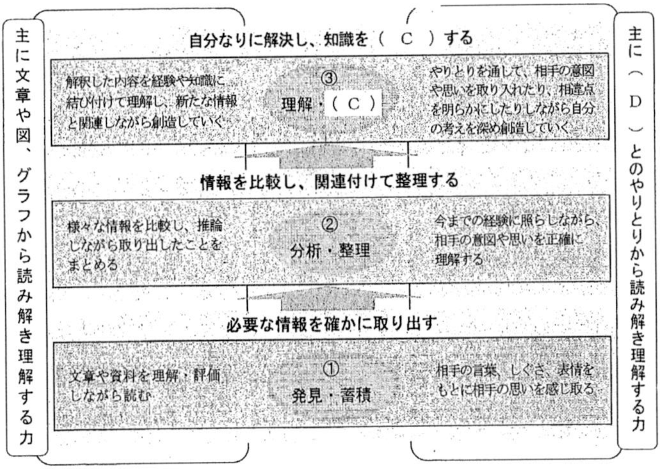

	A	B	C	D
1	実感	学ぶ意欲	再構築	他者
2	実感	確かな学力	再構築	教師
3	実感	学ぶ意欲	活用	他者
4	評価	確かな学力	活用	他者
5	評価	学ぶ意欲	再構築	教師
6	評価	確かな学力	活用	教師

問4　次は,「いじめの防止等のための基本的な方針」(平成25年10月11日　文部科学大臣決定　最終改定平成29年3月14日)の一部である。文中の下線部ア～オのうち誤っているものはどれか。1～5から選びなさい。

いじめは，単に$_{ア}$謝罪をもって安易に解消とすることはできない。いじめが「解消している」状態とは，少なくとも次の2つの要件が満たされている必要がある。ただし，これらの要件が満たされている場合であっても，必要に応じ，他の事情も勘案して判断するものとする。

①　いじめに係る行為が止んでいること

被害者に対する心理的又は$_{イ}$物理的な影響を与える行為(インターネットを通じて行われるものを含む。)が止んでいる状態が相当の期間継続していること。この相当の期間とは，少なくとも$_{ウ}$30日を目安とする。ただし，いじめの被害の重大性等からさらに長期の期間が必要であると判断される場合は，この目安にかかわらず，$_{エ}$学校の設置者又は学校いじめ対策組織の判断により，より長期の期間を設定するものとする。学校の教職員は，相当の期間が経過するまでは，被害・加害児童生徒の様子を含め状況を注視し，期間が経過した段階で判断を行う。行為が止んでいない場合は，改めて，相当の期間を設定して状況を注視する。

②　被害児童生徒が心身の苦痛を感じていないこと

いじめに係る行為が止んでいるかどうかを判断する時点において，被害児童生徒がいじめの行為により心身の苦痛を感じていないと認められること。被害児童生徒及びその保護者に対し，心身の苦痛を感じていないかどうかを$_{オ}$面談等により確認する。

1　ア

2　イ

3　ウ

4　エ

5　オ

問5　次は，文部科学省「不登校児童生徒への支援の在り方について(通知)」(平成28年9月14日)で示されている「1　不登校児童生徒への支援に対する基本的な考え方」の一部である。内容が誤っているものはどれか。1～5から選びなさい。

1　不登校児童生徒への支援については児童生徒が不登校となった要因を的確に把握し，学校関係者や家庭，必要に応じて関係機関が情報共有し，組織的・計画的な，個々の児童生徒に応じたきめ細やかな支援策を策定することや，社会的自立へ向けて進路の選択肢を広げる支援をすることが重要であること。

2　既存の学校教育になじめない児童生徒については，学校としてどのように受け入れていくかを検討し，なじめない要因の解消に努める必要があること。

3　不登校児童生徒への支援は，「学校に登校する」という結果のみを目標とし，児童生徒が学校に通いやすい環境を整えることを目指す必要があること。

4　児童生徒の才能や能力に応じて，それぞれの可能性を伸ばせるよう，本人の希望を尊重した上で，場合によっては，教育支援センターや不登校特例校，ICTを活用した学習支援，フリースクール，夜間中学での受入れなど，様々な関係機関等を活用し社会的自立への支援を行うこと。

5　児童生徒によっては，不登校の時期が休養や自分を見つめ直す等の積極的な意味を持つことがある一方で，学業の遅れや進路選択上の不利益や社会的自立へのリスクが存在することに留意すること。

問6　次は，「人権教育の指導方法等の在り方について[第三次とりまとめ]」(平成20年3月　人権教育の指導方法等に関する調査研究会議)の一部である。(　A　)～(　D　)にあてはまる語句の正しい組合せはどれか。1～6から選びなさい。

第2章　学校における人権教育の指導方法等の改善・充実

第2節　人権教育の指導内容と指導方法

3.　指導方法の在り方

(1)　人権教育における指導方法の基本原理

自分の人権を守り，他者の人権を守ろうとする意識・意欲・態度を促進するためには，人権に関する知的理解を深めるとともに，人権感覚を育成することが必要である。知的理解を深めるための指導を行う際にも，人権についての知識を単に一方的に教え込んだり，個々に学習させたりするだけでは十分でなく，児童生徒ができるだけ主体的に，他の児童生徒とも協力し合うような方法で学習に取り組めるよう工夫することが求められる。人権感覚を育成する基礎となる価値的・態度的側面や技能的側面の資質・能力に関しては，なおさらのこと，(　A　)して教えるというような指導方法で育てることは到底できない。例えば，自分の人権を大切にし，他の人の人権も同じように大切にする，人権を弁護したり，自分とちがう考えや行動様式に対しても寛容であったり，それを尊重するといった価値・態度や，コミュニケーション技能，批判的な思考技能などのような技能は，ことばで教えることができるものではなく，児童生徒が自らの経験を通してはじめて学習できるものである。つまり，児童生徒が自ら主体的に，しかも学級の他の児童生徒たちとともに学習活動に参加し，協力的に活動し，(　B　)することを通してはじめて身に付くといえる。民主的な価値，尊敬及び寛容の精神などは，それらの価値自体を尊重し，その促進を図ろうとする学習環境の中で，またその学習過程を通じて，はじめて有効に学習されるのである。したがって，このような能力や資質を育成するためには，児童生徒が自分で「(　C　)」こと，つまり，自分自身の心と頭脳と体を使って，主体的，(　D　)に学習に取り組むことが不可欠なのである。

	A	B	C	D
1	実際に経験	葛藤	感じ，考え，行動する	実践的
2	実際に経験	体験	想像し，理解し，解決する	能動的
3	実際に経験	葛藤	感じ，考え，行動する	能動的
4	言葉で説明	体験	想像し，理解し，解決する	実践的
5	言葉で説明	葛藤	想像し，理解し，解決する	能動的
6	言葉で説明	体験	感じ，考え，行動する	実践的

(☆☆☆◎◎◎)

【9】次の問1～問3に答えなさい。

問1　次の説明で表している心理学者はどれか。1～5から選びなさい。

人間の記憶に関する実験的研究の先駆者として知られる。その著『記憶について』では，無意味綴りや節約率をはじめとする種々の実験方法を提案した。記憶を数量的に測定し，忘却曲線を作成，実験心理学の発達に貢献した。

1　スキナー(Skinner,B.P.)
2　エビングハウス(Ebbinghaus,H.)
3　ピアジェ(Piaget,J.)
4　ソーンダイク(Thorndike,E.L.)
5　スキャモン(Scammon,R.E.)

問2　次の文中の(　A　)～(　C　)にあてはまる語句の正しい組合せはどれか。1～6から選びなさい。

エリクソン(Erikson,E.H.)は，乳児期から老年期まで，人間の発達を8段階に分け，各段階において課題として乗り越える心理社会的危機を設定した。形成される発達課題としては，乳児期〔0～1歳〕においては(　A　)，幼児期後期〔3～6歳〕においては(　B　)，児童期〔6～12歳〕においては(　C　)の獲得が重要とされている。

※〔　　〕は，各段階のおおよその年齢。

	A	B	C
1	信頼	積極性	勤勉性
2	信頼	積極性	同一性
3	信頼	自律性	同一性
4	親密性	自律性	同一性
5	親密性	自律性	勤勉性
6	親密性	積極性	勤勉性

問3　次の各文は，心理検査について説明したものである。このうち「TAT(主題統覚検査)」の説明として最も適切なものはどれか。1～5から選びなさい。

1　二人の人物の不完全な対話で構成される欲求不満場面の略画を用い，被検査者に対話を完成させることによって人格を診断する検査。

2　左右対称のインクのしみの図版10枚からなる投影検査。図版を1枚ずつ掲示し，何に見えるか，なぜそう見えたかを問い，反応・

回答結果の形式的・内容的分析により，人格を多面的に診断する検査。

3　家，木，人の絵をそれぞれ別々に描かせ，絵の形と描画後に行う質問によって，人格特性や外界との関係を診断する検査。

4　9個の幾何学図形を模写させ，その過程と模写の結果から，感覚・運動ゲシュタルト機能の成熟度や障害の様相，性格の偏りをみる検査。

5　人物を含んだ多義的な絵を被検査者に見せ，その絵に関する物語を想像させ，それを分析して，人格特性や内的状態を診断する検査。

(☆☆◎◎◎)

解答・解説

【1】問1　1　　問2　2　　問3　3

〈解説〉問1　下線部「クシ」は「駆使」。1は「駆られる」，2は「刈る」，3は「借りに」，4は「課する」，5は「狩る」であり，提示語と同じ漢字を使うものは1である。　問2　(　)の語句は，突然ひらめいた「答え」，突然ポンと飛び出してくる「発想」を説明する語句である。2の画期的は，今までになかったことをして新しい時代を開くさまを表しており，文意に合い適切である。　問3　3が，本文最終段落の文意と同じ主張である。1は，後半の「目次を眺め」から始まる段落で，細かいところまで再現できる記憶が残っているわけでもないし，記憶しようと思ったこともないと述べているので，不適である。2は，「本の要約として」から始まる段落で，メモや印，付箋は二の次三の次と述べているので不適である。4は，中段で，まったくゼロからひらめくというのはありそうもない話と述べているので不適である。5は，中段で本を読むことが重要であることや，最終段落で，体験から得たり本から得たりした記憶や知識を組み合わせて新しい自分の考えをまとめることが重要と述べており，他の経験からの情報がより重要とは述べていないので不適である。

【2】問1　4　　問2　5　　問3　3

〈解説〉問1　日本銀行は「中央銀行」として，「政府の銀行」「銀行の銀行」「発券銀行」としての役割を担っている。1，2，3，5は正しい。4は，貨幣のうち補助貨幣(コイン)は造幣局が鋳造している。日本銀行は紙幣のみを発行している。　問2　1は1973年，2は1953年，3は1989年，4は1945～1947年にかけて，5は1964年の出来事である。年代の古い順に並べると，4→2→5→1→3となる。　問3　東京とカイロの経度差は，135－30＝105で，105度である。経度15度の差で1時間の時差が生じる。105÷15＝7となり，東京とカイロとの時差は7時間である。東京の方が日付変更線に近いので，カイロが東京より7時間遅いということになる。東京の1月1日午後3時の7時間前は，1月1日午前8時である。

【3】問1　4　　問2　4　　問3　3

〈解説〉問1　下の図は問題の展開図を，面ウを下側の底面として組み立てた見取り図である。このとき，面アとカ，面イとエ，面ウとオがそれぞれ平行になる。また，辺ABは面アとイに含まれ，面エとカに平行となり，面ウとオに垂直となる。　問2　[S]，[H]，[ ]，[G]，[ ]の5枚のカードを左から右へ一列に並べ，2枚の[ ]は左から[A]，[I]とすればよいから，求める並べ方の総数は$\frac{5!}{2!}=\frac{5\times4\times3\times2\times1}{2\times1}=60$〔通り〕。問3　△ABCは直角二等辺三角形で，3辺の比は1：1：$\sqrt{2}$だから，AC＝AB×$\sqrt{2}$＝2$\sqrt{2}$〔cm〕　半径が2cm，中心角90°のおうぎ形の面積をS_1，AB＝BC＝2cmの直角二等辺三角形と，その斜辺を直径とする半円の面積をそれぞれS_2，S_3とすると，(斜線をつけた部分の面積)＝$S_2+S_3-S_1=\frac{1}{2}\times2\times2+\pi\times\left(\frac{2\sqrt{2}}{2}\right)^2\times\frac{1}{2}-\pi\times2^2\times\frac{1}{4}=2+\pi\quad-\pi=$ 2〔cm^2〕

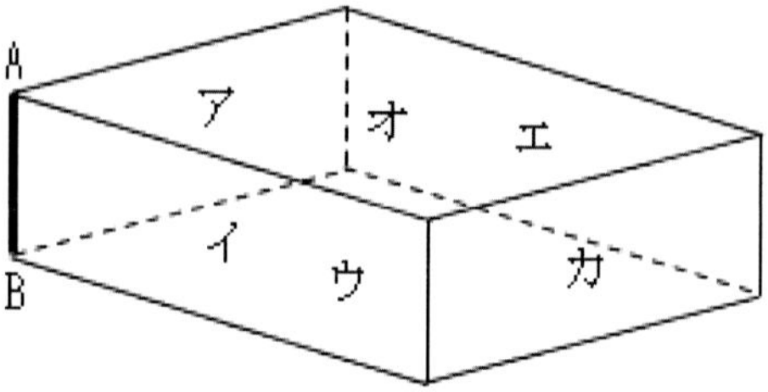

【4】問1　2　　問2　4　　問3　1

〈解説〉問1　2　ピントを合わせる際にはまず，横から見ながら，対物レンズをプレパラートに当たらないように注意して下げる。その後，接眼レンズを上げながらピントを合わせる。接眼レンズをのぞきながら下げると，プレパラートや対物レンズが破損する可能性がある。

問2　二酸化炭素を簡易的に検出する試薬としては，石灰水が用いられる。石灰水は二酸化炭素と反応し，白色沈殿を生じるため，白くにごる。なお，酸素は空気中では，O_2として分子で存在するため，6は誤りである。さらに，COは一酸化炭素の化学式であるため，5は誤りである。　問3　ア　直列回路なので，回路全体に流れる電流は，10÷(2＋3)＝2〔A〕　したがって，抵抗Aに加わる電圧は，2×2＝4〔V〕　イ　抵抗Bに加わる電圧は，2×3＝6〔V〕　抵抗Bに流れる電流は2A。電力の大きさは(電圧(V))×(電流(A))の式で求められるから，抵抗Bにおいて消費される電力の大きさは，6×2＝12〔W〕

【5】問1　5　　問2　1　　問3　2

〈解説〉問1　穴埋め問題。空欄のある文のsuch as以下で，国際的な会議など，と挙げられていて，but以下で日常の状況と対比されていることなどから，5のformal「形式的な，正式な」が適切。　問2　長文の内容と一致するものを選ぶ問題。1が本文の初め2文の内容と一致するので，適切。2は第1段落目で，他の情報を加えて説明することが述べられているので不適。3は，family nameとgiven nameが逆。4は第3段落目の内容と矛盾する。5は，最終段落の内容と矛盾する。
問3　会話文穴埋め問題。昨日の映画の約束を忘れていたと謝ったAに対して，Bもどうやら約束を忘れていた様子。したがって，空欄には2の「気にしないでください」が最も自然。

【6】問1　4　　問2　5　　問3　3
〈解説〉問1　学校教育について定めた教育基本法第6条からの出題である。この条文は教育を行う主たる機関として学校の法的性格，及び学校の基礎を強固にし，学校の性格にふさわしい活動が行われるための設置者の資格について明示したものである。なお教育基本法は，教育を受ける権利を国民に保障した日本国憲法に基づき，日本の公教育の在り方を全般的に規定する法律である。　問2　1　教育を受けさせる義務を定めた日本国憲法第26条第2項である。　2　小学校における教諭等の職員の役割を定めた学校教育法第37条第11項である。　3　学校教育法施行規則第25条である。　4　健康相談について定めた学校保健安全法第8条である。　5　学校図書館法第5条第1項は「学校には，学校図書館の専門的職務を掌らせるため，司書教諭を置かなければならない」としている。また同法第6条第1項は「学校には，前条第1項の司書教諭のほか，学校図書館の運営の改善及び向上を図り，児童又は生徒及び教員による学校図書館の利用の一層の促進に資するため，専ら学校図書館の職務に従事する職員(次項において「学校司書」という。)を置くよう努めなければならない」と規定している。　問3　地方公務員法第5節「分限及び懲戒」と第6節「服務」からの出題。同法第6節では，地方公務員に3つの職務上の義務と，5つの身分上の義務を定めている。職務上の義務は公務員が勤務時間中に職務を遂行する上で守るべき義務であり，服務の宣誓，法令等及び上司の職務上の命令に従う義務，職務に専念する義務の3つがある。身分上の義務は職

務の内外を問わず公務員がその身分を有することによって守るべき義務で，信用失墜行為の禁止，秘密を守る義務，政治的行為の制限，争議行為等の禁止，営利企業等の従事制限の5つがある。

【7】問1　6　　問2　5　　問3　2

〈解説〉問1　学習指導要領の前文は平成29年度以降の改訂で新設されたもので，学習指導要領の役割と基本的な考え方について述べている。その中にある「社会に開かれた教育課程」は改訂学習指導要領のキーワードの一つで，「社会の変化に目を向け，教育が普遍的に目指す根幹を堅持しつつ，社会の変化を柔軟に受け止めていく教育課程」のことである。なおその他のキーワードは，「主体的・対話的で深い学び」や「カリキュラム・マネジメント」である。　問2　学校安全に関する3観点の資質・能力については，「Ⅲ　学校安全を推進するための方策　　2　安全に関する教育の充実方策」で示されている。なお，同資質・能力については，「学校安全資料「生きる力」をはぐくむ学校での安全教育」(文部科学省　改訂2版)でも示されている。

問3　1のイエナ・プランは，ドイツの教育学者ペーターゼンの実践。3の『大教授学』はチェコのコメニウスの著作。4のヴァルドルフ学校を創設したのは，ドイツの教育学者シュタイナー。5の「なすことによって学ぶ」は，アメリカの教育学者デューイの実験である。

【8】問1　4　　問2　2　　問3　1　　問4　3　　問5　3
問6　6

〈解説〉問1　障害を理由とする差別の解消の推進に関する法律の第7条は，行政機関等における障害を理由とする差別の禁止を定めた条文である。国連の「障害者の権利に関する条約」の締結に向けた国内法制度の整備の一環として，全ての国民が，障害の有無によって分け隔てられることなく，相互に人格と個性を尊重し合いながら共生する社会の実現に向け，障害を理由とする差別の解消を推進することを目的として，平成25(2013)年6月，同法が制定され，平成28(2016)年4月から施行された。　問2 「滋賀の教育大綱(第3期滋賀県教育振興基本計画)」は，教育基本法第17条第2項に基づき平成31(2019)年3月に策定されたものである。2019年度から2023年度までの5年間における滋賀県の教育政策の基本的な方針，基本目標，政策の柱と主な取組，数値目標等を示している。この中では，子どもたちに学ぶことの楽しさを知ってもらうためにも，「滋賀ならではの学び」を大切にしながら，「夢と生きる力」を育む教育を目指すとしている。　問3　滋賀県教育委員会は，これまでの「学ぶ力向上滋賀プラン」の理念を踏まえつつ，「読み解く力」の育成に重点をおいた「第Ⅱ期 学ぶ力向上滋賀プラン～『読み解く力』の育成を通して～」(2019年度～2023年度)を平成31(2019)年3月に策定し，県内の小中学校を中心として，「学ぶ力」を向上する取組を推進している。　問4 「いじめの防止等のための基本的な方針」は，いじめ防止対策推進法第11条第1項の規定に基づき，文部科学大臣が，いじめの防止等のための対策を総合的かつ効果的に推進するために策定したもの。同文書の「第2　3いじめの防止等のために学校が実施すべき施策(4)」の中で，「この相当の期間とは，少なくも3か月を目安とする」と記されている。　問5　文部科学省は，不登校児童生徒の実情の把握・分析，学校における不登校児童生徒への支援の現状と改善方策，校外における不登校児童生徒への支援の現状と改善方策，その他不登校に関連する施策の現状と課題について総合的・専門的な観点から検討し，平成28(2016)年7月に「不登校児童生徒への支援に関する最終報告～一人一人の多様な課題に対応した切れ目のない組織的な支援の推進～」を取りまとめた。出題の本通知は，この取りまとめられた最終報告に基づき，不登校児童生徒への支援についてまとめたものである。　3　同通知の中では「不登校児童生徒への支援は，『学校に登校する』という結果のみを目標にするのではなく，児童生徒が自らの進路を主体的に捉えて，社会的に自立することを目指す必要があること」とされている。　問6　文部科学省は人権教育の指導方法等に関する調査研究会議を設置し，人権についての知的理解を深めるとともに人権感覚を十分に身に付けることを目指して人権教育の指導方法等の在り方を中心に検討を行い，平成16(2004)年6月には，「人権教育の指導方法等の在り方について[第一次とりまとめ]」を公表した。その後の［第二次とりまとめ］を経て，掲載事例等の充実を図るとともに，「指導等の在り方編」と「実践編」の二編に再編成し，第三次のとりまとめを作成したものである。「人権教育の指導方法等の在り方について[第三次とりまとめ]」の第2章第2節では，指導内容の構成，学習教材の選定・開発，指導方法の在り方について順次述べられている。

【9】問1　2　　問2　1　　問3　5

〈解説〉問1　1　スキナーはオペラント条件づけの体系的な研究を行い，実験的行動分析学を創始した。　3　ピアジェはヒトの認知発達を研究し発生的認識論を創始した。　4　ソーンダイクは動物実験から学習の過程を試行錯誤のプロセスと考え，効果の法則等を提唱した。　5　スキャモンは，発達・発育曲線を考案した。　問2　エリクソンの発達段階で，親密性の獲得が重要とされるのは成人初期，自律性の獲得が重要とされるのは幼児前期，同一性の獲得が重要とされるのは青年期である。　問3　1の人格を診断する検査はP－Fスタディ，2の人格を多面的に診断する検査はロールシャッハテストである。3の人格特性や外界との関係を診断する検査はHTPテスト(家・木・人物画テスト)，4の感覚・運動ゲシュタルト機能の成熟度や障害の様相，性格の偏りをみる検査はベンダー・ゲシュタルトテストである。

2019年度　実施問題

【1】次の文章を読んで問1～問3に答えなさい。

頭をよくするためには知識が必要となる。知識こそが頭を働かせるからである。

知識は決して暗記によって得られるものではない。暗記によって脳のキャパシティは拡大するのだが，暗記という方法で得た多くの事項や用語は最初から互いに結びついていないので知識として残ることはないからである。

知識はただキョウミの連続によって得られる。つまり，もっと深く知りたいという強いキョウミがひとつながりの多くの知識を呼ぶのである。それら知識はもはや暗記する必要などなく，一度見ただけでも頭に残るようになる。一度見ただけで頭に残るということがなければ，多くの知識は得られない。それほど知識は多く，人生の時間は短いからだ。

一方，知恵は知識の組み合わせ方だとされている。では，その組み合わせ方はどこにあるのか。それは知識そのものが運んでくる。知識同士が化学式のように組み合わされて，知恵の形を見せるのである。

(　A　)，知識の深さ広さが知恵を形成することになる。(　B　)，知識人と呼ばれる人たちの見解が異なるのはどういうわけか。

それは知識と知恵の核の外側に各人の人生観，経験，嗜好，性格がまぶされるからである。同じ素材であっても，料理人によって味や形の異なる料理ができあがるようなものである。(　C　)，知識人たちは自分の見解を披露することによって，彼自身を見せているわけである。

(白取春彦『頭がよくなる思考術』より)

問1　文章中の下線部「キョウミ」(二箇所とも同じ漢字)の「キョウ」を漢字になおしたとき，その「キョウ」と同じ漢字を使うものは次の下線部のうちどれか。1～5から選びなさい。

1　過分なもてなしにキョウシュクする。

2　フェリーでカイキョウを渡る。

3　過去へのキョウシュウの思いが強い。

4　負けを認め，キョウジュンの意を示す。

5　送別会のヨキョウに歌を歌う。

問2　文章中の(　A　)～(　C　)に入るものの組合せとして，最も適切なものはどれか。1～5から選びなさい。

	A	B	C
1	そのため	そのうえ	にもかかわらず
2	それゆえ	さりとて	一方
3	そのうえ	さて	そこに
4	しかしながら	それなのに	また
5	したがって	にもかかわらず	よって

問3　この文章の内容と一致するものとして，最も適切なものはどれか。1～5から選びなさい。

1　暗記を繰り返すことによって脳が鍛えられ，知恵も深く広くなる。

2　知識人の見解には，彼らの生き方や，見聞，好み等が反映されている。

3　人生観や経験の裏付けがない知識や知恵は，頭のよさにはつながらない。

4　知識が組み合わされて知恵になるためには，見解を披露することが大切だ。

5　知識人の見解が異なるのは，彼らの知識が浅く狭いからである。

(☆☆☆◎◎◎)

【2】次の問4～問6に答えなさい。

問4　次の各文は，日本における出来事について述べたものである。古い順に並べたとき4番目になるものはどれか。1～5から選びなさい。

1　守護大名の争いに将軍家の相続争いが結びつき，応仁の乱が始まった。
2　建武の新政という天皇中心の政治が始まった。
3　武家諸法度を改定し，大名に参勤交代を義務づけた。
4　朝廷を監視するため，京都に六波羅探題をおいた。
5　公事方御定書を制定し，刑や裁判の基準を定めた。

問5　次の各文のうち，日本の国会の役割や権限について正しく述べたものはどれか。1～5から選びなさい。
1　一切の法律，命令，規則，処分が憲法に適合するかしないかを決定する。
2　最高裁判所長官の指名とそれ以外の裁判官の任命を行う。
3　行政機関の持つ情報を請求に応じて公開する情報公開条例を制定する。
4　弾劾裁判所を設置し，不適格な裁判官を罷免する。
5　外交関係の処理や条約の締結，政令の制定を行う。

問6　次の二つの表は，日本のBRICS(ブラジル・ロシア・インド・中国・南アフリカ)各国に対する輸出と輸入について示したものである。表中の(　ア　)～(　ウ　)にあてはまる国名の組合せとして正しいものはどれか。1～6から選びなさい。

輸出相手国	輸出額(億円)	輸出額にしめる上位3品目の割合(%)		
中　国	123,614	機械類 (44.0)	科学光学機器 (5.9)	プラスチック (5.6)
(　ア　)	8,893	機械類 (46.6)	鉄鋼 (11.7)	プラスチック (7.4)
(　イ　)	5,547	自動車 (48.8)	機械類 (21.9)	自動車部品 (9.2)
(　ウ　)	3,031	機械類 (36.7)	自動車部品 (14.8)	有機化合物 (7.6)
南アフリカ	2,422	自動車 (45.7)	機械類 (22.0)	自動車部品 (9.8)

輸入相手国	輸入額(億円)	輸入額にしめる上位3品目の割合(%)		
中　国	170,190	機械類 (46.2)	衣類 (11.2)	金属製品 (3.4)
（　ア　）	5,093	石油製品 (16.5)	有機化合物 (15.7)	魚介類 (8.9)
（　イ　）	12,273	原油 (29.3)	液化天然ガス (22.1)	石炭 (12.3)
（　ウ　）	7,341	鉄鉱石 (32.8)	肉類 (11.9)	とうもろこし (11.1)
南アフリカ	4,576	白金 (29.0)	パラジウム (14.3)	自動車 (12.6)

(『日本国勢図会』2017/18年版より作成。データは2016年のもの。)

	ア	イ	ウ
1	インド	ブラジル	ロシア
2	インド	ロシア	ブラジル
3	ブラジル	インド	ロシア
4	ブラジル	ロシア	インド
5	ロシア	インド	ブラジル
6	ロシア	ブラジル	インド

(☆☆☆◎◎◎)

【3】次の問7〜問9に答えなさい。

問7　連立方程式$\begin{cases} 3x-5y=30 \\ 2x+y=7 \end{cases}$の解として正しいものはどれか。1〜5から選びなさい。

1　$x=-5$, $y=-9$

2　$x=1$, $y=5$

3　$x=3$, $y=1$

4　$x=4$, $y=-1$

5　$x=5$, $y=-3$

問8　次の図の△ABCにおいて，点P，Qは辺ABを，点R，Sは辺ACをそれぞれ3等分する点である。四角形QBCSの面積が20cm^{2}のとき，△APRの面積として正しいものはどれか。1〜5から選びなさい。

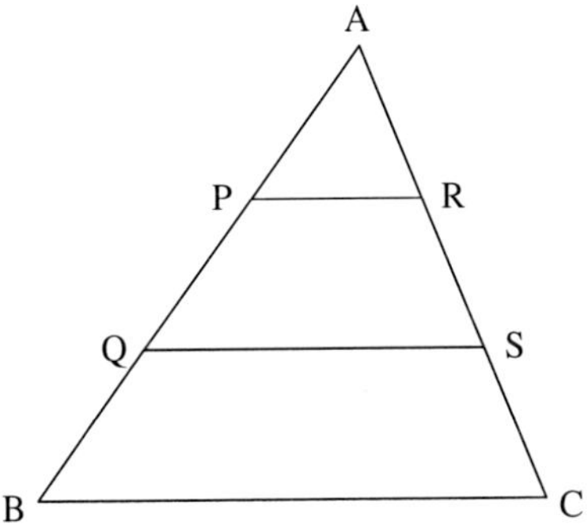

1　$2cm^2$　　2　$\frac{20}{9}cm^2$　　3　$4cm^2$　　4　$5cm^2$　　5　$\frac{20}{3}cm^2$

問9　図のように，半径4cmの円の円周を6等分した6つの点がある。これらの6つの点のうち3つの点をそれぞれ結んで三角形をつくるとき，直角三角形になるものすべての面積の和として正しいものはどれか。1～5から選びなさい。

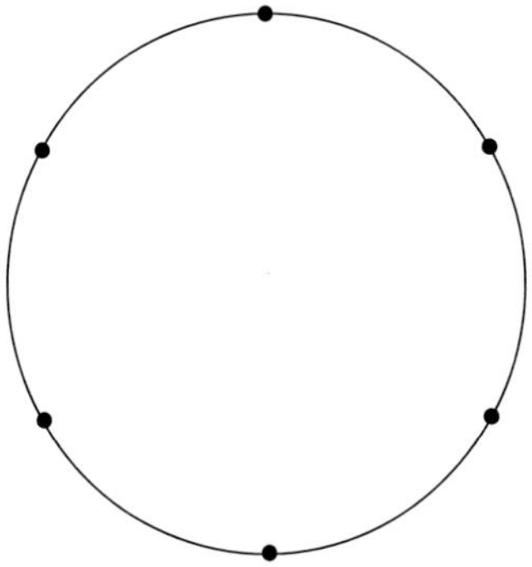

1　$48\sqrt{3}\,cm^2$

2　$96cm^2$

3　$96\sqrt{3}\,cm^2$

4　$192cm^2$

5　$192\sqrt{3}\,cm^2$

(☆☆☆◎◎◎)

【４】次の問10～問12に答えなさい。

問10　次の文中の(　ア　)と(　イ　)にあてはまるものの正しい組合せはどれか。1～6から選びなさい。

図のように，鉛直下向きの一様な磁場において，軽い導線で水平につるした金属棒に電流を流すと，導線と鉛直方向のなす角θが30°となって金属棒が静止した。

金属棒にはたらく重力の大きさをW[N]とすると，このとき金属棒が磁場からうける力の大きさは(　ア　)[N]である。

また，金属棒が磁場からうける力の大きさは，金属棒を流れる電流の大きさに比例することから，θが45°となって金属棒が静止するとき金属棒を流れる電流の大きさは，θが30°であるときの(　イ　)倍である。

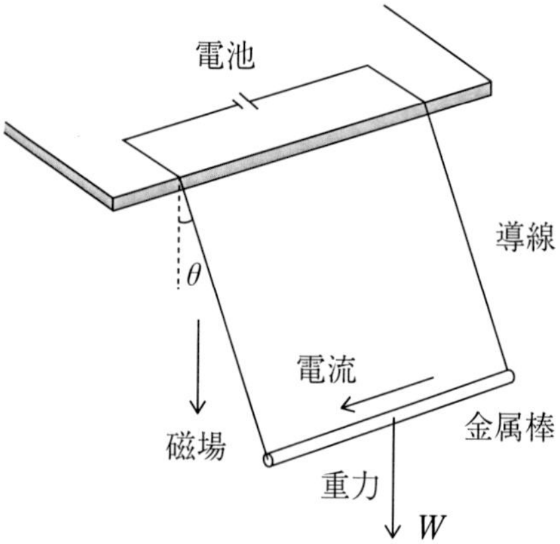

	ア	イ
1	$\frac{1}{2}W$	$\sqrt{2}$
2	$\frac{1}{2}W$	2
3	$\frac{1}{2}W$	$\sqrt{3}$
4	$\frac{1}{\sqrt{3}}W$	$\sqrt{2}$

5　$\frac{1}{\sqrt{3}}W$　　2

6　$\frac{1}{\sqrt{3}}W$　　$\sqrt{3}$

問11　エンドウの種子には，丸い種子としわのある種子がある。丸い種子をつくる純系のエンドウと，しわのある種子をつくる純系のエンドウをかけ合わせると，丸い種子だけができた。この丸い種子をまいて育てたエンドウの自家受粉によって，丸い種子としわのある種子が合わせて2400個できた。この中にあるしわのある種子の個数として最も適切なものはどれか。1～5から選びなさい。

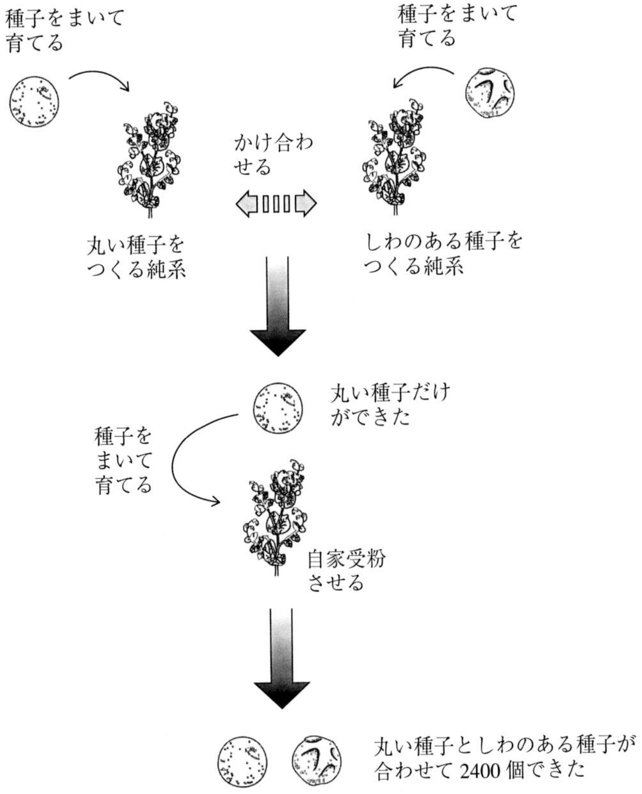

1　約600個　　2　約800個　　3　約1200個　　4　約1600個

5　約1800個

問12　水100gに物質を溶かして飽和水溶液にしたとき，溶けた溶質の質量[g]の値をその物質の溶解度という。次の表は，硝酸カリウムの溶解度と温度との関係を示したものである。

温度[℃]	10	20	30	40	50	60
硝酸カリウムの溶解度[g]	22	32	45	61	84	106

この硝酸カリウム32gを，60℃の水100gが入っているビーカーに加え，かき混ぜて完全に溶かした。その後，ビーカー内の水溶液をゆっくり冷やしていくと，硝酸カリウムが固体になって出てきた。このとき，温度を10℃まで下げる間の水溶液の温度と質量パーセント濃度との関係を表したグラフとして最も適切なものはどれか。1～6から選びなさい。

1

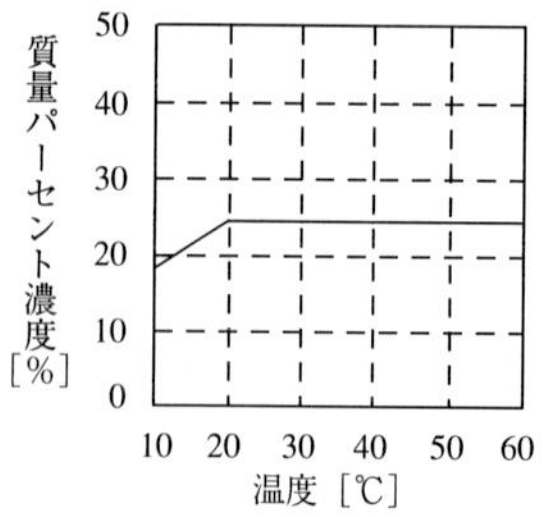

2

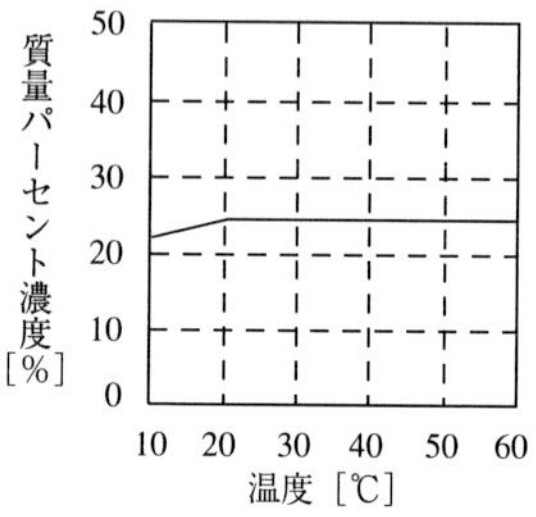

3

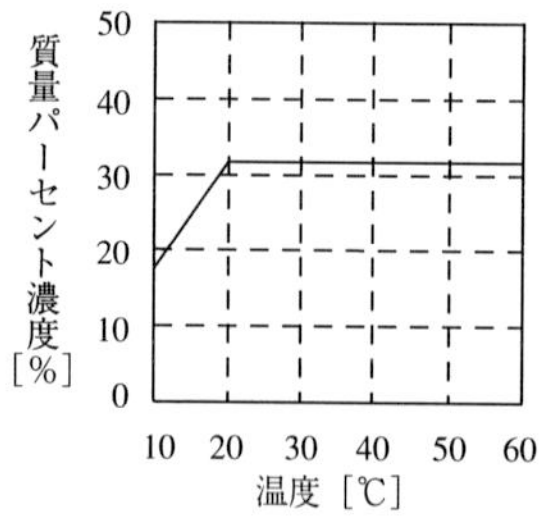

4

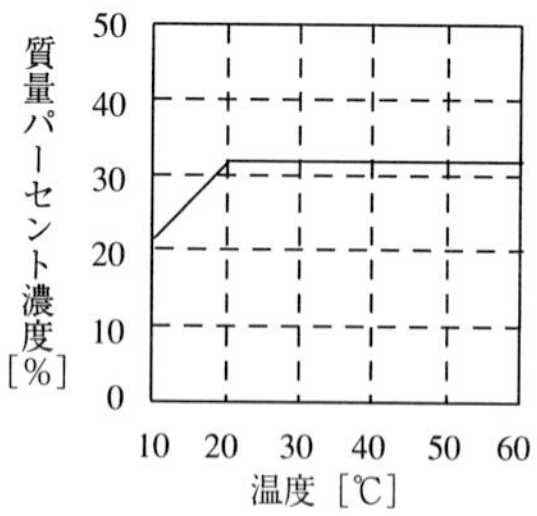

5

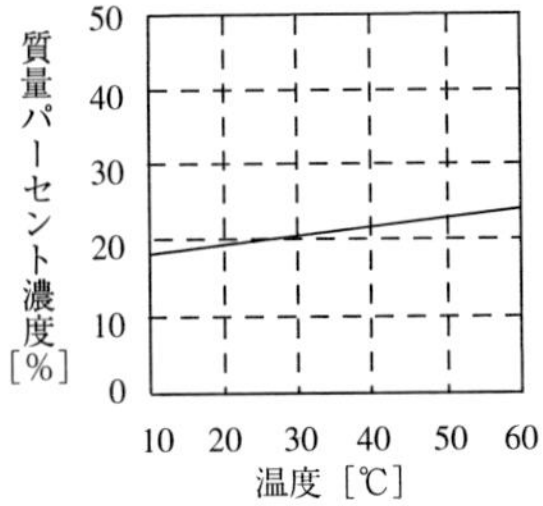

6

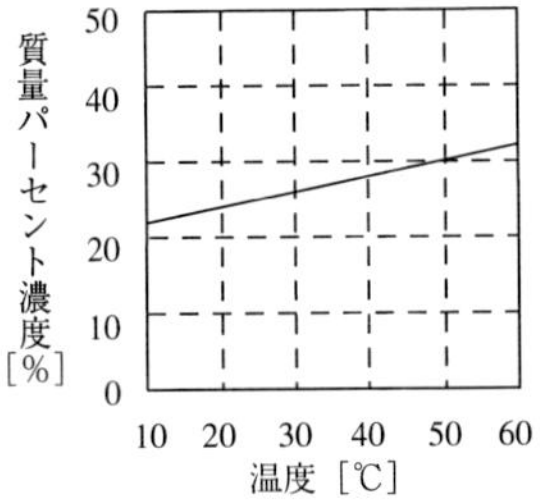

(☆☆☆◎◎◎)

【5】次の問13～問15に答えなさい。

〔問13・問14〕次の英文を読んで各問に答えなさい。

Many people feel they have too many things in their lives. Sometimes, it's a good idea to clear out extra things.

Every month, take a good look at your closet. When did you wear that T-shirt last? Throw it out or give it away! I know you think you will wear it someday. You won't. Say goodbye.

Only keep your closet 80 percent full, and always put your things back in the same place. Then important things will be (　　) to find.

Another idea is to think hard before you buy something. Ask yourself, "Do I really need this or do I just want it?" Also, think about where to put any new thing in your house. You don't have a good place for it? Then you don't need it. When you do buy something new, throw out something old.

Free yourself from too many things!

<『究極の英語リーディングVol.1』より>

問13　英文中の(　　)に入る最も適切な語はどれか。1～5から選びなさい。

1　dangerous　　2　easy　　3　hard　　4　impossible　　5　safe

問14　この英文の内容と一致するものとして，最も適切なものはどれか。1～5から選びなさい。

1　It is a good idea for many people to have many things in their lives.

2　If you fin a T-shirt you don’t wear often, you should keep it in the closet.

3　If you don’t know whether you need to buy something or not, it is good to ask someone else for advice.

4　Before you buy new things, it will be useful to think about a place you can put them.

5　You should keep using old things even when you buy new things.

問15　次の電話による対話文の(　　)に入る最も適切なものはどれか。1～5から選びなさい。

A : Hello, this is Mike. May I speak to Bob?

B : Sorry, he’s out now.

A : Can I leave a message?

B : Sure.

A : (　　) I want to ask about our homework.

B : OK. I’ll tell him.

A : Thank you.

B : You’re welcome.

1　Will you tell him to call me back?

2　Please tell me when he’ll come home.

3　I’m afraid you have the wrong number.

4　May I ask who’s calling?

5　Please call you when he’s back.

(☆☆☆◎◎◎◎◎)

【6】次の問16～問18に答えなさい。

問16　次は，教育基本法(平成18年12月22日　法律第120号)の条文または条文の一部である。誤っているものはどれか。1～5から選びなさい。

1　第1条　教育は，人格の完成を目指し，平和で民主的な国家及び社会の形成者として必要な資質を備えた心身ともに健康な国民の育成を期して行われなければならない。

2　第4条　すべて国民は，ひとしく，その能力に応じた教育を受ける機会を与えられなければならず，人種，信条，性別，社会的身分，経済的地位又は門地によって，教育上差別されない。

3　第5条　国民は，その保護する子に，別に法律で定めるところにより，普通教育を受けさせる義務を負う。

4　第9条　法律に定める学校の教員は，自己の崇高な使命を深く自覚し，必要に応じて研究と修養に励み，その職責の遂行に努めなければならない。

5　第13条　学校，家庭及び地域住民その他の関係者は，教育におけるそれぞれの役割と責任を自覚するとともに，相互の連携及び協力に努めるものとする。

問17　次は，学校教育法(昭和22年3月31日　法律第26号)の条文である。文中の(　A　)～(　E　)にあてはまる語句の正しい組合せはどれか。1～6から選びなさい。

第1条　この法律で，学校とは，幼稚園，小学校，中学校，(　A　)，高等学校，中等教育学校，特別支援学校，大学及び高等専門学校とする。

第11条　校長及び教員は，教育上必要があると認めるときは，文部科学大臣の定めるところにより，児童，生徒及び学生に懲戒を加えることができる。ただし，(　B　)を加えることはできない。

第12条　学校においては，別に法律で定めるところにより，幼児，児童，生徒及び学生並びに職員の健康の保持増進を図るため，(　C　)を行い，その他その保健に必要な措置を講じなければならない。

第19条　経済的理由によつて，就学困難と認められる学齢児童又は学齢生徒の保護者に対しては，市町村は，(　D　)を与えなければならない。

第72条　特別支援学校は，視覚障害者，聴覚障害者，知的障害者，

肢体不自由者又は病弱者(身体虚弱者を含む。以下同じ。)に対して，幼稚園，小学校，中学校又は高等学校に(　E　)を施すとともに，障害による学習上又は生活上の困難を克服し自立を図るために必要な知識技能を授けることを目的とする。

	A	B	C	D	E
1	義務教育学校	体罰	健康診断	必要な援助	準ずる教育
2	義務教育学校	懲罰	健康診断	適切な助言	同様の支援
3	義務教育学校	体罰	健康教育	必要な援助	同様の支援
4	小中一貫校	懲罰	健康教育	適切な助言	準ずる教育
5	小中一貫校	体罰	健康診断	適切な助言	準ずる教育
6	小中一貫校	懲罰	健康教育	必要な援助	同様の支援

問18　次は，地方公務員法(昭和25年12月13日　法律第261号)の条文または条文の一部である。下線部が誤っているものはどれか。1～5から選びなさい。

1　第30条　すべて職員は，全体の奉仕者として公共の利益のために勤務し，且つ，職務の遂行に当つては，全力を挙げてこれに専念しなければならない。

2　第32条　職員は，その職務を遂行するに当つて，法令，条例，地方公共団体の規則及び地方公共団体の機関の定める規程に従い，且つ，上司の職務上の命令に忠実に従わなければならない。

3　第33条　職員は，その職の信用を傷つけ，又は職員の職全体の不名誉となるような行為をしてはならない。

4　第34条　職員は，職務上知り得た情報を漏らしてはならない。その職を退いた後も，また，同様とする。

5　第36条　職員は，政党その他の政治的団体の結成に関与し，若しくはこれらの団体の役員となつてはならず，又はこれらの団体の構成員となるように，若しくはならないように勧誘運動をしてはならない。

(☆☆☆◎◎◎◎)

【7】次の問19～問21に答えなさい。

問19　次は，中央教育審議会「幼稚園，小学校，中学校，高等学校及び特別支援学校の学習指導要領等の改善及び必要な方策等について(答申)」(平成28年12月21日)の一部である。文中の(　A　)～(　D　)にあてはまる語句の正しい組合せはどれか。1～6から選びなさい。

教育課程とは，学校教育の目的や目標を達成するために，教育の内容を子供の(　A　)に応じ，授業時数との関連において総合的に組織した学校の教育計画であり，その編成主体は各学校である。各学校には，学習指導要領等を受け止めつつ，子供たちの姿や(　B　)の実情等を踏まえて，各学校が設定する(　C　)を実現するために，学習指導要領等に基づき教育課程を編成し，それを実施・評価し(　D　)していくことが求められる。これが，いわゆる「カリキュラム・マネジメント」である。

	A	B	C	D
1	心身の発達	地域	学習到達目標	改善
2	心身の発達	学校	学校教育目標	検証
3	心身の発達	地域	学校教育目標	改善
4	能力と適性	学校	学校教育目標	改善
5	能力と適性	地域	学習到達目標	検証
6	能力と適性	学校	学習到達目標	検証

問20　次の文は，学習指導要領等の改正にかかる通知(※)における，「1.　改正の概要」の一部である。(　A　)～(　D　)にあてはまる語句の正しい組合せはどれか。1～6から選びなさい。

・(　A　)，学校教育法などを踏まえ，我が国のこれまでの教育実践の蓄積を活かし，豊かな創造性を備え持続可能な社会の創り手となることが期待される子供たちが急速に変化し予測不可能な未来社会において自立的に生き，社会の形成に参画するための(　B　)を一層確実に育成することとしたこと。その際，子供たちに求められる(　B　)とは何かを社会と共有し，連携する「(　C　)教育課程」を重視したこと。

・(　D　)及び技能の習得と思考力，判断力，表現力等の育成のバランスを重視する現行学習指導要領の枠組みや教育内容を維持した上で，(　D　)の理解の質をさらに高め，確かな学力を育成することとしたこと。

	A	B	C	D
1	日本国憲法	基礎・基本	社会に開かれた	知識
2	日本国憲法	資質・能力	社会と共に歩む	知識
3	日本国憲法	基礎・基本	社会と共に歩む	技術
4	教育基本法	資質・能力	社会と共に歩む	技術
5	教育基本法	基礎・基本	社会に開かれた	技術
6	教育基本法	資質・能力	社会に開かれた	知識

学習指導要領等の改正にかかる通知(※)

・学校教育法施行規則の一部を改正する省令の制定並びに幼稚園教育要領の全部を改正する告示，小学校学習指導要領の全部を改正する告示及び中学校学習指導要領の全部を改正する告示等の公示について(通知)(平成29年3月31日)

・学校教育法施行規則の一部を改正する省令の制定並びに特別支援学校幼稚部教育要領の全部を改正する告示及び特別支援学校小学部・中学部学習指導要領の全部を改正する告示の公示について(通知)(平成29年4月28日)

・高等学校学習指導要領の全部を改正する告示等の公示について(通知)(平成30年3月30日)

問21　次の説明で示された学習法はどれか。1～5から選びなさい。

全体を6名程度の班に分け，共通のテーマについて討議させた上で，最後に班ごとの結果を全体に発表し共有する討議法を，児童・生徒の学習態度の形成も視野に入れ，学校の学習活動に適用したもの。

1　完全習得学習
2　バズ学習
3　発見学習
4　有意味受容学習
5　自己制御学習

(☆☆☆◎◎◎)

【8】次の問22～問27に答えなさい。

問22　次の図は，本県の「平成30年度　学校教育の指針」の「学校における働き方改革取組方針(概要版)」で示されているものの一部である。(　A　)~(　E　)にあてはまる語句の正しい組合せはどれか。1~6から選びなさい。

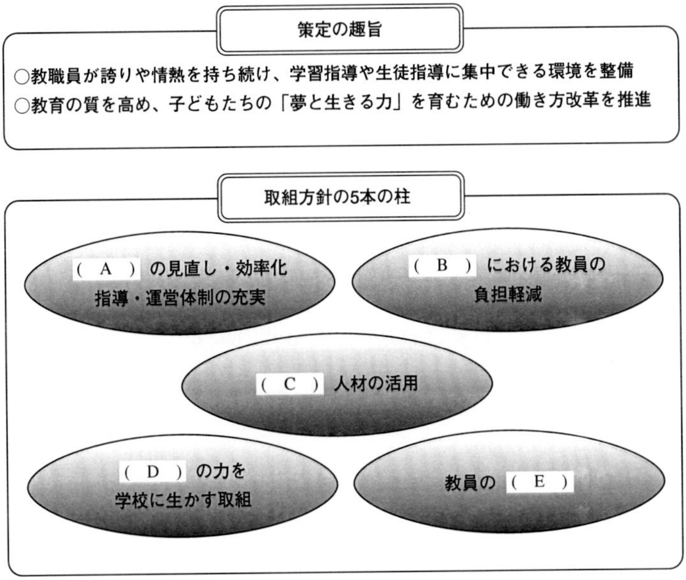

	A	B	C	D	E
1	学校業務	部活動	専門性を持った多様な	家庭や地域	勤務時間管理

2	学校業務	部活動	地域に根ざした	関係機関	勤務時間管理
3	学校業務	行事	専門性を持った多様な	関係機関	意識改革
4	学校組織	行事	地域に根ざした	家庭や地域	勤務時間管理
5	学校組織	部活動	専門性を持った多様な	家庭や地域	意識改革
6	学校組織	行事	地域に根ざした	関係機関	意識改革

問23　次の各文は，本県の「滋賀県教員のキャリアステージにおける人材育成指標」(平成29年11月30日)に関する説明である。誤っているものはどれか。1～5から選びなさい。

1　この指標は，「公立の小学校等の校長及び教員の任命権者は，指針を参酌し，その地域の実情に応じ，当該校長及び教員の職責，経験及び適性に応じて向上を図るべき校長及び教員としての資質に関する指標を定めるものとする。」と示した教育公務員特例法に基づいている。

2　この指標は，滋賀県の小学校，中学校，高等学校，特別支援学校に勤務する教員が，自らの資質能力を把握し，キャリアアップに向けた目標設定を行うための具体的な指標として活用することを目的としている。

3　教諭と養護教諭の指標では，採用後1年目から3年目を基礎習得期として，基礎的・基本的な知識や技能を習得する段階であると示している。

4　教員に求められる資質・能力を，教諭は「授業力」，「生徒指導力と学級経営力」，「組織対応力」，養護教諭は「専門領域における指導力」，「生徒指導力」，「組織対応力」のそれぞれ3つに区分して示している。

5　本県では，この指標と同時に「滋賀県教員のキャリアステージに応じた教員研修体系」も示している。

問24　次は，本県の「平成30年度　学校教育の指針」の「『確かな学力』を育む　2　学びの質を高めるための授業改善の推進」について示したものの一部である。文中の(　A　)～(　E　)にあてはまる語句の正しい組合せはどれか。1～6から選びなさい。

(　A　) で深い学びの視点からの授業改善

授業の(　B　)から授業の「質」の向上へ

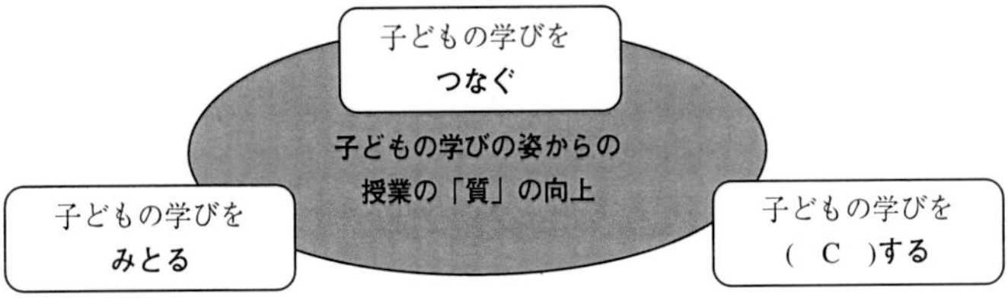

①　基礎的・基本的な力を土台とした学習活動の充実

改善のポイント

□単元を見通して、子どもに付けたい力を明確にし、学びの姿を(　C　)するとともに、毎授業の指導内容や時間配分、評価規準や評価方法が明確に計画できているか

□必要に応じて、繰り返し学ぶことで基礎的・基本的な知識・技能の定着を図り、粘り強くやりきる姿勢や学ぶ意欲の向上を図ることができているか

②　毎授業の学習活動の充実

改善のポイント

□児童生徒が自ら問いや課題を発見できるような、関心や意欲を高める教材や発問、導入であったか

□児童生徒が、見通しをもったり、思考・判断したりする適切な時間を設定したか

□本時のねらいの達成に向けた、児童生徒にとって(　D　)のある学習活動(ペア学習・グループ学習等)であったか

□児童生徒自らが本時の課題に対する自己の変容や友達の考えのよさに気付いたり、新たな課題が見つかったりするように、(　E　)の視点を設定したか

	A	B	C	D	E
1	能動的・探求的	「量」	評価	必然性	まとめ
2	能動的・探求的	「型」	評価	協働性	振り返り
3	能動的・探求的	「量」	イメージ	協働性	振り返り
4	主体的・対話的	「型」	イメージ	協働性	まとめ
5	主体的・対話的	「量」	評価	必然性	まとめ
6	主体的・対話的	「型」	イメージ	必然性	振り返り

問25　次は，本県の「滋賀のめざす特別支援教育ビジョン(実施プラン)」(平成28年3月)の一部である。文中の(　A　)～(　D　)にあてはまる語句の正しい組合せはどれか。1～6から選びなさい。

合理的配慮は，障害者の権利に関する条約において提唱された新たな概念であり，中央教育審議会初等中等教育分科会報告では，「障害のある子どもが，他の子どもと平等に『教育を受ける権利』を享有・行使することを確保するために，学校の設置者及び学校が必要かつ適当な(　A　)を行うことであり，障害のある子どもに対し，その状況に応じて，学校教育を受ける場合に個別に必要とされるもの」と定義されている。

合理的配慮については，「学校の設置者及び学校に対して，体制面，財政面において，均衡を失した又は(　B　)を課さないもの」と示されており，合理的配慮の決定に当たっては，各学校の設置者及び学校が，体制面，財政面をも勘案し，均衡を失した又は(　B　)について個別に判断することとなる。

(　C　)とは，障害のある幼児児童生徒の一人一人のニーズを正確に把握し，教育の視点から適切に対応していくという考えの下，長期的な視点で(　D　)から学校卒業後までを通じて一貫して的確な支援を行うことを目的として策定されるもので，教育のみならず，福祉，医療，労働等の様々な側面からの取組を含め関係機関，関係部局の密接な連携協力を確保することが不可欠であり，教育的支援を行うに当たり同計画を活用することが意図されている。

	A	B	C	D
1	変更・調整	過度の負担	「個別の単元指導計画」	学校入学時
2	変更・調整	個人の負担	「個別の教育支援計画」	学校入学時
3	変更・調整	過度の負担	「個別の教育支援計画」	乳幼児期
4	工夫・設定	個人の負担	「個別の教育支援計画」	乳幼児期
5	工夫・設定	過度の負担	「個別の単元指導計画」	乳幼児期
6	工夫・設定	個人の負担	「個別の単元指導計画」	学校入学時

問26　次は，いじめ防止対策推進法(平成25年6月28日　法律第71号)の一部である。文中の(　A　)～(　D　)にあてはまる語句の正しい組合せはどれか。1～6から選びなさい。

この法律において「いじめ」とは，児童等に対して，当該児童等が在籍する学校に在籍している等当該児童等と一定の人的関係にある他の児童等が行う心理的又は物理的な影響を与える行為(インターネットを通じて行われるものを含む。)であって，当該行為の対象となった児童等が(　A　)の苦痛を感じているものをいう。

いじめの防止等のための対策は，全ての児童等がいじめを行わず，及び他の児童等に対して行われるいじめを認識しながらこれを(　B　)することがないようにするため，いじめが児童等の(　A　)に及ぼす影響その他のいじめの問題に関する児童等の理解を深めることを旨として行われなければならない。

学校の設置者及びその設置する学校は，児童等の豊かな(　C　)と道徳心を培い，心の通う対人交流の能力の素地を養うことがいじめの防止に資することを踏まえ，全ての教育活動を通じた道徳教育及び体験活動等の充実を図らなければならない。

学校の設置者及びその設置する学校は，当該学校におけるいじめを(　D　)に発見するため，当該学校に在籍する児童等に対する定期的な調査その他の必要な措置を講ずるものとする。

	A	B	C	D
1	身体	放置	情操	確実
2	身体	傍観	感性	確実
3	身体	放置	感性	早期
4	心身	傍観	感性	早期
5	心身	放置	情操	早期
6	心身	傍観	情操	確実

問27　次は，本県の「平成30年度　学校教育の指針」の「『豊かな心』を育む　3　互いの人権を尊重する心や態度の育成」について示したものの一部である。文中の(　A　)～(　E　)にあてはまる語句の正しい組合せはどれか。1～6から選びなさい。

自分も他者(ひと)も大切にする子ども

人権についての正しい理解と認識を深める学びの充実

○**差別の不合理性**について認識を深め、**人権獲得の歴史**と(　A　)**に学ぶ**人権学習を充実させる

○**参加・協力・体験的な学習**を通して、(　B　)**を育成**する

子どもの感性や人権感覚を育む人権教育の深化

○(　C　)**を高め、豊かな感性や人権感覚を育む取組**を進める

○人や社会との関わりを通して、(　D　)**が認められ、互いに高め合う集団づくり**を進める

教職員の人権感覚・指導力の向上

○日常的に**人権感覚を磨き合う**　　○教職員研修を通して**学びを深める**

人権を尊重する生き方のロールモデルとなる教職員

・一人ひとりを尊重する教職員の姿
(子どもを見るまなざし、声のかけ方、気持ちの受け止め方)
・自身が受け入れられていると感じられる物的・人的環境の整備

子どもの自己実現を図るための連携の強化

○**困難な状況にある子どもの生活と学ぶ意欲を支える取組**を進める

○課題や取組の方向性を学校・園・所、関係機関、家庭、地域社会で共有し、(　E　)**の充実**を図る

	A	B	C	D	E
1	先人	道徳的判断力	自尊感情	個性	支援体制
2	先人	実践的態度	公共心	個性	支援体制
3	先人	道徳的判断力	公共心	多様性	組織体制
4	生きざま	実践的態度	自尊感情	多様性	支援体制
5	生きざま	道徳的判断力	自尊感情	個性	組織体制
6	生きざま	実践的態度	公共心	多様性	組織体制

(☆☆☆◎◎◎)

【9】次の問28～問30に答えなさい。

問28　次のA～Dは，適応機制(防衛機制)について説明したものである。A～Dにあてはまる適応機制(防衛機制)の正しい組合せはどれか。1～6から選びなさい。

A　おさえられた性的な欲求などを学問・スポーツ・芸術などに向ける。

B　自分にない名声や権威に自分を近づけることによって，自分を高めようとする。

C　実現困難な欲求や苦痛な体験などを心の中におさえこんで忘れようとする。

D　もっともらしい理由をつけて自分を正当化する。

	A	B	C	D
1	逃避	補償	攻撃	転移
2	逃避	同一化	抑圧	転移
3	逃避	同一化	攻撃	合理化
4	昇華	補償	攻撃	合理化
5	昇華	同一化	抑圧	合理化
6	昇華	補償	抑圧	転移

問29　次は，知能検査について説明したものである。(　A　)～(　D　)にあてはまるものの正しい組合せはどれか。1～6から選びなさい。

世界で最初の知能検査は，1905年のパリで，心理学者の(　A　)と医師のシモン(Simon, T.)によって作成され，世界中に広まった。この検査は，健常児と，普通学級では効果的な教育を受けることのできない知的障害児を弁別するための手立てとして作成され，知的障害児の教育を受ける権利の保障と手厚い教育の提供に役立てられた。

アメリカのターマン(Terman, L.M.)は，(　A　)式知能検査に改良を加え，検査結果を表す指数として，はじめて知能指数(IQ＝(　B　))を導入した。これは，個人内での発達状況を示す目安とされた。

一方，(　C　)式知能検査は，知能をさまざまな面から分析的・診断的にとらえることができる。この検査には，検査対象の年齢によって成人用，児童用，幼児用がある。児童用の(　D　)は，全検査IQに加えて，言語理解，知覚推理，ワーキング・メモリー，処理速度の4つの指標から得点を算出し，得意な能力と苦手な能力を明らかにすることができる。

	A	B	C	D
1	シュテルン	$\frac{生活年齢}{精神年齢}\times100$	ウェクスラー	WISC-Ⅳ
2	シュテルン	$\frac{生活年齢}{精神年齢}\times100$	クレペリン	新版K式発達検査
3	シュテルン	$\frac{精神年齢}{生活年齢}\times100$	ウェクスラー	新版K式発達検査
4	ビネー	$\frac{精神年齢}{生活年齢}\times100$	ウェクスラー	WISC-Ⅳ
5	ビネー	$\frac{生活年齢}{精神年齢}\times100$	クレペリン	新版K式発達検査
6	ビネー	$\frac{精神年齢}{生活年齢}\times100$	クレペリン	WISC-Ⅳ

※シュテルン(Stern, W.)　　ビネー(Binet, A.)
　ウェクスラー(Wechsler, D.)　　クレペリン(Kraepelin, E.)

問30　次の各文は，心理的メカニズムについて説明したものである。このうち「ピグマリオン効果」の説明として最も適切なものはどれか。1～5から選びなさい。

1　児童・生徒の望ましい側面はより好意的に評価され，望ましくない側面はひかえめに評価されがちになる。

2　教師がある児童・生徒に特定の期待をもって接していると，その児童・生徒は教師の期待する方向に伸びていく。

3　意欲的に取り組んでいるときに追加的に外的報酬を与えると，かえって内発的な動機づけが低下してしまう。

4　成績の良い児童・生徒は，性格や行動まで肯定的に評価されがちになる。

5　抑圧された感情や欲求不満を，友達や家族あるいは，カウンセラーなど，信頼できる誰かに話すことによって発散し，精神的安定を回復する。

(☆☆◎◎◎)

解答・解説

【1】問1　5　　問2　5　　問3　2

〈解説〉問1 「興味」の「興」と同じ漢字のある熟語を探す。1は「恐縮」，2は「海峡」，3は「郷愁」，4は「恭順」，5は「余興」。　問2　Aは「知識同士が組み合わされて知恵の形を見せる(原因)」→「知識の深さが知恵を形成する(結果)」の形になっているので順接である。Bは「知識の深さが知恵を形成する」と「知識人と呼ばれる人たちの見解が異なる」が相反する関係なので逆接である。Cは「知識と知恵の核の外側に各人の人生観，経験，嗜好，性格がまぶされる(原因)」→「知識人たちは自分の見解を披露することによって，彼自身を見せている(結果)」の形になっているので順接である。　問3　2は第6段落の内容を反映している。1は第2段落に反している。3は第1段落及び第3，4段落の内容に反している。4は第4段落の内容に反している。5は第6段落の内容に反している。

【2】問4　3　　問5　4　　問6　2

〈解説〉問4　1　応仁の乱(1467～77年)は室町時代の出来事である。

2　建武の新政(1333～36年)は鎌倉幕府滅亡後に後醍醐天皇が行ったもので，これに足利尊氏は不満を持ったのである。　3　参勤交代を制度化(1635年)したのは江戸幕府3代将軍・徳川家光である。　4　六波羅探題は鎌倉時代に起こった承久の乱(1221年)後に設置された機関であり，政務・軍事を統轄する執政官である。　5　公事方御定書(1742年完成)は江戸幕府8代将軍・徳川吉宗の享保の改革のときに裁判，行政の準拠として編纂させた幕府の内規集である。　問5　1　違憲立法・違憲法令審査権についての記述である。裁判所が持っている権限である。　2　内閣が持っている権限である。　3　「条例」なので，地方公共団体が定めるものである。　4　国会の権能である。　5　条約の締結は「内閣」，条約の承認は「国会」である。この文章は「内閣」である。　問6　輸入品目に注目する。「原油，液化天然ガス」からイが「ロシア」だと分かる。「肉類，とうもろこし」から，ウは「ブラジル」であると判断できる。

【3】問7　5　　問8　3　　問9　3

〈解説〉問7　$3x-5y=30$…①　$2x+y=7$…②　①＋②×5より，$13x=65$　$x=5$　これを②に代入して，$2\times5+y=7$　$y=-3$　よって，連立方程式の解は，$x=5$，$y=-3$　　問8　△APR∽△AQS∽△ABCであり，相似比は　1：2：3　だから，面積比は　$1^2:2^2:3^2=1:4:9$　よって，△APRと四角形QBCSの面積比は　$1:(9-4)=1:5$　△APR＝$20\times\frac{1}{5}=4$〔cm^2〕　問9　A～Fの6つの点のうち3つの点をそれぞれ結んで三角形をつくるとき，直角三角形になるのは，3辺のうちの1辺が直径になるときである。直角三角形になるもののすべては，△ADB，△ADC，△ADE，△ADF，△BEC，△BED，△BEF，△BEA，△CFD，△CFE，△CFA，△CFBの12個。これらはすべて合同な30°，60°，90°の直角三角形で，3辺の比は$2:1:\sqrt{3}$だから，△ADBを例にするとAD＝8cm，AB＝AD×$\frac{1}{2}=8\times\frac{1}{2}=4$〔cm〕，BD＝AD×$\frac{\sqrt{3}}{2}=8\times\frac{\sqrt{3}}{2}=\sqrt{3}$〔cm〕，△ADB＝$\frac{1}{2}$×AB×BD＝$\frac{1}{2}\times4\times4\sqrt{3}=8\sqrt{3}$〔$\mathrm{cm}^2$〕〔$\mathrm{cm}^2$〕　直角三角形になるものすべての面積の和は$8\sqrt{3}\times12=96\sqrt{3}$〔$\mathrm{cm}^2$〕

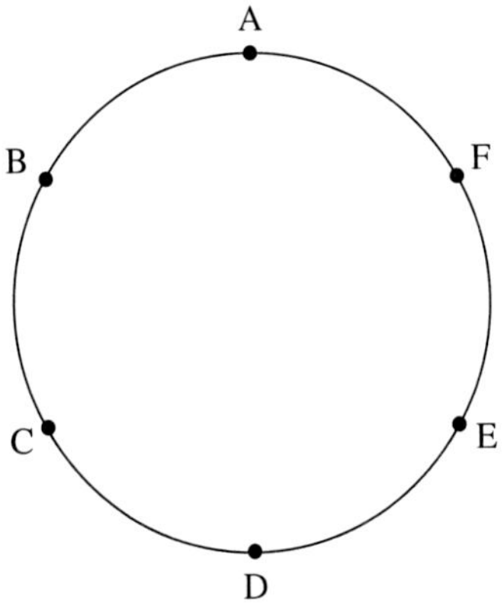

【4】問10　6　　問11　1　　問12　1

〈解説〉問10　ア　$\theta=30°$だから，磁場から受ける力はWの$\frac{1}{\sqrt{3}}$倍で，$\frac{1}{\sqrt{3}}W$　イ　$\theta=45°$のときは，磁場から受ける力は重力と同じ大きさでWになるから，$1W\div\frac{1}{\sqrt{3}}W=\sqrt{3}$〔倍〕

問11　エンドウの丸い種子が優性である。優性形質は丸い種子で現れるが，現れない形質は劣性形質という。しわ(のある種子)と丸(い種子)とをかけあわせたとき，しわ・しわ，しわ・丸，丸・しわ，丸・丸の4種類ができるが，しわ・丸と丸・しわは優性の丸い種子として現れるので，結果，しわ：丸が1：3になるのである。メンデルの法則である。　問12　溶解度は温度によって変わる。高い温度の水に物質をたくさん溶かし，その水溶液を冷やすと限界を超えた部分が溶けきれなくなって出てくることを再結晶という。溶質の質量が溶解度と同じ温度で飽和になるので，それ以上の温度では質量濃度は変わらず，それ以下になると，温度が下がれば下がるほど再結晶して固体になる量が増えていく。

【5】問13　2　　問14　4　　問15　1

〈解説〉問13 「クローゼットの8割までしか物を入れないようにして，いつも同じ場所に物をしまうようにしなさい。そうすれば，大事な物を見つけることは？でしょう」という文脈なので，「簡単」を入れるのが適切である。　問14　1は，本文の1行目に「要らないものを処分するのは時には いいことです」と書かれているのと一致しない。2は，第2段落で「着ないシャツは捨てる」と書かれているのと一致しない。3は，第4段落で「買う前によく考えるべき」と書かれているが，「他人に意見を聞くべき」とは書かれていない。5は，本文最後から2行目に，「新しい物を買ったら，古いものを捨てる」と書かれているので不適である。　問15　Can I leave a message?「伝言をお願いできますか」は電話の会話文でよく使われる表現で，頻繁に出題されている。空欄の直後に「宿題について尋ねたいんです」と書かれているので，空欄には「彼に折り返してくれるようにお願いしてもらえますか」という文を入れるのが適切である。

【6】問16　4　　問17　1　　問18　4

〈解説〉問16　教育基本法第9条第1項は「法律に定める学校の教員は，自己の崇高な使命を深く自覚し，絶えず研究と修養に励み，その職責の遂行に努めなければならない。」とある。　問17 「学校教育法等の一部を改正する法律」が，平成28年4月1日から施行され，学校教育法第1条に義務教育学校が規定された。　問18　地方公務員法第34条は「職員は，職務上知り得た秘密を漏らしてはならない。その職を退いた後も，また，同様とする。」と定め，地方公務員に身分上の義務として守秘義務を課している。身分上の義務とは，職務の内外を問わず公務員がその身分を有することによって守るべき義務で，信用失墜行為の禁止，秘密を守る義務，政治的行為の制限，争議行為等の禁止，営利企業等の従事制限の5つがある。

【7】問19　3　　問20　6　　問21　2

〈解説〉問19　中央教育審議会は平成28(2016)年12月に答申を取りまとめ，平成30年度から順次施行される新しい学習指導要領等の姿と，その理念の実現のために必要な方策等を示した。この答申には出題にある「カリキュラム・マネジメント」の他にも「社会に開かれた教育課程」「アクティブ・ラーニング」「主体的・対話的で深い学び」等をキーワードとして示している。　問20　平成30年度から施行される新幼稚園教育要領，平成32年度から施行される小学校学習指導要領，平成33年度から施行される新中学校学習指導要領の実施通知である。

問21　完全習得学習(マスタリー・ラーニング)はアメリカの教育学者であるブルームが形成的評価との関連で提唱したもの。発見学習は，知識や真理を生徒に習得させる場合，発見の過程を各自に経験させる学習方法のこと。有意味受容学習はオーズベルによって提唱された理論で，学習内容について効率よく理解を深めるための最適な教授法。自己制御学習は，学習目標の達成を目指し，学習者自身が目標設定，方略設計，自己監視，自己調整などのメタ認知的活動を行う学習アプローチのことである。

【8】問22　1　　問23　3　　問24　6　　問25　3　　問26　5
問27　4

〈解説〉問22　滋賀県では，「第2期滋賀県教育振興基本計画」を策定し，「未来を拓く心豊かでたくましい人づくり～学び合い支え合う「共に育つ」滋賀の教育～」を基本目標として，市町をはじめ関係機関と連携しながら，毎年度「学校教育の指針」を示している。　問23　この指標は，滋賀県の小学校，中学校，高等学校，特別支援学校に勤務する教員が，自らの資質能力を把握し，キャリアアップに向けた目標設定を行うための具体的な指標として活用することを目的として策定されたものである。その中では「基礎的・基本的な知識や技能を習得する段階」は採用前段階である。教諭の場合，採用後１年目から３年目は「学級・教科担当としての実践力を磨き，教員としての基礎を固める段階」とされている。　問24　この授業改善の推進の取り組みは，基礎的・基本的な学習内容の指導の徹底を図るとともに，主体的・対話的で深い学びの実現につながる授業の改善を推進するとしている。
問25　滋賀県の今日的諸課題に対して，これまでの特別支援教育のあり方を抜本的に見直し，めざすべき特別支援教育を明らかにするため，「滋賀のめざす特別支援教育ビジョン(基本ビジョン)」を平成27年3月策定した。またそれに基づく具体の取り組みを取りまとめた「滋賀のめざす特別支援教育ビジョン(実施プラン)」が平成28年3月に策定されている。　問26　いじめ防止対策推進法は平成25年6月に公布された。文部科学省発表の平成29年度「児童生徒の問題行動・不登校等生徒指導上の諸問題に関する調査」結果によると，小・中・高等学校及び特別支援学校におけるいじめの認知件数は414,378件(前年度323,143件)と前年度より91,235件増加しており，過去最多となった。また児童生徒1,000人当たりの認知件数は30.9件(前年度23.8件)である。
問27　滋賀県教育委員会は「気づき　つながり　行動する人権・部落問題学習」，「性の多様性を考える」，「自尊感情を育む」，「いじめや差別を許さない学校づくり」などの教材集・リーフレットを作成している。滋賀県では毎年人権教育について必ず出題されるので，目を通しておくこと。

【9】問28　5　　問29　4　　問30　2
〈解説〉問28 「補償」は，自分自身の不満な部分を他の面で努力してカバーする。「転移」はある特定の対象に向けられていた感情や態度を，別の対象に変える。「逃避」は逃避規制で，現実の困難な状況から逃げる。「攻撃」は攻撃規制で，破壊的行動などで欲求不満を解消する。
問29　A　シュテルンは，発達は遺伝的要因と環境要因の加算的影響によるという輻輳説を提唱した。　B　知能指数は，生活年齢における精神年齢の割合として定義される。　C　クレペリンはドイツの精神医学者で，現在職業適性検査として多く用いられる内田クレペリン精神検査の原型を作った。　D　新版K式発達検査は，京都市児童院

(現　京都市児童福祉センター)で開発，標準化された発達検査である。
問30　1は寛大効果(または寛容効果)，3はアンダーマイニング効果，4は心理的バイアスのひとつであるハロー効果，5はカタルシス効果の説明である。

2018年度　実施問題

【1】次の文章を読んで問1～問3に答えなさい。

社会学者クーリーは，自己というのは社会的なかかわりによって支えられており，それは他者の目に映ったものだから，「鏡映（きょうえい）自己」と呼ぶことができるという。

自分の顔を直接自分で見ることはできない。鏡に映すことで初めて見ることができる。鏡がなければ，自分がどんな顔をしているのかを知ることはできない。

それと同じで，他者の目という鏡に映し出されない限り，僕たちは自分の人柄や能力といった内面的な特徴を知ることができない。他者の反応によって，自分の人柄や能力がどのように評価されているかがわかり，自分の態度や発言が適切だったかどうかを知ることができる。

鏡映自己という言い方には，そんな意味が込められている。僕たちの自己は，他者の目を鏡として映し出されたものだというわけだ。

自分を知るヒントとなる他者との比較の結果も，他者の目という鏡に映し出されていることが少なくない。その意味では，僕たちの自己が他者の目に映し出されたものだというのは正しいと言ってよいだろう。

さらにクーリーは，他者の目に自分がどのように映っているかを知ることによって，<u>ホコ</u>りとか屈辱のような感情が生じるという。これは，だれもが日常的に経験していることだ。

人から好意的に見られていることがわかれば，とても嬉（うれ）しいし，自信にもなる。能力や人柄を高く評価してくれていると知れば，<u>ホコ</u>らしい気持ちになる。反対に，否定的に見られていることがわかると，ガッカリして気持ちが落ち込み，自信がなくなる。

僕たちが，ともすると気の合う仲間同士，価値観や性格の合う者同士でまとまりがちなのも，周囲の人の目に映る自分の姿が肯定的なほど嬉しいし，力が湧いてくるからだ。自分の姿を輝かせてくれる鏡がほしい。それは，だれもが密(ひそ)かに望んでいることのはずだ。

ただし，嬉しいとか，落ち込むとか，感情的に反応するだけでなく，どこが評価されたんだろう，どんな点がダメなんだろうと認知的に反応できる人は，たとえ否定的評価を受けていることがわかっても，今後の改善に活(い)かすことができる。ここでいう認知的反応とは，感情的に反応するのではなく，頭で反応すること，(　　)に反応することを指す。

その意味では，自分を輝かせてくれる鏡としての他者だけでなく，ときにみすぼらしい自分やイヤな自分を映し出してくれる辛口の他者，価値観や性格の異なる他者とのつきあいも大切だ。そういう他者との出会いが，自分に対する気づきを与えてくれ，自分の成長のきっかけになることもある。

(榎本博明『〈自分らしさ〉って何だろう?』より)

問1　文章中の下線部「ホコ」(二箇所とも同じ漢字)を漢字になおしたとき，次の選択肢の下線部で，「ホコ」と同じ漢字を使うものはどれか。1～5から選びなさい。

1　出欠をテンコで確認する。

2　事実がコチョウされて伝わる。

3　多くの人にモンコを開く。

4　コジン情報を管理する。

5　自分の意見にコシュウする。

問2　文章中の(　　)に入る最も適切な語句はどれか。1～5から選びなさい。

1　情緒的　　2　倫理的　　3　総合的　　4　感傷的

5　論理的

問3　この文章の内容と一致するものとして，最も適切なものはどれか。1～5から選びなさい。

1　他者の目は自分を映し，自分を輝かせてくれる鏡として有効であるが，それ以外に有効な面はない。

2　他者から否定的な目で見られると自信をなくすので，価値観の合わない人とはつきあわない方が良い。

3　他者から否定的な目で見られても，自分の受け止め方次第で，自分に気づきが与えられ，自分をよりよくすることができる。

4　同じ価値観の者同士が集まると，自分の良い面を再認識できるので，自分自身を成長させることができる。

5　他者の反応によって，自分の人柄や能力がわかるので，常に他者の反応を気にしながら生きていくことが重要である。

(☆☆◎◎◎)

【2】次の問4～問6に答えなさい。

問4　次の表は，世界のできごとを古い順に並べたものである。アメリカのペリーが日本に来航して，幕府が日米和親条約を結んだのは，次の表のA～Eのどの時期にあてはまるか。1～5から選びなさい。

で　き　ご　と
イギリスで名誉革命が起こった。
↕　A
フランス革命が起こった。
↕　B
アヘン戦争が起こった。
↕　C
アメリカで南北戦争が起こった。
↕　D
義和団事件が起こった。
↕　E
第一次世界大戦が起こった。

1　A　　2　B　　3　C　　4　D　　5　E

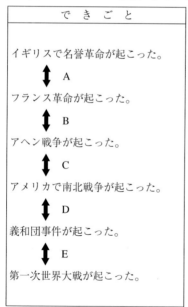

問5　次の各文は，国際機関について述べたものである。誤っているものはどれか。1～5から選びなさい。

1　世界保健機関(WHO)は，医療・衛生についての環境や技術の改善を通して，各国の国民の健康の保持と公衆衛生の向上をめざしている。

2　国際連合教育科学文化機関(UNESCO)は，発展途上国の児童への食糧・医療品・医療などの援助を目的とする専門機関として活動している。

3　世界貿易機関(WTO)は，国際貿易の諸問題を処理し，自由貿易拡大のためのルールづくりを通じて，経済のグローバル化を推進する役割を担っている。

4　国際労働機関(ILO)は，労働条件の改善と労働者の地位の向上を，国際的に実現することをめざして活動している。

5　経済協力開発機構(OECD)は，各国の経済成長の推進，発展途上国の健全な経済発展の支援，多角的・無差別的な世界貿易の拡大などを目的としている。

問6　次の表は，秋田県，長野県，島根県のそれぞれの人口密度，農業産出額，漁業生産量，製造品出荷額等を示したものである。表中のA～Cにあてはまる県名の組合せとして正しいものはどれか。1～6から選びなさい。

県名	人口密度（人/km²）	農業産出額（億円）	おもな農産物			漁業生産量（t）	製造品出荷額等（億円）
			米	野菜	果実		
A	103.8	608	234	94	36	142154	10138
B	89.1	1716	1012	241	69	8308	11164
C	155.5	2347	491	806	515	1825	51542

（『データでみる県勢』2016年版より作成）

	A	B	C
1	秋田県	長野県	島根県
2	秋田県	島根県	長野県

3　長野県　　秋田県　　島根県
4　長野県　　島根県　　秋田県
5　島根県　　秋田県　　長野県
6　島根県　　長野県　　秋田県

(☆☆☆◎◎◎)

【3】次の問7～問9に答えなさい。

問7　球の半径を3倍にしたとき，表面積はa倍になり，体積はb倍になる。このとき，aとbの値の組合せとして正しいものはどれか。1～5から選びなさい。

1　$a=3$　　$b=9$
2　$a=6$　　$b=9$
3　$a=6$　　$b=12$
4　$a=9$　　$b=27$
5　$a=9$　　$b=36$

問8　$\sqrt{11}$を小数で表したときの小数部分の値をaとするとき，式a^2+a-6の値として正しいものはどれか。1～5から選びなさい。

1　$5+\sqrt{11}$　　2　$5-\sqrt{11}$　　3　$7-3\sqrt{11}$　　4　$11-5\sqrt{11}$
5　$17-7\sqrt{11}$

問9　次の図のような長方形ABCDがある。点PはCを出発して，秒速2cmで辺CD上，辺DA上，辺AB上をBまで動く。このとき，△PBCの面積が長方形ABCDの面積の$\frac{1}{3}$以上であるのは何秒間か。1～5から選びなさい。

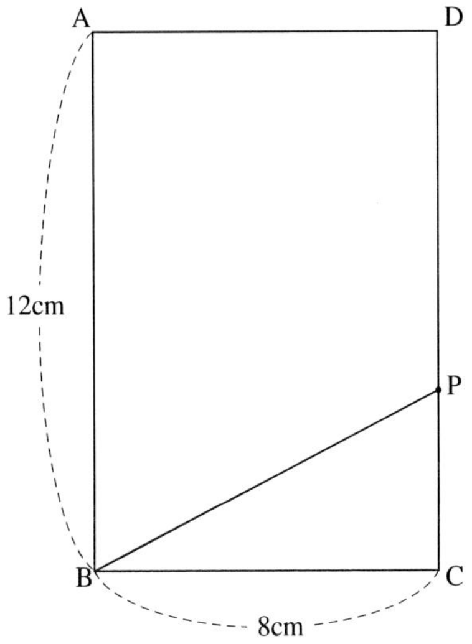

1　2秒間　　2　4秒間　　3　8秒間　　4　12秒間　　5　16秒間

(☆☆◎◎◎)

【4】次の問10～問12に答えなさい。

問10　次の文中の(　ア　)と(　イ　)にあてはまる最も適切な組合せはどれか。1～6から選びなさい。

十分に光をあてたオオカナダモの先端近くの葉をとり，熱湯に浸した後，あたためた(　ア　)に入れて脱色した。次に，その葉をスライドガラスにのせ，ヨウ素液を加えてからカバーガラスをかぶせ，顕微鏡で観察すると，青紫色になった(　イ　)が多数見られた。

	ア	イ
1	エタノール	葉緑体
2	エタノール	ミトコンドリア
3	エタノール	染色体
4	酢酸オルセイン液	葉緑体
5	酢酸オルセイン液	ミトコンドリア
6	酢酸オルセイン液	染色体

問11　次の文中の(　ア　)と(　イ　)にあてはまる最も適切な組合せはどれか。1～6から選びなさい。

銅とマグネシウムの粉末をそれぞれ加熱し，酸素と化合させたときの質量の変化を調べる実験を行った。図1と図2は，銅およびマグネシウムの質量と，完全に酸化してできた酸化物の質量の関係を示したものである。

この実験において，激しく熱や光を出して燃焼したのは(　ア　)であった。また，図1と図2から，一定量の酸素と化合する銅とマグネシウムの質量の比は(　イ　)となる。

図1

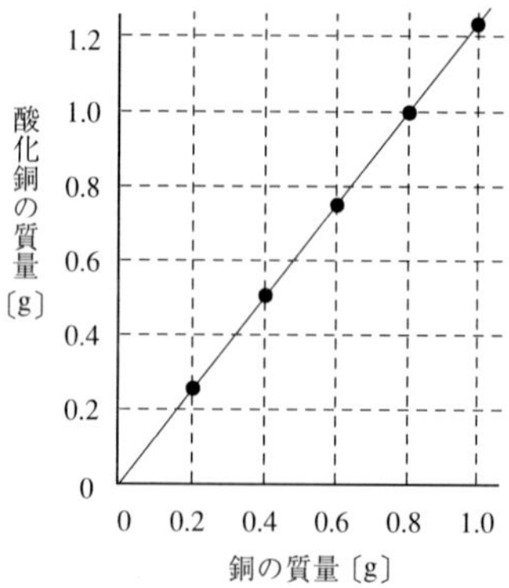

図2

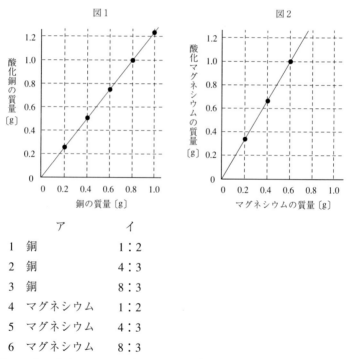

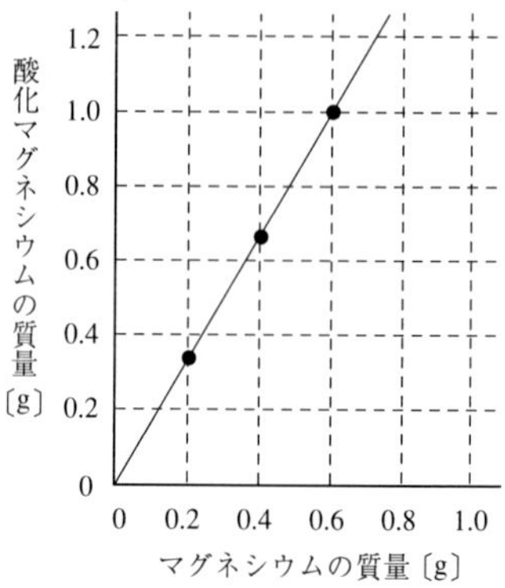

	ア	イ
1	銅	1：2
2	銅	4：3
3	銅	8：3
4	マグネシウム	1：2
5	マグネシウム	4：3
6	マグネシウム	8：3

問12　次の文中の(　ア　)と(　イ　)にあてはまるものの正しい組合せはどれか。1～6から選びなさい。

図のように，質量mの小球Pを斜面Aの上に置き，水平面からの高さがhの位置から静かに手を離して運動させると，水平面に達したとき速さvとなった。その後，小球Pは水平面上に静止していた質量$2m$の小球Qに衝突して静止し，小球Qは速さ(　ア　)で動き出した。衝突後，小球Qが斜面Bにおいて到達する最高点の水平面からの高さは(　イ　)となった。ただし，摩擦は無視できるものとする。

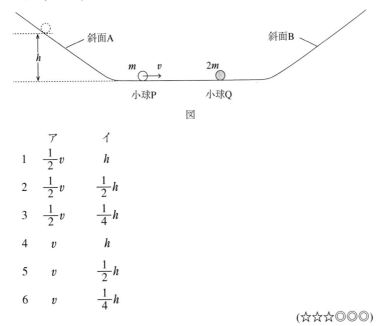

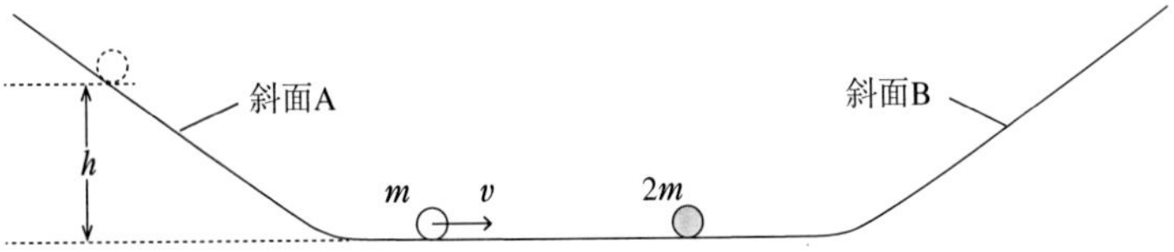

図

	ア	イ
1	$\frac{1}{2}v$	h
2	$\frac{1}{2}v$	$\frac{1}{2}h$
3	$\frac{1}{2}v$	$\frac{1}{4}h$
4	v	h
5	v	$\frac{1}{2}h$
6	v	$\frac{1}{4}h$

(☆☆☆◎◎◎)

【5】次の問13～問15に答えなさい。

〔問13・問14〕次の英文を読んで各問に答えなさい。

The days of enjoying a morning newspaper may soon be over. Many newspapers, both large and small, are in trouble. *A good number are losing money. Some have already gone out of business.

*Yet people have read newspapers for hundreds of years. What's going on? For one thing, companies are spending less on *advertising. That really hurts newspapers. With less money coming in, papers must cut costs. For example, they may reduce their staffs. Or they might close overseas offices. Many are choosing to (　　) their newspapers shorter with fewer pages.

Changing habits are another part of the problem. People are changing the way they get the news. We're simply buying fewer newspapers. Instead, millions of people read news websites and blogs.

(中略)

So, are we on the way to a newspaper-free world? Some people think so. In the USA, more than 100 newspapers closed shop from 2008-2009. Many others are near the end. For sure, we'll always need news and information. But the way it is delivered will surely keep changing. Hopefully, the quality of the reporting can remain high.

＜Andrew E. Bennett (2012) *Quick-Step English*＞

(注) *a good number : 多数　　*yet : しかし

*advertising : advertise(広告する)のing形

問13　英文中の(　　)に入る最も適切な語はどれか。1～5から選びなさい。

1　make　　2　buy　　3　become　　4　cut　　5　take

問14　この英文の内容と一致するものとして，最も適切なものはどれか。1～5から選びなさい。

1　Recently people do not read newspapers because many newspaper companies are closing.

2　Newspapers are reducing their staffs because they spend too much money on advertising.

3　The increasing use of news websites is one reason why many newspapers are making less money.

4　Nobody thinks that there will be no newspapers in the world.

5　Many newspapers closed shop, but the way of delivering news won't change from now on.

問15　次の対話文の中の(　　)に入る最も適切なものはどれか。1～5から選びなさい。

A : Hello. May I help you?

B : Yes, please. I'm looking for a jacket.

A : How about this one?

B : Oh, that's cool. But it's too big for me.

A : (　　)

B : Yes, please.

Oh, this is nice. How much is it?

A : It's sixty dollars.

B : OK. I'll take it.

1　What color are you looking for?

2　Do you have one in my size?

3　Are you looking for anything a little cheaper?

4　Shall I bring you a smaller one?

5　What size do you want?

(☆☆☆◎◎◎)

【6】次の問16～問18に答えなさい。

問16　次は，地方公務員法(昭和25年12月13日　法律第261号)の条文である。文中の(　A　)～(　E　)にあてはまる語句の正しい組合せはどれか。1～6から選びなさい。

第30条　すべて職員は，全体の奉仕者として公共の利益のために勤務し，且つ，職務の遂行に当つては，全力を挙げてこれに(　A　)しなければならない。

第31条　職員は，条例の定めるところにより，服務の(　B　)をしなければならない。

第32条　職員は，その職務を遂行するに当つて，法令，条例，地方公共団体の規則及び地方公共団体の機関の定める規程に従い，且つ，上司の職務上の命令に(　C　)に従わなければならない。

第33条　職員は，その職の信用を傷つけ，又は職員の職全体の(　D　)となるような行為をしてはならない。

第35条　職員は，法律又は条例に特別の定がある場合を除く外，その勤務時間及び職務上の注意力のすべてをその(　E　)のために用い，当該地方公共団体がなすべき責を有する職務にのみ従事しなければならない。

	A	B	C	D	E
1	専念	宣誓	忠実	不名誉	職責遂行
2	専念	宣誓	誠実	不利益	職務遂行
3	専念	宣言	忠実	不利益	職務遂行
4	従事	宣言	忠実	不名誉	職責遂行
5	従事	宣言	誠実	不利益	職責遂行
6	従事	宣誓	誠実	不名誉	職務遂行

問17　次は，教育基本法(平成18年12月22日　法律第120号)の条文である。文中の(　A　)～(　E　)にあてはまる語句の正しい組合せはどれか。1～6から選びなさい。

第2条　教育は，その目的を実現するため，学問の自由を尊重しつつ，次に掲げる目標を達成するよう行われるものとする。

一　幅広い知識と教養を身に付け，(　A　)を求める態度を養い，豊かな情操と道徳心を培うとともに，健やかな身体を養うこと。

二　個人の価値を尊重して，その能力を伸ばし，(　B　)を培い，自主及び自律の精神を養うとともに，職業及び生活との関連を重視し，勤労を重んずる態度を養うこと。

三　正義と責任，男女の平等，自他の敬愛と協力を重んずるとともに，(　C　)の精神に基づき，主体的に社会の形成に参画し，その発展に寄与する態度を養うこと。

四　生命を尊び，自然を大切にし，(　D　)に寄与する態度を養うこと。

五　伝統と文化を尊重し，それらをはぐくんできた我が国と郷土を愛するとともに，他国を尊重し，(　E　)の平和と発展に寄与する態度を養うこと。

	A	B	C	D	E
1	真実	感性	公共	公共の福祉	国際社会
2	真実	創造性	公共	環境の保全	世界
3	真実	感性	遵法	環境の保全	世界
4	真理	創造性	遵法	公共の福祉	世界
5	真理	感性	遵法	公共の福祉	国際社会
6	真理	創造性	公共	環境の保全	国際社会

問18　次は，学校保健安全法(昭和33年4月10日　法律第56号)の条文または条文の一部である。下線部が誤っているものはどれか。1～5から選びなさい。

1　第13条　学校においては，毎学年定期に，児童生徒等(通信による教育を受ける学生を除く。)の<u>健康診断</u>を行わなければならない。

2　第15条　<u>学校の設置者</u>は，毎学年定期に，学校の職員の健康診断を行わなければならない。

3　第19条　<u>校長</u>は，感染症にかかつており，かかつている疑いがあり，又はかかるおそれのある児童生徒等があるときは，政令で定めるところにより，出席を停止させることができる。

4　第20条　<u>校長</u>は，感染症の予防上必要があるときは，臨時に，学校の全部又は一部の休業を行うことができる。

5　第27条　学校においては，児童生徒等の安全の確保を図るため，当該学校の施設及び設備の安全点検，児童生徒等に対する通学を含めた学校生活その他の日常生活における安全に関する指導，職員の研修その他学校における安全に関する事項について<u>計画</u>を策定し，これを実施しなければならない。

(☆☆☆◎◎◎)

【7】次の問19～問21に答えなさい。

問19　次は，学習指導要領改訂の要点をまとめたものである。「昭和43～45年改訂」と「平成20～21年改訂」との間の改訂の要点ア～ウを古い順に並べたものはどれか。1～6から選びなさい。

「昭和33～35年改訂」
　教育課程の基準としての性格の明確化
「昭和43～45年改訂」
　教育内容の一層の向上（「教育内容の現代化」）
↓
「平成20～21年改訂」
　「生きる力」の育成，基礎的・基本的な知識・技能の習得，
　思考力・判断力・表現力等の育成のバランス

ア　基礎・基本を確実に身に付けさせ，自ら学び自ら考える力などの[生きる力]の育成
　(教育内容の厳選，「総合的な学習の時間」の新設)
イ　ゆとりある充実した学校生活の実現＝学習負担の適正化
　(各教科等の目標・内容を中核的事項にしぼる)
ウ　社会の変化に自ら対応できる心豊かな人間の育成
　(生活科の新設，道徳教育の充実)

1　ア→イ→ウ
2　ア→ウ→イ
3　イ→ア→ウ
4　イ→ウ→ア
5　ウ→ア→イ
6　ウ→イ→ア

問20　次は，中央教育審議会「幼稚園，小学校，中学校，高等学校及び特別支援学校の学習指導要領等の改善及び必要な方策等について(答申)」(平成28年12月21日)の一部である。文中の(　A　)～(　D　)にあてはまる語句の正しい組合せはどれか。1～6から選びなさい。

「主体的・対話的で深い学び」の実現とは，以下の視点に立った授業改善を行うことで，学校教育における質の高い学びを実現し，

学習内容を深く理解し，資質・能力を身に付け，生涯にわたって(　A　)に学び続けるようにすることである。

① 学ぶことに興味や関心を持ち，自己のキャリア形成の方向性と関連付けながら，(　B　)を持って粘り強く取り組み，自己の学習活動を振り返って次につなげる「主体的な学び」が実現できているか。

② 子供同士の(　C　)，教職員や地域の人との対話，先哲の考え方を手掛かりに考えること等を通じ，自己の考えを広げ深める「対話的な学び」が実現できているか。

③ 習得・(　D　)・探究という学びの過程の中で，各教科等の特質に応じた「見方・考え方」を働かせながら，知識を相互に関連付けてより深く理解したり，情報を精査して考えを形成したり，問題を見いだして解決策を考えたり，思いや考えを基に創造したりすることに向かう「深い学び」が実現できているか。

	A	B	C	D
1	探究的	見通し	共助	活用
2	探究的	意欲	共助	表現
3	探究的	見通し	協働	表現
4	能動的	意欲	共助	表現
5	能動的	見通し	協働	活用
6	能動的	意欲	協働	活用

問21　次の各文は，学習理論や学習指導に関するものである。A～Dの内容と最も関係の深い人物を下から選ぶとき，正しい組合せはどれか。1～6から選びなさい。

A　一斉指導の過程で，形成的評価を行い，一人ひとりの子どもの学習状況を診断しながら再学習を行い，総括的評価を行うことにより，共通の到達目標基準を達成する。

B　知識や結論を学ぶだけでなく，その生成される過程や結論の導き出される過程に，学習者が主体的に参加する形で進められる。

C　子どもが実際に出会う具体的な場面を取り上げ，その中に潜む問題点を子ども自身に取り出させ，子どもが能動的にその解決に当たる過程で，科学的思考や手法を学び取らせていこうとする。

D　複数の教師がティームを構成し，同一の児童生徒集団を対象として，教学指導の全面あるいは重要な部分について共同で責任を負い，協力して指導にあたる。

ケッペル(Keppel, F.)	ブルーナー(Bruner, J.S.)
ブルーム(Bloom, B.S.)	デューイ(Dewey, J.)

	A	B	C	D
1	ケッペル	デューイ	ブルーム	ブルーナー
2	ケッペル	ブルーナー	デューイ	ブルーム
3	ケッペル	デューイ	ブルーナー	ブルーム
4	ブルーム	ブルーナー	ケッペル	デューイ
5	ブルーム	デューイ	ブルーナー	ケッペル
6	ブルーム	ブルーナー	デューイ	ケッペル

(☆☆☆◎◎◎)

【8】次の問22～問27に答えなさい。

問22　次の図は，本県の「平成29年度　学校教育の指針」の中の「学ぶ力向上　滋賀プラン」で示された「学ぶ力を育てる6つの滋賀プラン」である。各プランのA～Dにあてはまる取組をあとのア～エから選ぶとき，正しい組合せはどれか。1～6から選びなさい。

学ぶ力を育てる６つの滋賀プラン

❶ 一人ひとりの学ぶ力を高めるプラン
□豊かな人間性や人間関係を築く力を培う体験活動の取組
□ A
□一人ひとりに応じて個性や能力を伸ばす取組

❷ 生活の中で学ぶ力をつけるプラン
□ B
□学び合う学習環境をつくる取組
□自分も他の人も大切にした集団をつくる取組

❸ 繰り返し努力したことを認め能力や可能性を引き出すプラン
□繰り返し取り組み、学ぶ意欲や自信を高める取組
□個に応じた学習サポートや運動機会の充実を図る取組
□ C

❹ 放課後や家での時間の使い方を考えるプラン
□個に応じたきめ細かな指導の推進を図る取組
□ D
□人間関係の育成や生活習慣の改善につなげる取組
□一人ひとりに応じて個性や能力を伸ばす取組

❺ 県全体で子どもの力を伸ばすプラン
□学校・園、家庭、地域社会等が一体となり、自己実現を図れるよう支援する取組
□土曜日ならではの豊かな教育環境を提供する取組
□体力の向上、運動機会の充実を図る取組

❻ 授業を改善するプラン
□思考力・判断力・表現力を育成する取組
□教科指導力を向上し、学力を高める取組
□幅広い知識や授業技術等、実践的指導力を身に付ける英語教育の取組

ア　基礎的・基本的な知識・技能を定着させる取組
イ　社会人・職業人として自立していくことができる教育の取組
ウ　家庭での学習習慣や，主体的な家庭学習を確立する取組
エ　体験を通して学びの基礎を育む取組

	A	B	C	D
1	ア	イ	ウ	エ
2	ア	エ	ウ	イ
3	イ	ア	エ	ウ
4	イ	エ	ア	ウ
5	ウ	ア	エ	イ
6	ウ	イ	ア	エ

問23　次の各文は，本県の「ストップ！いじめアクションプラン」(平成28年5月改訂)に示されている「『ネット上のいじめ』への対応」の一部である。学校のアクションとして適切でないものはどれか。1～5から選びなさい。

1　ネット社会の現状や携帯電話・スマートフォンの急速な普及に

伴い，SNSを使った誹謗中傷や仲間外し，不適切画像の掲載等，様々な問題が発生している実態を把握する。

2　携帯電話・スマートフォンは，学校における学習生活に直接必要のないものであり，小学校では児童が学校に持ち込むことは原則禁止である。中学校および高等学校では原則禁止ではないが，学習の妨げになることから，使用のルールを定める等，指導の徹底を図る。

3　各学校の児童生徒の実態や成長段階に応じて情報モラルの指導を行うとともに，誹謗中傷やいじめは人権侵害や犯罪であることを理解させ，絶対にさせないよう指導の徹底を図る。

4　児童生徒や保護者に携帯電話・スマートフォンの危険性を知らせ，フィルタリングサービス利用の徹底やライン等の適正な活用について働きかける等，危険から身を守る知識と技術を身につけるように啓発する。

5　児童生徒や保護者から被害の相談を受けた時には，書き込み内容を保存して正確な事実確認を行うとともに，関係機関との連携を図り，被害の拡大防止に努める。

問24　次は，本県の「滋賀のめざす特別支援教育ビジョン(実施プラン)」(平成28年3月)の「1　実施プラン策定の考え方」で示されているものの一部である。(　A　)～(　D　)にあてはまる語句の正しい組合せはどれか。1～6から選びなさい。

(1)　本県特別支援教育のめざす姿

インクルーシブ教育システム構築に向けた本県特別支援教育の“めざす姿”を，次のように取りまとめる。

○　障害のある子どもも障害のない子どもも，地域で共に(　A　)ために必要となる社会生活能力を身に付け，社会的・(　B　)に自立し社会参加できる。

○　障害のある子ども一人ひとりが，(　C　)の段階においては「地域で学ぶ」ことを基本とし，就学後の成長や学習課題の進展等により，その教育的ニーズに応じた学びの場を

柔軟に選択することができる。 ○　「(地域で)共に学ぶ」ことにより，様々な力を持つ全ての子どもたちが，障害のあるなしにかかわらず，互いの(　D　)等を認め合うことができ，地域社会の一員として心豊かに成長できる。

	A	B	C	D
1	生きていく	精神的	義務教育	個性や能力
2	生きていく	経済的	高等教育	個性や能力
3	生きていく	職業的	義務教育	違いやよさ
4	成長していく	経済的	幼児教育	個性や能力
5	成長していく	職業的	高等教育	違いやよさ
6	成長していく	精神的	幼児教育	違いやよさ

問25　次の各文は，文部科学省「不登校児童生徒への支援の在り方について(通知)」(平成28年9月14日)で示されている「2　学校等の取組の充実　(2)　不登校が生じないような学校づくり」の一部である。内容として誤っているものはどれか。1～5から選びなさい。

1　児童生徒が不登校になってからの事後的な取組だけでなく，児童生徒が不登校にならない，魅力ある学校づくりを目指すことが重要である。

2　いじめや暴力行為を許さない学校づくり，問題行動へのき然とした対応が大切である。また教職員による体罰や暴言等，不適切な言動や指導は許されず，教職員の不適切な言動や指導が不登校の原因となっている場合は，懲戒処分も含めた厳正な対応が必要である。

3　学業のつまずきから学校へ通うことが苦痛になる等，学業の不振が不登校のきっかけの一つとなっていることから，児童生徒が，学習内容を確実に身に付けることができるよう，指導方法や指導体制を工夫改善し，個に応じた指導の充実を図ることが望まれる。

4　児童生徒が将来の社会的自立に向けて，主体的に生活をコントロールする力を身に付けることができるよう，学校や地域における取組を推進することが重要である。

5　児童生徒の個性が尊重される社会の状況の中で，学校，家庭及び地域等がそれぞれの意向で，独自に児童生徒へ働きかけ，支援することが重要である。

問26　次は，琵琶湖の保全及び再生に関する法律(平成27年9月28日法律第75号)の条文である。文中の(　A　)～(　D　)にあてはまる語句の正しい組合せはどれか。1～6から選びなさい。

第1条　この法律は，琵琶湖が，我が国最大の湖であり，近畿圏において治水上又は利水上重要な役割を担っているのみならず，多数の固有種が存在する等豊かな生態系を有し，貴重な自然環境及び水産資源の宝庫として，その恵沢を国民がひとしく享受し，後代の国民に継承すべきものであるにもかかわらず，その総合的な保全及び再生を図ることが困難な状況にあること並びに琵琶湖の保全及び再生が我が国における湖沼の保全及び再生の先駆けとしての事例となり得ることに鑑み，琵琶湖の保全及び再生に関する基本方針を定めるとともに，琵琶湖の保全及び再生に関し実施すべき施策に関する計画を策定し，その実施を推進する等の措置を講ずることにより，(　A　)資産である琵琶湖を健全で恵み豊かな湖として保全及び再生を図り，もって近畿圏における住民の健康な生活環境の保持と近畿圏の健全な発展に寄与し，あわせて湖沼がもたらす恵沢を将来にわたって享受できる自然と(　B　)する社会の実現に資することを目的とする。

第21条　国及び関係地方公共団体は，農業体験，魚を学ぶ体験学習，自然観察会その他の自然を観察する機会の充実，(　C　)の推進等を通じて，国民に対する琵琶湖の自然環境に関する教育を充実させるために必要な措置を講ずるよう努めるものとする。

2　国及び関係地方公共団体は，琵琶湖の保全及び再生の重要性についての国民の理解と関心を深めるよう，前項の措置のほか，琵琶湖の保全及び再生に関する広報活動その他の普及啓発，琵琶湖の環境の保全及び再生に関する教育及び(　D　)の振興，琵琶湖の特性を生かした観光の振興その他必要な措置を講ずるよう努めるものとする。

	A	B	C	D
1	国民的	共生	エコツーリズム	学習
2	国民的	共存	省エネルギー	学習
3	国民的	共生	エコツーリズム	産業
4	固有の	共生	省エネルギー	産業
5	固有の	共存	省エネルギー	学習
6	固有の	共存	エコツーリズム	産業

問27　次の図は，本県の「平成29年度　学校教育の指針」の中の「『確かな学力』を育む」の「2　主体的・対話的で深い学びの推進」に示されている，授業を構成する上での，深い学びを実現する授業づくりの流れである。図のA～Cにあてはまる文をあとのア～ウから選ぶとき，正しい組合せはどれか。1～6から選びなさい。

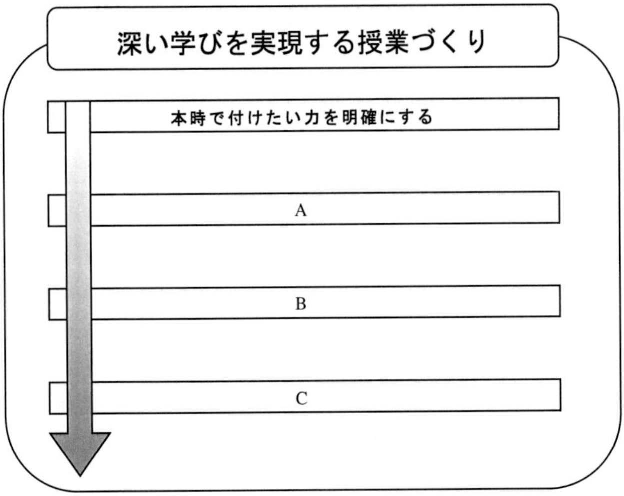

ア　深い学びにつながる言語活動を考える
イ　深い学びにつながる導入を工夫する
ウ　深い学びが成立した子どもの姿を考える

	A	B	C
1	ア	イ	ウ
2	ア	ウ	イ
3	イ	ウ	ア
4	イ	ア	ウ
5	ウ	イ	ア
6	ウ	ア	イ

(☆☆☆◎◎◎)

【9】次の問28～問30に答えなさい。

問28　次の各文は，ある学習理論について説明したものである。誤っているものはどれか。1～5から選びなさい。

1　パブロフ(Pavlov, I.P.)の古典的条件づけでは，肉を提示した際に犬が唾液を出すように，学習主体が条件づけ以前に身につけている刺激と反応の組合せを無条件刺激と無条件反応とよぶ。

2　メトロノームを鳴らしただけで，犬が唾液を出す学習が成立した後，メトロノームを鳴らしても肉を提示しないことを繰り返すことで唾液の出が弱まる現象を弁別という。

3　学習者の「自発的」「随意的」な行動に関する学習過程を説明する理論が，スキナー(Skinner, B.F.)によるオペラント条件づけという考え方である。

4　特定の刺激に対してある反応をするように条件づけられると，特別な訓練を行わなくても，類似した刺激に対しても反応が生じることを般化とよぶ。

5　オペラント条件づけの考え方をもとにして開発された教授方法に，プログラム学習がある。

問29　次の各文は，心理療法について説明したものである。A～Eの記述と最も関連の深い心理療法の正しい組合せはどれか。1～6から選びなさい。

A　エリス(Ellis, A.)が提唱した心理療法。人間には適切な感情と不適切な感情があるが，ものごとをどうとらえるかによって不適切な感情から自分を解放することを目指す。

B　パールズ(Perls, F.S.)が創始した心理療法。身体の操作やロール・プレイングなどによって自己に目覚め，かつ自我の種々の側面を認識して正常な成長を回復することを目指す。

C　カルフ(Kalff, D.M.)が完成した心理療法。内面的なものを表現することにより，自己治癒力を発揮することができる。

D　シュルツ(Schultz, J.H.)が考案した心理療法。段階的に構成された自己暗示による弛緩法を用い，心身の弛緩や自己の解放を目的としている。

E　フロイト(Freud, S.)の創始した心理療法。自分の無意識的なものを意識化して，抑圧されたものを意識的に受容する患者の変化を求める。

	A	B	C	D	E
1	認知療法	来談者中心療法	絵画療法	内観療法	認知行動療法
2	認知療法	ゲシュタルト療法	絵画療法	内観療法	精神分析療法
3	認知療法	来談者中心療法	箱庭療法	自律訓練法	精神分析療法
4	論理療法	来談者中心療法	箱庭療法	内観療法	認知行動療法
5	論理療法	ゲシュタルト療法	箱庭療法	自律訓練法	精神分析療法
6	論理療法	ゲシュタルト療法	絵画療法	自律訓練法	認知行動療法

問30　次の各文のうち，ヴィゴツキー(Vygotsky, L.S.)が提唱した「発達の最近接領域」を説明したものはどれか。1～5から選びなさい。

1　自主的には不可能であるが，大人の援助・指導があれば，課題解決が可能になる発達の領域のこと。

2　都市部に住んでいる子どもの方が，それ以外の地域に住んでいる子どもよりも，発達の時期が早いこと。

3　情報化等，社会の急激な変化が子どもの発達に大きく影響を与え，過去と比較して，発達のスピードが速くなっていること。

4　リスト形式で提示された項目について記憶させるとき，終末部の領域の記憶成績が優れていること。

5　小学校の中学年から高学年にかけて，同年齢からなる数名程度の気の合う仲間で安定的な仲間関係を築くようになる時期のこと。

(☆☆☆◎◎◎)

解答・解説

【1】問1　2　　問2　5　　問3　3

〈解説〉問1　下線部は「誇」である。選択肢はそれぞれ1「点呼」，2「誇張」，3「門戸」，4「個人」，5「固執」である。　問2　空欄の直前にある通り，「感情的」とは対義的な意味であり，「頭で反応すること」を言い換えた表現が当てはまる。　問3　本文末尾の二つの段落に書かれている通り，筆者は異なる価値観を持つ者からの否定的な評価も，自分に対する気づきを与えてくれるものとして重視している。

【2】問4　3　　問5　2　　問6　5

〈解説〉問4　名誉革命は1688～89年，フランス革命は1789～99年，アヘン戦争は1840～42年，南北戦争は1861～65年，義和団事件は1900～01

年，第一次世界大戦は1914～18年のできごとである。日米和親条約は1854年のできごとだから，3が答えになる。　問5　2は国際連合教育科学文化機関(UNESCO)ではなく，国際連合児童基金(UNICEF)についての説明である。　問6「おもな農産物」と「漁業生産量」で判断するとよい。Bは「米」の産出額が高いため，「秋田県」と判断できる。Aは「漁業生産量」が突出しているため「島根県」である。内陸県である長野県は考えられない。「長野県」は，野菜や果実を多く生産しているCである。

【3】問7　4　　問8　4　　問9　3

〈解説〉問7　相似な立体の表面積の比は相似比の2乗なので半径を3倍すると表面積は$3^2=9$倍となる。また体積の比は3乗なので$3^3=27$倍。したがって，$a=9$，$b=27$　問8　$3=\sqrt{9}$，$4=\sqrt{16}$　より，$3<\sqrt{11}<4$なので$\sqrt{11}$の整数部分は3である。したがって，小数部分aは$a=\sqrt{11}-3$である。よって，$a^2+a-6=(\sqrt{11}-3)^2+\sqrt{11}-3-6=11-5\sqrt{11}$　問9　点PがCを出発してからの時間をt秒とする。四角形ABCDの面積は$12\times8=96$〔cm^2〕より，その$\frac{1}{3}$は$96\times\frac{1}{3}=32$〔cm^2〕点Pが辺CD，DA，AB上にあるときそれぞれの△PBCの面積が32cm^2以上になる場合を調べる。

[1]　点Pが点Dに到達するのは点Cを出発した6秒後。よって，$0\leqq t\leqq6$のとき，$PC=2t$より，$\triangle PBC=\frac{1}{2}\times8\times2t=8t$　$32\leqq8t$より，$4\leqq t$　条件より，$4\leqq t\leqq6$

[2]　点Pが点Aに到達するのは点Dを出発した10秒後。よって，$6\leqq t\leqq10$のとき，$\triangle PBC=\frac{1}{2}\times8\times12=48$　$32\leqq48$より，常に成り立つので，$6\leqq t\leqq10$

[3]　点Pが点Bに到達するのは点Aを出発した16秒後。よって，$10\leqq t\leqq16$のとき，$BP=32-2t$　より，$\triangle PBC=\frac{1}{2}\times8\times(32-2t)=8(16-t)$　$32\leqq8(16-t)$より，$t\leqq12$　よって，$10\leqq t\leqq12$

[1]～[3]より，△PBCの面積が長方形ABCDの面積の$\frac{1}{3}$以上であるの

は，$4 \leqq t \leqq 12$のときだから，12－4＝8〔秒間〕

【4】問10　1　　問11　6　　問12　3

〈解説〉問10　酢酸オルセイン液は，脱色ではなく染色体を染色して観察しやすくするために用いられるものである。ヨウ素液は葉緑体のデンプンに作用して青紫色に変化する。　問11　マグネシウムは，燃焼する際，熱や光を激しく出す。図1より，銅の質量が0.8gのとき1.0－0.8＝0.2〔g〕の酸素と化合しているので，化合するときの酸素と銅の質量の比は0.2：0.8　よって　1：4　…①　図2より，マグネシウムの質量が0.6gのとき1.0－0.6＝0.4〔g〕の酸素と化合しているので，化合するときの酸素とマグネシウムの比は0.4：0.6　よって　2：3…②　①×2で酸素：銅＝2：8，②より酸素：マグネシウム＝2：3　だから，一定量の酸素と化合する銅とマグネシウムの質量の比は，8：3

問12　小球Pは，小球Qの$\frac{1}{2}$の質量であることに注意する。

【5】問13　1　　問14　3　　問15　4

〈解説〉問13　make＋O(目的語)＋C(補語)で「OをCにする」となる。ここでは，their news papersがOに，shorterがCにあたり，「(多くの新聞社が)彼らの新聞を，(よりページ数の少ない)より短いものにした。」となる。4のcutには「削減する」という意味があるが，cut＋O＋Cの形はとれないため不適切である。　問14　3「ウェブサイトのニュースの利用の増加が，なぜ多くの新聞社が損失を出しているのかの理由の一つである」は，英文の第3段落と一致するため，3が最も適切である。1は第1段落より，原因と結果が反対になっているため誤り。2は第2段落より新聞社が職員を減らす理由は，「企業が広告を控えていること」であるため誤り。4は第4段落「So, are we ～ Some people think so」より「新聞のない世界への道を歩んでいると考える人々もいる」とあるため誤り。freeは「無料，ただ」ではなく「～が含まれていない，～を除いた」という意味の形容詞であることに注意する。5は第4段落6文目「But the way ～ keep changing」より，「ニュースを配信する方法は現在から変化することはないだろう」という点が誤り。　問15　対話文は，衣料品店における店員Aと客Bの会話である。空欄直前にBは「サイズが大きすぎる」と発言している。Aがこれに応じる文章が入る。空欄直後ではBが直後に満足していることから，(　　)でAはBの注文に適切に応じたと推測できる。したがって，4「小さいものをお持ちしましょうか」が最も適切である。

【6】問16　1　　問17　6　　問18　4

〈解説〉問16　地方公務員法の服務に関する条文は第30条～第38条に定められている。職務上の義務が第31条～第32条，第35条に定められる3つ，身分上の義務が第33条～第34条，第36条～第38条に定められる5つである。　問17　小学校，中学校及び特別支援学校の新学習指導要領(小・中は平成29年3月，特別支援学校は同年4月告示)にて新設された「前文」では，教育基本法第2条第1号～第5号を引用して，その目標が達成するよう行われなければならないと明記している。条文を暗記するだけでなく，こちらにも目を通しておきたい。　問18　感染の予防上のために臨時休業を行うことができるのは，校長ではなく学校の設置者である。なお非常変災時の臨時休業を行うことができるのは，校長である(学校教育法施行規則第63条)。

【7】問19　4　　問20　5　　問21　6

〈解説〉問19　最初の学習指導要領は昭和22年，第1次改訂は昭和26年，第2次改訂は昭和33～35年で法的拘束性を持つ「告示」形式となる。第3次改訂(昭和43～45年)は教育課程の現代化，第4次改訂(昭和52～53年)は「ゆとりと充実」，第5次改訂(平成元年)は「教育課程の弾力化」「新しい学力観」小学校1，2年に生活科を新設，第6次改訂(平成10～11年)は「ゆとりの中で生きる力を育む」という方針の下，「総合的学習の時間」を創設，第7次改訂(平成20～21年)は，「知識基盤社会の中で生きる力を育む」という理念の下，基礎的・基本的な知識・技能の習得，思考力・判断力・表現力等の育成のバランスを改訂の要点としている。　問20　出題は同答申中の第7章　どのように学ぶか　の2.「主体的・対話的で深い学び」を実現することの意義(「主体的・対話的で深い学び」とは何か)による。同答申の第2部第2章では，各教科・科目における「主体的な学び」「対話的な学び」「深い学び」の視点が述べられているので，担当教科及び道徳教育，特別活動，総合的な学習の時間については目を通すと理解が深まるだろう。

問21　Aは，ブルームが提唱した完全習得学習について述べている。Bは，ブルーナーが著書『教育の過程』の中で提唱した，発見学習について述べている。Cは，デューイの提唱した問題解決学習について述べている。Dは，ケッペルにより提案されたティームティーチングについて述べている。学級担任制の閉鎖性を改めるのに有効と考えられている。

【8】問22　4　　問23　2　　問24　3　　問25　5　　問26　1
問27　6

〈解説〉問22　学ぶ力を育てる6つの滋賀プランは，2年スパン(Ⅰ期・Ⅱ期)で4年計画を策定されている。平成29～30年度が後期(Ⅱ期)にあたる。「平成29年度　学校教育の指針」は「第2期滋賀県教育振興基本計画」(平成26年3月，滋賀県)に基づき記述されているため，併せて熟読する必要がある。　問23　小学校のみではなく，中学校でも生徒が学校に携帯電話・スマートフォンを持ち込むことは原則禁止とされている。　問24　出題の資料は，先だって策定された「滋賀のめざす特別支援教育ビジョン(基本ビジョン)」(平成27年3月)に基づき策定されている。いずれも目を通しておきたい。基本ビジョンでは特に，「第2本県のめざす特別支援教育」に示される基本理念と7つの柱が，実施プランでは，特に出題の他「第1　3　(1)　取組の方向性」に注意が必要だろう。　問25　「学校，家庭及び地域等～」以降が誤りである。出題の通知には，「社会総掛かりで児童生徒を育んでいくため，学校，家庭及び地域等との連携・協働体制を構築すること」が重要であると示されている。また，滋賀県では学校教員向けにリーフレット「不登校児童生徒への対応について」(平成27年3月)を発表しているので，通知と併せて確認されたい。　問26　前述の「平成29年度　学校教育の指針」の「滋賀の自然や地域と共生する力を育む」では，滋賀県独自の環境教育の推進について触れている。同項中「環境教育に関するプログラム開発」において，「琵琶湖の保全と再生に関する法律」の周知と教育の充実について挙げられている。　問27　深い学びを実現する授業づくりは，出題の資料で示される「学ぶ力向上　滋賀プラン」のPDCAサイクル中，Doの「授業改善」にあたる。出題箇所のみを参照するのではなく，全体の流れを把握しながら学習されたい。

【9】問28　2　　問29　5　　問30　1

〈解説〉問28　唾液の出が弱まる現象は「弁別」ではなく「消去」である。「弁別」は特定の刺激に対してのみ反応するようになることを指す。問29　選択肢の，認知療法はベックが，来談者中心療法はロジャーズが，内観療法は吉本伊信が提唱したものである。それぞれ定義と名称，提唱者をセットにして把握したい。心理療法には選択肢の他，遊戯療法，集団精神療法等がある。　問30　ヴィゴツキーの「発達の最近接領域」とは，1が示すように自主的解決が不可能でも，適切な助言や教示で解決し得る水準の領域を指す。ゲゼルの提唱した，「発達は基本的には遺伝的要因によって規定される神経系の成熟に規定され，訓練や学習が効果的に行われるには，一定の神経的成熟(レディネス)に達していることが必要である」ととらえる，成熟優位説との違いを整理しておくとよい。

2017年度　実施問題

【1】次の文章を読んで問1～問3に答えなさい。

挨拶の働きを考える上で少しおもしろいのは，家族に言える挨拶と言えない挨拶があるということです。「こんにちは」「こんばんは」は，いつも一緒にいて当然という相手，例えば，いつも一緒に暮らしている家族にはふつうはあまり言いません(そういう挨拶をする家族だってないわけではないでしょうが)。もし家族と外で出会ったら，もう少し(　　　)なことで声かけをするように思われるのですがどうでしょうか。これらの挨拶は，ほかに言うことがなくても「今日」「今晩」のことを話題にする表現だと言えます。すなわち，特に(　　　)な内容のある声かけをしなくてもいいようにするのが，これらの挨拶表現なのだと言っていいでしょう。

また，「さようなら」もあまり家族には言わないようですが，これは「別れる」という意識がないためでしょう。代わりに，「行ってきます」「お帰りなさい」のように，キゾクする場所を中心にした表現のほうをよく使うように思われます。挨拶の表現の奥には，単なる出会いや別れという出来事だけではなく，「キゾク」に関する意識もあると言えます。

ちなみに，「ただいま」は文末の形ではないので，丁寧語がなく，逆に家族や仲間うち以外には少し言いにくいようです。私自身，仕事帰りに近所の方が「お帰りなさい」と挨拶をしてくださる際に，「ただいま」というべきか「こんにちは」がいいのか，どう挨拶を返すかで迷う時があります。

これに対して「おはよう」は，家族でも言います。おそらく，いったん睡眠という断絶があって，その後に，朝である(早い時間である)，と声をかけ合うものだからでしょう。そのため，夜中の12時が過ぎたけれどもまだ寝ていないというときの挨拶で，「おはようございます」

と言われると，私などはちょっと違和感を感じます。

このように，挨拶言葉は人間関係を反映して，様々な使い方の特性をもっています。特に，声をかけ合う，お互いに話を交わす，ということ自体が，コミュニケーションにとって大切なことだと言えます。そうすることによって，お互いの関係が確認できるのです。「大きな声で挨拶しましょう」とよく先生から言われた覚えがありますが，大きな声で挨拶して相手にきちんと声が届かないと，そもそも声をかけ合う，ということが成立しないからです。もちろん，相手をきちんと見て，視線を合わすほうがしっかりとした挨拶となりますし，できればにこやかに明るい声で挨拶を交わすことが望ましいわけです。挨拶をする相手はもちろん，挨拶をする本人も，気持ちがうきうきしてくるような挨拶ができるといいですね。

(森山卓郎『コミュニケーションの日本語』より)

問1　文章中の下線部「キゾク」(二箇所とも同じ漢字)の「ゾク」を漢字になおしたとき，その「ゾク」と同じ漢字を使うものはどれか。1～5から選びなさい。

1　根拠のないゾクセツを信じ込む。

2　キンゾク工業が盛んな地域。

3　ピッチャーはまだゾクトウするようだ。

4　カイゾクが出没する海域。

5　休みの日にスイゾク館へ行った。

問2　文章中の二箇所の(　　　)に共通して入る最も適切な語はどれか。1～5から選びなさい。

1　感情的　　2　抽象的　　3　観念的　　4　具体的

5　理想的

問3　この文章の内容と一致するものとして，最も適切なものはどれか。1～5から選びなさい。

1　挨拶は人間関係の基盤であるから，挨拶を怠ると人間関係が築けない。

2　私が誰とどのように関係しているかを最も的確に表現するのが挨拶である。

3　挨拶言葉は，家族，仲間うちなどの人間関係を反映している。

4　内容のない形式的な挨拶は，むしろしないほうがよい。

5　相手との人間関係によって挨拶言葉を使い分けるのは不自然である。

(☆☆☆◎◎◎◎◎)

【2】次の問4～問6に答えなさい。

問4　次の各文は，江戸時代の文化や学問について述べたものである。誤っているものはどれか。1～5から選びなさい。

1　井原西鶴は，当時の町人の生活をいきいきとえがいた小説『好色一代男』を著した。

2　近松門左衛門は，人形浄瑠璃の脚本である『曽根崎心中』を著した。

3　杉田玄白は，前野良沢らと西洋医学の解剖書を翻訳した『解体新書』を出版した。

4　本居宣長は，『古事記』を研究して『古事記伝』を著し，国学を大成した。

5　葛飾北斎は，錦絵の風景画『東海道五十三次』を残した。

問5　次の各文は，日本の農業や林業，水産業にかかわる特色について述べたものである。誤っているものはどれか。1～5から選びなさい。

1　高知平野では，稲作以外に温暖な気候を生かした，野菜や果物の生産が行われている。ビニールハウスを利用したきゅうりやなす，ピーマンなどの野菜の促成栽培が盛んである。

2　紀伊山地では，日本海流や夏の季節風の影響で，温暖で降水量が多い。そのため，樹木の成長が早いことを生かして，すぎやひのきなどの人工植林が行われてきた。

3　甲府盆地や長野盆地の周辺部では，山地から流れ出す河川により肥沃な土砂が堆積した三角州が広がり，りんごやぶどう，ももなどの果樹栽培が盛んである。

4　東北地方の太平洋沿岸地域では，やませのもたらす冷気や霧が米の生産に影響を及ぼすことがある。

5　北海道周辺の海は豊かな漁場になっているが，1970年代以降は，さけを人工的に卵からかえして川へ放流する栽培漁業も盛んに行われるようになった。

問6　次の各文は，欧米や日本における出来事について述べたものである。古い順に並べたとき4番目になるものはどれか。1～5から選びなさい。

1　独立戦争の司令官であったワシントンが，アメリカの初代大統領に就任した。

2　ポルトガルのヴァスコ＝ダ＝ガマが，アフリカの南端をまわってインドに到達した。

3　ドイツでは鉄血宰相と呼ばれたビスマルクが富国強兵を進め，帝国として統一された。

4　イギリスでは王権が否定され，クロムウェルの指導によりピューリタン革命が実現した。

5　イエズス会の宣教師であったフランシスコ＝ザビエルが，日本の鹿児島に来航した。

(☆☆☆◎◎◎◎)

【3】次の問7～問9に答えなさい。

問7　直角三角形ABCを，直線ACを軸として1回転させてできる立体の体積をV_1，直線BCを軸として1回転させてできる立体の体積をV_2とする。このとき，$V_1:V_2$として正しいものはどれか。1～5から選びなさい。

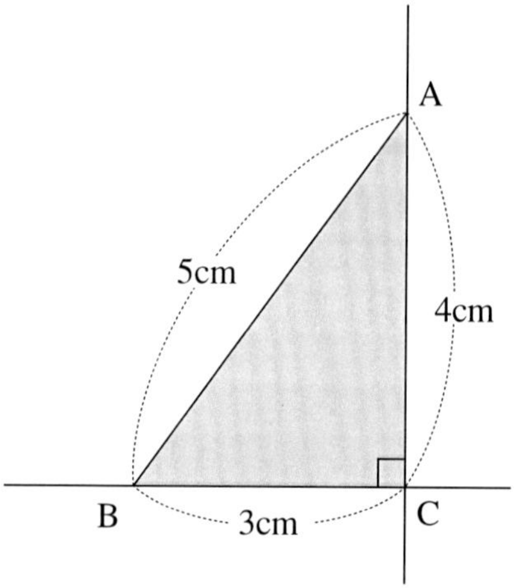

1　3：4　　2　4：3　　3　4：5　　4　5：3　　5　5：4

問8　2つのさいころを同時に投げるとき，出る目の和が7になる確率として正しいものはどれか。1～5から選びなさい。

1　$\frac{1}{12}$　　2　$\frac{1}{7}$　　3　$\frac{1}{6}$　　4　$\frac{7}{36}$　　5　$\frac{1}{3}$

問9　長さ240mの電車が一定の速さで進んでいるとき，踏切の前にいるA君の目の前を通過していくのに8秒かかり，ある鉄橋をわたり始めてからわたり終わるまでに25秒かかった。この鉄橋の長さは次のうちどれか。1～5から選びなさい。

1　270m　　2　510m　　3　640m　　4　750m　　5　990m

(☆☆☆◎◎◎)

【4】次の問10～問12に答えなさい。

問10　BTB溶液を入れた水酸化ナトリウム水溶液10mLに塩酸を少しずつ加えていったとき，水溶液の色は次の表のように変化した。水酸化ナトリウム水溶液10mL中のイオンの総数をaとしたとき，加えた塩酸の体積と水溶液中のイオンの総数の関係を表したグラフはどのようになるか。最も適切なものを，1～5から選びなさい。

加えた塩酸の体積（mL）	0	5	10	15	20
水溶液の色	青色	青色	緑色	黄色	黄色

1
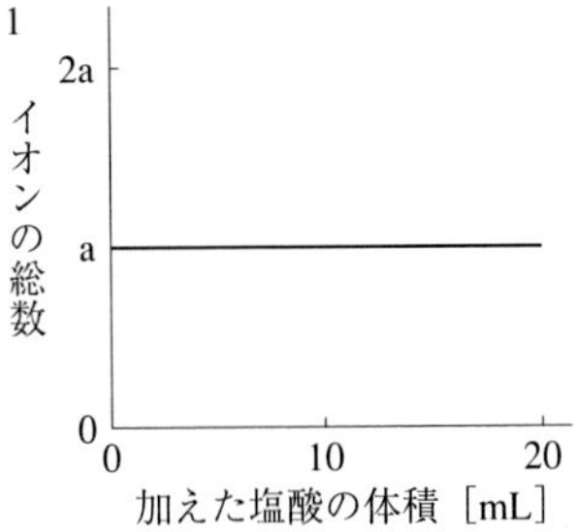

2
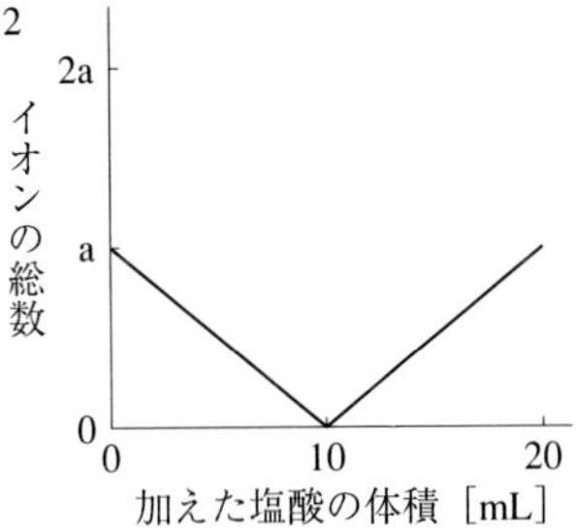

3
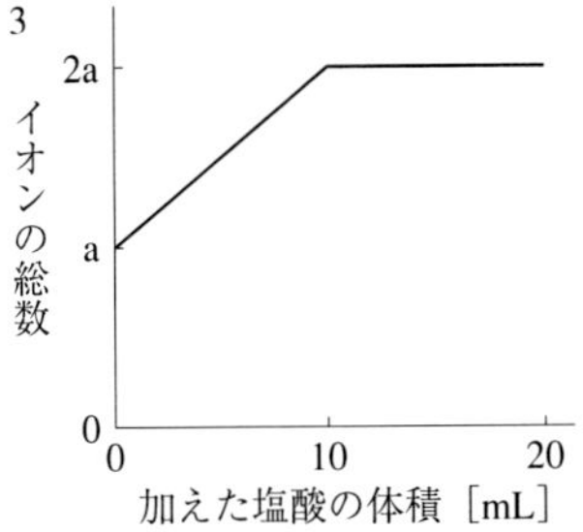

4
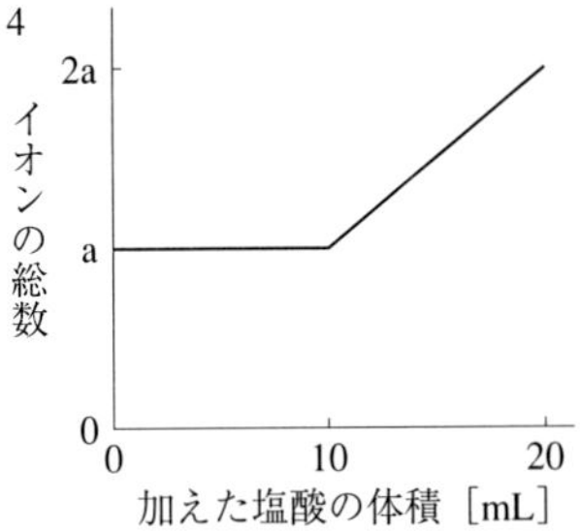

5
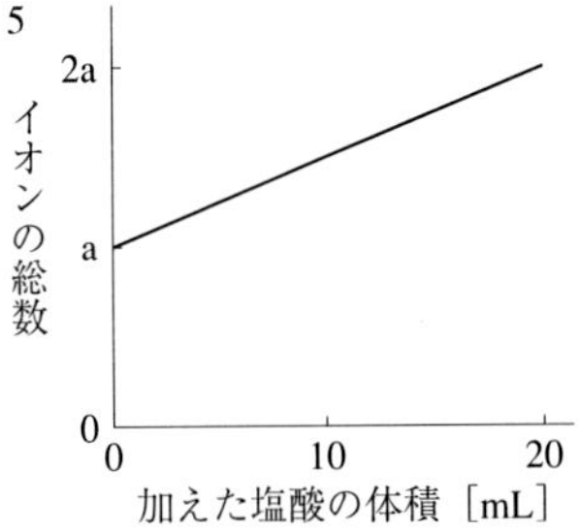

問11　次の文中の(　ア　)と(　イ　)にあてはまるものの正しい組合せはどれか。1～6から選びなさい。

次の図は，2種類の火成岩の組織をルーペで観察し，スケッチしたものである。マグマが地下の深いところでゆっくり冷えてできた火成岩の組織は図の(　ア　)であり，このような組織をもつ火成岩の一つに(　イ　)がある。

図

	ア	イ
1	A	安山岩
2	A	流紋岩
3	A	花こう岩
4	B	安山岩
5	B	流紋岩
6	B	花こう岩

問12　次の文中の(　ア　)と(　イ　)にあてはまるものの正しい組合せはどれか。1～6から選びなさい。

図のように，電気抵抗が3.0Ωの導体棒Rを磁石の間において，2.0Aの電流をPの向きに流す。このとき，導体棒Rが磁界からうける力の向きは(　ア　)である。また，このとき導体棒Rにおいて消費される電力は(　イ　)Wである。

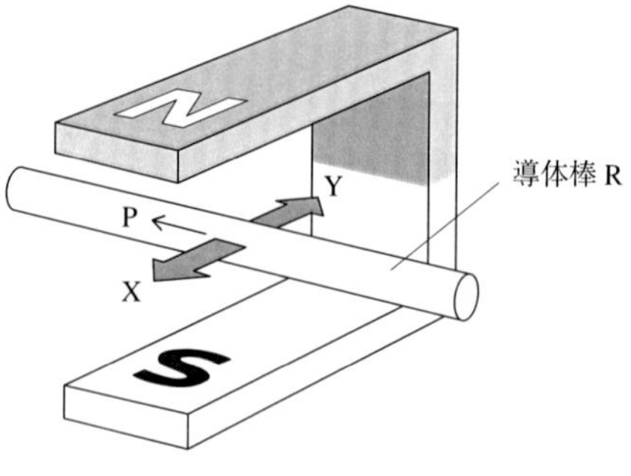

図

	ア	イ
1	X	6.0
2	X	12
3	X	36
4	Y	6.0
5	Y	12
6	Y	36

(☆☆☆◎◎◎)

【5】次の問13～問15に答えなさい。

〔問13・問14〕次の英文を読んで各問に答えなさい。

Olympia is an ancient city. People have lived there for thousands of years — since the 10th century B.C.. As the birthplace of the Olympic Games, Olympia is famous for bringing people together to do amazing things. Every four years, the ancient Greeks stopped their wars and made peace for a short time, so their athletes could *compete and focus on winning the games.

Today, the Olympics are no longer held in Olympia. The huge *hippodrome created for the *chariot and horse races is now gone. And instead of athletes, the stadium is often filled with crowds of tourists.

However, Olympia is not just famous for its games. In ancient times, it was also a very important religious center. The ancient Greeks built beautiful temples to their gods here — to Zeus, the king of the gods, and to the goddess Hera, his queen. Many people visited the area to bring gifts for the gods, and to (　　　) them for good health, *wealth, and happiness.

Today, the *ruins of the stadium and temples remain to tell us the history of Olympia. The things scientists find here *affect the way we understand the ancient Greeks.

〈Carmella Lieske, Scott Menking (2012). *Reading Adventures 1*〉

(注) *compete : 競う　　*hippodrome : 競技場

*chariot : (馬で引く一人乗り)二輪戦車　　*wealth : 富

*ruin (s) : 遺跡，廃墟　　*affect : 影響を与える

問13　英文中の(　　　)に入る最も適切な語はどれか。1～5から選びなさい。

1　ask　　2　get　　3　take　　4　tell　　5　want

問14　この英文の内容と一致するものとして，最も適切なものはどれか。1～5から選びなさい。

1　People began to live in Olympia one thousand years ago.

2　Ancient Greeks sometimes had wars because of the Olympic Games.

3　A lot of athletes still compete at the stadium of Olympia.

4　In Olympia, beautiful temples were built to their gods by the ancient Greeks.

5　There are no ruins in Olympia to tell us about its history.

問15　次の対話文の中の(　　　)に入る最も適切なものはどれか。1～5から選びなさい。

A : Do you have any plan for this summer vacation?

B : No, I don't. How about you?

A : I'm going to go to Okinawa with my family.

B : That's nice. (　　　) ?

A : Yes, this is my second time. I went there last year, too.

B : I would like to go sometime, too.

1　Can you call back later

2　Do you live near here

3　Have you been there before

4　Could you help me with it

5　Will you go there by yourself

(☆☆◎◎◎)

【6】次の問16～問18に答えなさい。

問16　次は，学校教育法(昭和22年3月31日　法律第26号)の第21条の条文の一部である。文中の(　A　)～(　E　)にあてはまる語句の正し

い組合せはどれか。1～6から選びなさい。

第21条　義務教育として行われる普通教育は，教育基本法(平成18年法律第120号)第5条第2項に規定する目的を実現するため，次に掲げる目標を達成するよう行われるものとする。

一　学校内外における社会的活動を促進し，自主，自律及び(A)の精神，規範意識，公正な判断力並びに公共の精神に基づき主体的に社会の形成に参画し，その発展に寄与する態度を養うこと。

二　学校内外における(B)体験活動を促進し，生命及び(B)を尊重する精神並びに環境の保全に寄与する態度を養うこと。

四　家族と家庭の役割，生活に必要な衣，食，住，(C)，産業その他の事項について基礎的な理解と技能を養うこと。

五　読書に親しませ，生活に必要な(D)を正しく理解し，使用する基礎的な能力を養うこと。

八　健康，(E)で幸福な生活のために必要な習慣を養うとともに，運動を通じて体力を養い，心身の調和的発達を図ること。

	A	B	C	D	E
1	人間尊重	社会	情報	言語	快適
2	人間尊重	自然	情報	言語	安全
3	人間尊重	社会	労働	国語	快適
4	協同	社会	労働	言語	安全
5	協同	自然	労働	国語	快適
6	協同	自然	情報	国語	安全

問17　次は，児童虐待の防止等に関する法律(平成12年5月24日　法律第82号)の条文の一部である。下線部①～③のうち誤っているものの番号と，その誤りを正す語句をア～カから選んだとき，正しい組合せはどれか。1～6から選びなさい。

第2条　この法律において，「児童虐待」とは，保護者(親権を行う者，未成年後見人その他の者で，児童を現に監護するものをいう。

以下同じ。)がその監護する児童(①十五歳に満たない者をいう。以下同じ。)について行う次に掲げる行為をいう。

一　児童の身体に外傷が生じ，又は生じるおそれのある暴行を加えること。

二　児童にわいせつな行為をすること又は児童をしてわいせつな行為をさせること。

三　児童の心身の正常な発達を妨げるような著しい減食又は長時間の放置，保護者以外の同居人による前二号又は次号に掲げる行為と同様の行為の放置その他の保護者としての監護を著しく怠ること。

四　児童に対する著しい暴言又は著しく拒絶的な対応，児童が同居する家庭における配偶者に対する暴力(配偶者(婚姻の届出をしていないが，事実上婚姻関係と同様の事情にある者を含む。)の身体に対する不法な攻撃であって生命又は身体に危害を及ぼすもの及びこれに準ずる心身に有害な影響を及ぼす言動をいう。)その他の児童に著しい心理的外傷を与える言動を行うこと。

第5条　学校，児童福祉施設，病院その他児童の福祉に業務上関係のある団体及び学校の教職員，児童福祉施設の職員，医師，保健師，弁護士その他児童の福祉に職務上関係のある者は，児童虐待を発見しやすい立場にあることを自覚し，児童虐待の②早期発見に努めなければならない。

第6条　児童虐待を受けたと思われる児童を発見した者は，速やかに，これを市町村，都道府県の設置する福祉事務所若しくは児童相談所又は児童委員を介して市町村，都道府県の設置する福祉事務所若しくは児童相談所に③通告しなければならない。

ア	十二歳	イ	十八歳	ウ	把握
エ	未然防止	オ	情報提供	カ	相談

1　①とア

2　①とイ

3　②とウ

4　②とエ

5　③とオ

6　③とカ

問18　次の各文は，地方公務員法(昭和25年12月13日　法律第261号)の条文または条文の一部である。誤っているものはどれか。1～5から選びなさい。

1　職員が次の各号の一に該当する場合においては，これに対し懲戒処分として戒告，減給，停職又は免職の処分をすることができる。

一　この法律若しくは第57条に規定する特例を定めた法律又はこれに基く条例，地方公共団体の規則若しくは地方公共団体の機関の定める規程に違反した場合

二　職務上の義務に違反し，又は職務を怠つた場合

三　全体の奉仕者たるにふさわしくない非行のあつた場合

2　すべて職員は，全体の奉仕者として公共の利益のために勤務し，且つ，職務の遂行に当つては，全力を挙げてこれに専念しなければならない。

3　職員は，法律又は条例に特別の定がある場合を除く外，その勤務時間及び職務上の注意力のすべてをその職責遂行のために用い，当該地方公共団体がなすべき責を有する職務にのみ従事しなければならない。

4　職員は，職務上知り得た秘密を漏らしてはならない。その職を退くまでとする。

5　職員は，その職の信用を傷つけ，又は職員の職全体の不名誉となるような行為をしてはならない。

(☆☆◎◎◎◎◎)

【7】次の問19～問21に答えなさい。

問19　次の各文は，小学校学習指導要領解説　道徳編(平成20年8月)，中学校学習指導要領解説　道徳編(平成20年9月)および高等学校学習

指導要領解説　総則編(平成21年11月)からの抜粋である。誤っているものはどれか。1～4から選びなさい。

1　道徳教育の全体計画は，学校における道徳教育の基本的な方針を示すとともに，学校の教育活動全体を通して，道徳教育の目標を達成するための方策を総合的に示した教育計画である。

2　学校における道徳教育は，学校の教育活動全体を通じて行われる。したがって，全体計画は保護者・地域の人々の参加と協力のもとに作成される必要がある。

3　学校における道徳教育は，全教育活動が有機的に関連し合って進められなければならないが，その中軸となるのは，学校の設定する道徳教育の基本方針である。

4　全体計画は，学校における道徳教育の基本を示すものである。したがって，しばしば変更されることは望ましくないが，評価し，改善の必要があればただちにそれに着手できる体制を整えておくことが大切である。

問20　次の表は，教育思想家に関するものである。表中の(　A　)～(　E　)にあてはまる人物や語句，著作の正しい組合せはどれか。1～6から選びなさい。

人名	説明	代表的な著作
（　A　）	イギリスの経験論哲学の代表者。親を教育の主体とし，子どもへの理性的対処を求める，ジェントルマン形成のための家庭（教師）教育論は，広く近代の子ども観に大きな影響を与えた。	教育に関する考察
ルソー (Rousseau, J.)	フランスの思想家。人間の自然的本性を善とみなした。既成の社会制度によってそれが悪へと変質させられることを防ぐ教育と対比させて，かれが（　B　）とよぶ原理は，子どもの自然的本性の科学的解明と，子どもの自由や自発性の尊重の原理である。	エミール
（　C　）	ドイツ批判哲学の創始者。人間を教育を必要とする唯一の生物であるととらえ，とりわけ道徳化において，他の諸領域に対する優先権が与えられ，自律的道徳的人格の形成が基礎づけられている。	純粋理性批判
ブルーナー (Bruner, J.)	アメリカの心理学者。初・中等教育の科学教育といった実践問題にも関心を示し，議長をつとめたウッズ・ホール会議の報告書は，全世界的な教育の現代化という動向にも影響を与えた。	（　D　）
フレーベル (Fröbel, F.W.A)	ドイツの教育思想家，実践家。遊びや作業の原理をあらわす道具としての「恩物」の考案に尽力した。世界最初の（　E　）を創立，以後整備・発展させる運動につとめた。	人間の教育

	A	B	C	D	E
1	デューイ	積極教育	カント	教育の過程	幼稚園
2	デューイ	消極教育	カント	児童の世紀	小学校
3	デューイ	積極教育	エレン・ケイ	教育の過程	小学校
4	ロック	積極教育	エレン・ケイ	児童の世紀	幼稚園
5	ロック	消極教育	カント	教育の過程	幼稚園
6	ロック	消極教育	エレン・ケイ	児童の世紀	小学校

※デューイ(Dewey, J.)
　ロック(Locke, J.)
　エレン・ケイ(Ellen, K.S.Key)
　カント(Kant, I.)

問21　江戸時代に，寺子屋で盛んに使用された，庶民のための教科書の総称として正しいものはどれか。1～5から選びなさい。

1　国定教科書　　2　幼学綱要　　3　教学聖旨
4　百科全書　　5　往来物

(☆☆☆◎◎◎◎)

【8】次の問22～問27に答えなさい。

問22　次は，いじめ防止対策推進法(平成25年6月28日　法律第71号)の条文の一部である。文中の(　A　)～(　D　)にあてはまる語句の正しい組合せはどれか。1～6から選びなさい。

いじめの防止等のための対策は，いじめが(　A　)の児童等に関係する問題であることに鑑み，児童等が安心して学習その他の活動に取り組むことができるよう，学校の内外を問わずいじめが行われなくなるようにすることを旨として行われなければならない。

いじめの防止等のための対策は，(　A　)の児童等がいじめを行わず，及び他の児童等に対して行われるいじめを認識しながらこれを(　B　)することがないようにするため，いじめが児童等の心身に及ぼす影響その他のいじめの問題に関する児童等の理解を深めることを旨として行われなければならない。

いじめの防止等のための対策は，いじめを受けた児童等の(　C　)することが特に重要であることを認識しつつ，国，地方公共団体，学校，地域住民，家庭その他の関係者の連携の下，いじめの問題を(　D　)することを目指して行われなければならない。

	A	B	C	D
1	当該	無視	生命及び心身を保護	解決
2	当該	放置	学習及び生活を保障	解決
3	当該	無視	生命及び心身を保護	克服
4	全て	放置	生命及び心身を保護	克服
5	全て	無視	学習及び生活を保障	克服
6	全て	放置	学習及び生活を保障	解決

問23　次の図は，本県の「平成28年度　学校教育の指針」の「1　確

かな学力を育む」で示されているものの一部である。文中の(A)～(E)にあてはまる語句の正しい組合せはどれか。1～6から選びなさい。

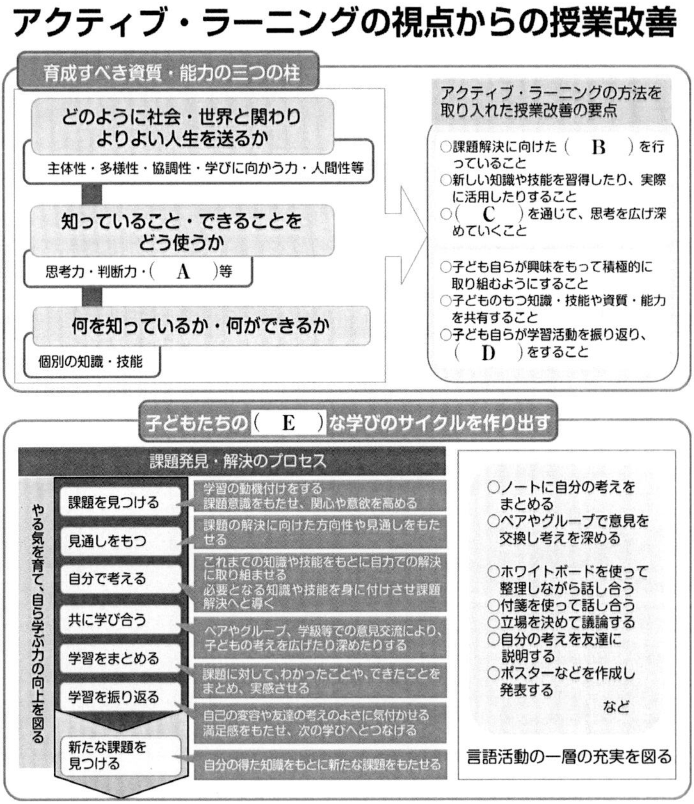

	A	B	C	D	E
1	表現力	探究活動	話し合い活動	自己採点	自主的
2	表現力	調べ学習	多様な表現	自己採点	自主的
3	表現力	探究活動	多様な表現	意味づけ	主体的
4	発信力	調べ学習	話し合い活動	意味づけ	自主的
5	発信力	探究活動	話し合い活動	自己採点	主体的
6	発信力	調べ学習	多様な表現	意味づけ	主体的

問24　次の図は，本県が作成している「いじめや差別を許さない学校づくり」で示されているものの一部である。図中の(　A　)～(　E　)に示される内容として適切でないものはどれか。1～5から選びなさい。

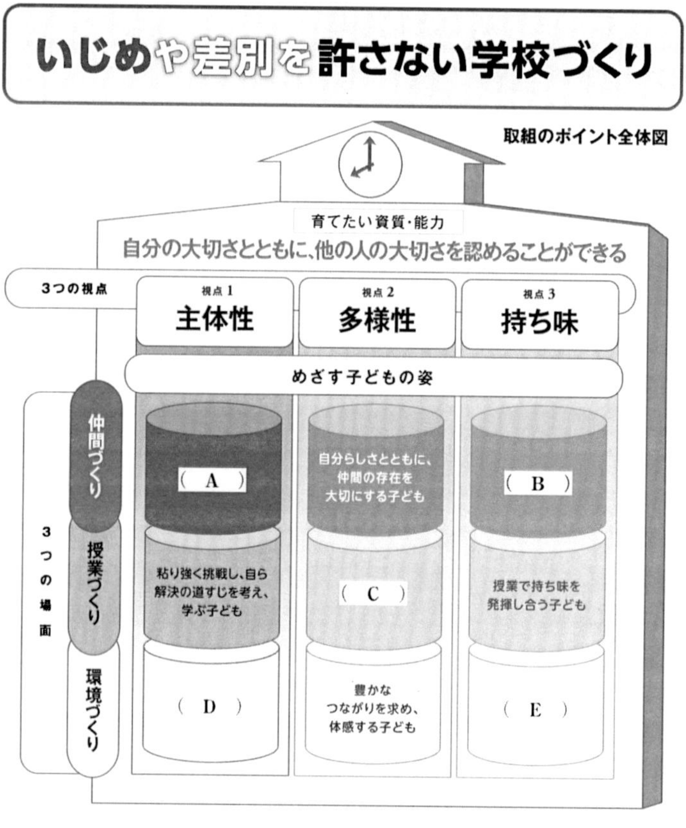

1　A－他人の意見に左右されず，自分の意見を押し通す子ども
2　B－持ち味を認め合う子ども
3　C－共に話し合い，ねり合い，学び合う子ども
4　D－自らの力で学級・学校文化をつくる子ども
5　E－自他の持ち味を伸ばし合う子ども

問25　次の図は，本県の「平成28年度　学校教育の指針」の「5　共生社会に向けた多様なニーズに対応する教育の推進　(1)　特別支援教育の推進」で示されているものの一部である。図中の(　A　)～(　E　)にあてはまる語句の正しい組合せはどれか。1～6から選びなさい。

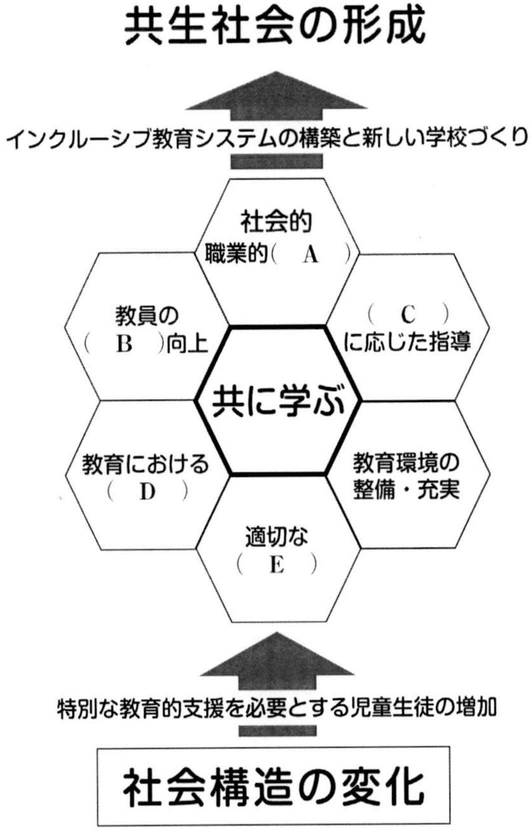

	A	B	C	D	E
1	自立	資質能力	発達段階	役割分担	就学相談
2	自立	指導力	生活環境	専門性	就学相談
3	自立	資質能力	生活環境	専門性	職業相談

4　連携　　指導力　　　生活環境　　役割分担　　職業相談
5　連携　　資質能力　　発達段階　　役割分担　　職業相談
6　連携　　指導力　　　発達段階　　専門性　　　就学相談

問26　次の図は，本県の「平成28年度　学校教育の指針」の「6　多様な進路・就労の実現に向けた教育の推進」で示されているものの一部である。図中の(　A　)～(　D　)にあてはまる説明文として最も適切なものはどれか。あとのア～エの正しい組合せを1～6から選びなさい。

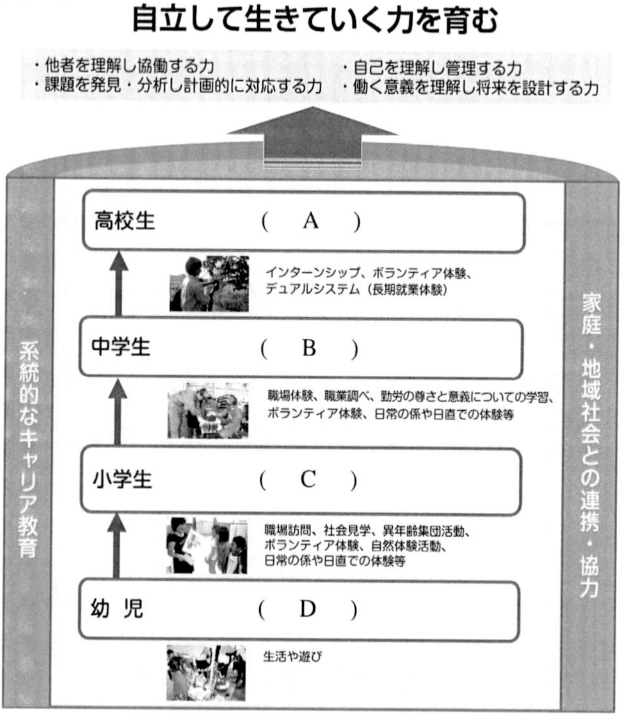

説明文

ア	●身のまわりの仕事や環境への関心を高め，夢や希望をもつ ●社会性・自主性・自律性等を身に付ける
イ	●生涯にわたる多様なキャリア形成に必要な能力や態度を身に付ける ●勤労観・職業観等を自ら形成・確立する
ウ	●人とかかわることの楽しさや人の役に立つ喜びを味わう ●自発的・主体的に活動する
エ	●目標を立て計画的に取り組む態度を身に付ける ●社会における自分の役割や将来の生き方，働き方等を考える

	A	B	C	D
1	ア	イ	ウ	エ
2	ア	エ	ウ	イ
3	イ	エ	ア	ウ
4	イ	ア	エ	ウ
5	ウ	イ	ア	エ
6	ウ	ア	エ	イ

問27　次は，食育基本法(平成17年6月17日　法律第63号)の前文の一部である。文中の(　A　)～(　E　)にあてはまる語句の正しい組合せはどれか。1～6から選びなさい。

子どもたちが豊かな(　A　)をはぐくみ，生きる力を身に付けていくためには，何よりも「食」が重要である。今，改めて，食育を，生きる上での基本であって，知育，徳育及び体育の基礎となるべきものと位置付けるとともに，様々な経験を通じて「食」に関する知識と「食」を(　B　)を習得し，健全な食生活を実践することができる人間を育てる食育を推進することが求められている。もとより，食育はあらゆる世代の国民に必要なものであるが，子どもたちに対する食育は，心身の成長及び人格の形成に大きな影響を及ぼし，生涯にわたって健全な心と身体を培い豊かな(　A　)をはぐくんでいく基礎となるものである。<　中略　>

国民一人一人が「食」について改めて意識を高め，自然の恩恵や「食」に関わる人々の様々な活動への(　C　)の念や理解を深めつつ，「食」に関して信頼できる情報に基づく適切な判断を行う能力を身に付けることによって，心身の健康を増進する健全な食生活を実践するために，今こそ，家庭，学校，保育所，地域等を中心に，(D)として，食育の推進に取り組んでいくことが，我々に課せられている課題である。さらに，食育の推進に関する我が国の取組が，海外との交流等を通じて食育に関して国際的に(E)することにつながることも期待される。

	A	B	C	D	E
1	感受性	研究する力	尊敬	国民運動	貢献
2	感受性	選択する力	尊敬	地域活動	牽引
3	感受性	研究する力	感謝	地域活動	牽引
4	人間性	選択する力	感謝	地域活動	貢献
5	人間性	研究する力	尊敬	国民運動	牽引
6	人間性	選択する力	感謝	国民運動	貢献

(☆☆◎◎◎◎)

【9】次の問28～問30に答えなさい。

問28　マズロー(Maslow, A.H.)は，動機や欲求を5つのカテゴリーに分類した後に，発達段階によって下位の欲求カテゴリーから上位へという順で発現したり，優先される欲求が心理的発達によって変化したりしていくという欲求階層説(欲求5段階説)を主張した。

次の図は，マズローの欲求階層を視覚的に示したものである。

あとの5つの欲求を各階層に位置付けるとき，最上位の階層に分類されるものはどれか。1～5から選びなさい。

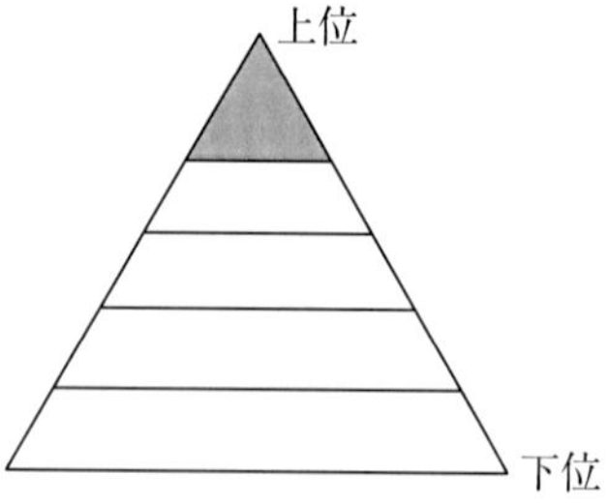

1　愛と所属の欲求
2　承認(尊厳)欲求
3　生理的欲求
4　自己実現の欲求
5　安全の欲求

問29　次の心理テストのうち，質問紙法に分類されるものはどれか。1～5から選びなさい。

1　TAT(主題統覚検査)
2　P－Fスタディ
3　内田クレペリン精神作業検査
4　ロールシャッハ・テスト
5　エゴグラム

問30　次のA～Dは，4人の心理学者に関する説明である。その人物をあとの語群から選ぶとき，正しい組合せはどれか。1～6から選びなさい。

A　スイスの児童心理学者。臨床法を用い，発生認識論の立場から幼児の思考に関しての研究を行い，認知発達を同化と調節の均衡化の過程と考え，4段階に区別した。著書に『遊びと発達の心理学』がある。

B　アメリカの臨床心理学者。クライアント中心療法(非指示的カウンセリング)の創始者。自己概念とその変容を中核としたパーソナリティ理論を展開した。著書に『カウンセリングと精神療法』がある。

C　アメリカの教育心理学者。問題箱の実験を通して学習の試行錯誤説を提唱し，学習の原理として，効果の法則・練習の法則・準備の法則を主張した。著書に『教育心理学』がある。

D　アメリカの人格発達心理学者。3水準6段階からなる道徳性の発達段階説を提唱した。道徳判断の発達には認知能力と役割取得能力が大きく影響すると主張した。著書に『Stage and Sequence』がある。

ピアジェ(Piaget, J.)	アドラー(Adler, A.)
ソーンダイク(Thorndike, E.L.)	コールバーグ(Kohlberg, L.)
ロジャーズ(Rogers, C.R.)	

	A	B	C	D
1	ピアジェ	ロジャーズ	ソーンダイク	コールバーグ
2	ピアジェ	アドラー	ロジャーズ	ソーンダイク
3	ソーンダイク	ピアジェ	コールバーグ	アドラー
4	ソーンダイク	ロジャーズ	ピアジェ	コールバーグ
5	コールバーグ	アドラー	ソーンダイク	ロジャーズ
6	コールバーグ	ピアジェ	ロジャーズ	アドラー

(☆◎◎◎◎◎)

解答・解説

【1】問1　2　　問2　4　　問3　3

〈解説〉問1　文章中の下線部「帰属」に対し，1は「俗説」，2は「金属」，3は「続投」，4は「海賊」，5は「水族」。　問2　家族以外の人と外で会った場合，他に言うことがなくて「今日」「今晩」のことを話題にするが，もし家族と外で会ったらもっと内容のあることを話すだろう，と書かれているので，「しっかりした内容を持った」という意味である「具体的」を選ぶのが適切。　問3　文章の内容を確認するには，最後の段落に注意を払って読むとよい。中でも段落の1文目と最後の文に重要な結論となる内容が書かれていることが多い。ここでは，「挨拶言葉は人間関係を反映して，様々な使い方の特性をもっています」,「挨拶をする相手はもちろん，挨拶をする本人も，気持ちがうきうきしてくるような挨拶ができるといいですね」の2文がそれに当たる。

【2】問4　5　　問5　3　　問6　1

〈解説〉問4　5　『東海道五十三次』は，葛飾北斎と同じ化政文化期の浮世絵師歌川広重(安藤広重)の作品である。葛飾北斎は『富嶽三十六景』で有名である。　問5　3　山地から流れ出す河川によって形成される扇形の堆積地形は扇状地である。扇状地の扇央部は礫質の堆積物で，透水性が大きく水利に恵まれないため果樹園などとして利用される。甲府盆地は特に扇状地で有名である。　問6　古い順に並べると，2(1498年)→5(1549年)→4(1642年)→1(1789年)→3(1871年)となる。

【3】問7　1　　問8　3　　問9　2

〈解説〉問7　$V_1 : V_2 = \left(\frac{1}{3} \times \pi \times 3^2 \times 4\right) : \left(\frac{1}{3} \times \pi \times 4^2 \times 3\right) = 3 : 4$

問8　2つのさいころを同時に投げるときのすべての目の出方は，6×6＝36〔通り〕。このうち，出る目の和が7になるのは，(1，6)，(2，5)，(3，4)，(4，3)，(5，2)，(6，1)の6通り。よって求める確率は，$\frac{6}{36} = \frac{1}{6}$

問9　この電車は踏切の前にいるA君の目の前を通過していくのに8秒かかったから，電車の速さは，$\frac{240}{8} = 30$〔m/s〕　鉄橋の長さをx〔m〕とすると，この鉄橋をわたり始めてからわたり終わるまでに25秒かかったから，$30 \times 25 = (x + 240)$より，$x = 510$　よって，鉄橋の長さは510m

【4】問10　4　　問11　6　　問12　2

〈解説〉問10　水溶液中では，水酸化ナトリウムは電離して，$NaOH \rightarrow Na^+ + OH^-$となる。塩酸を加えると，$NaOH + HCl \rightarrow NaCl + H_2O$の中和反応が起きる。水($H_2O$)は電離しないが，塩化ナトリウムは水溶液中で，$NaCl \rightarrow Na^+ + Cl^-$となる。つまり，中和反応が起きている間(中和点まで)，イオン数は変化しない。中和点を越えても，塩酸を加え続けると，水溶液中で塩酸が電離する($HCl \rightarrow H^+ + Cl^-$)ため，イオン数が増加する。中和点はBTB溶液の色からわかる。　問11　マグマが冷えて固まってできた岩石のことを火成岩という。その中でも，マグマが地下深くでゆっくり冷えてできた岩石を深成岩とよぶ。深成岩のつくりは，石基の部分がなく，肉眼でも見える大きな結晶でできた等粒状組織である。花こう岩，せん緑岩，はんれい岩がある。　問12　導体棒Rが磁界からうける力の向きは，フレミングの左手の法則で求めることができる。磁界の向きは，N極からS極にはたらいている。消費電力は，電力〔W〕＝電圧〔V〕×電流〔A〕で求めることができる。また，問題文中には電圧の値は書かれていないが，抵抗×電流で求めることができる。以上より，計算すると，電圧は6Vであり，消費電力は12Wとなる。

【5】問13　1　　問14　4　　問15　3

〈解説〉問13　ask for ～で「～を願う，所望する」という意味の句動詞。「多くの人々が，神々にお供えをし，健康と富と幸福を願うためにこの地を訪れた。」　問14　第1段落第2文に「B.C.10世紀以来何千年もの間，人々はこの地に住んできた」とあり，「千年前から人々がすみついた」とする1は不一致。同じ段落に「人々は4年ごとに戦争を休止してゲームを行った」とあり，「オリンピックのせいで戦争になった」とする2と不一致。最後の段落に「スタジアムの遺跡」について書かれており，「今もオリンピアのスタジアムでゲームが行われている」とする3と不一致。4は第3段落第3文と内容一致。最後の段落に遺跡について書かれており，「遺跡はない」とする5と不一致。　問15　Aの空欄の質問に対し，BがYesと答え，さらに「今回で2回目になる」と言っているので，「今までに行ったことはあるか」とする3が適切。他の選択肢はそれぞれ1「(電話を)かけなおして頂けますか」，2「この近くに住んでいるのか」，4「そのことで，手伝ってもらえるか」で旅行の話題とは関係がない。また「家族と沖縄に行くのか」と言っているのに対し，直後に「1人で行くのか」と尋ねている5は会話のやりとりとして不自然である。

【6】問16　6　　問17　2　　問18　4

〈解説〉問16　教育基本法第5条第2項は「義務教育として行われる普通教育は，各個人の有する能力を伸ばしつつ社会において自立的に生きる基礎を培い，また，国家及び社会の形成者として必要とされる基本的な資質を養うことを目的として行われるものとする」として義務教育の目的を規定し，この条文を受け学校教育法第21条は「義務教育の目標」を規定している。特に第3号から第9号は小学校や中学校の特定の教科と関連する内容になっているので，それぞれどの教科と関連するのかおさえておこう。　問17　本問で出題されている児童虐待の防止等に関する法律第2，5，6条は頻出なので，しっかり把握したい。同法は「児童」を18歳に満たない者と定義しているが，児童福祉法や児童の権利に関する条約も同様の定義をしていることもおさえておこう。　問18　4の「その職を退くまでとする」という部分が誤りで，「その職を退いた後も，また，同様とする」が正しい。なお，1が地方公務員法第29条第1項，2が同法第30条，3が同法第35条，4が同法第34条第1項，5が同法第33条である。

【7】問19　2　　問20　5　　問21　5

〈解説〉問19　小学校学習指導要領解説　道徳編によると，「全体計画」の意義の1つに「家庭や地域社会との連携を深め，保護者や地域の人々の積極的な参加や協力を可能にする」ことをあげ，「全体計画を公表し，家庭や地域社会の理解を得ることにより，家庭や地域社会と連携し，その協力を得ながら道徳教育の充実を図ることができる」と説明している。　問20　本問で出題されている教育思想家はいずれも頻出なので，しっかりおさえておきたい。なお，Aのロックはタブラ・ラサ(精神白紙説)を主張したことや『人間悟性(人間知性)論』や『統治二論(市民政府二論)』などの著作があること，Cのカントは「人間は教育によってのみ人間となる」あるいは「人間は教育されなければならない唯一の被造物である」と主張したことをおさえておきたい。また，選択肢にあるデューイはアメリカの教育者・哲学者で『学校と社会』『民主主義と教育』などの著作などで知られ，エレン・ケイはスウェーデンの社会思想家・教育学者で，『児童の世紀』などの著作で知られる。　問21　往来物は平安時代後期から明治時代初期までひろく使用された初等教科書の一群を総称していう。もともとは往復書簡の文例集だったので，このような名前で呼ばれる。江戸時代には日常生活に必要な知識を教えるものとなり，寺子屋で用いられるようになった。なお，『幼学綱要』は明治期元田永孚が著した修身書，『教学聖旨』は1879年に明治天皇が内務・文部両卿に内示した教学の根本意見，『百科全書』は18世紀ディドロとダランベールを責任者としてフランスにおいて編集された大百科事典である。

【8】問22　4　　問23　3　　問24　1　　問25　1　　問26　3　問27　6

〈解説〉問22　いじめ防止対策推進法第3条は当該法律の基本理念を定めている。この基本理念は，①いじめの対策はいじめが行われなくなるようにすることを旨として行う，②いじめの問題について児童等の理解を深める，③関係者の連携，の3つが骨子になっている。同法は第3条だけでなく，前文や第2条第1項のいじめの定義がきわめてよく出題されるので，しっかり把握したい。　問23　本問は滋賀県の「平成28年度　学校教育の指針」からの出題であるが，「教育課程企画特別部会における論点整理について(報告)」(平成27年8月，中央教育審議会)の概要を理解していれば解答できる問題である。同報告は今後育成すべき資質・能力の3つの柱を「何を知っているか・何ができるか」「知っていること・できることをどう使うか」「どのように社会・世界と関わりよりよい人生を送るか」の3点をあげ，そのため今後どのようなことを学習指導要領に盛りこむべきか，あるいは「アクティブ・ラーニング」の意義等が述べられている。上記の今後育成すべき資質・能力はこれから頻出となることが予想されるので，しっかり把握しておきたい。　問24　Aは「自分の考えを持ち，人とコミュニケーションを図る子ども」が正しい。なお，育てたい資質・能力としてあげられている「自分の大切さとともに，他の人の大切さを認めることができる」ことは，「人権教育の指導方法等の在り方について［第三次とりまとめ］」(平成20年3月，人権教育の指導方法等に関する調査研究会議)で示されている，学校教育における人権教育の目標であることにも注意したい。　問25　本問の図は「滋賀のめざす特別支援教育ビジョン(基本ビジョン)」(平成27年3月，滋賀県教育委員会)にも掲載されているものである。同ビジョンは，障害のある子どもが十分な教育を受けられるよう，教育の充実を図るとともに，障害のある子どもと障害のない子どもが共に学び合うことにより，「地域で共に生きていくための力」を育てることを基本理念としてあげている。　問26　本問は滋賀県の「平成28年度　学校教育の指針」からの出題であるが，「今後の学校におけるキャリア教育・職業教育の在り方について(答申)」(平成23年1月，中央教育審議会)で示されている各学校段階におけるキャリア教育推進のポイントを理解していれば解答は容易である。すなわち，幼児期は自発的・主体的な活動を促す，小学校は社会性，自主性・自律性，関心・意欲等を養う，中学校は自らの役割や将来の生き方・働き方等を考えさせ，目標を立てて計画的に取り組む態度を育成し，将来の選択・決定に導く，後期中等教育(高校など)は生涯にわたる多様なキャリア形成に共通して必要な能力を育成し，これを通じて勤労観・職業観等の価値観を自ら形成・確立することをポイントとしてあげている。　問27　法律における前文は，その法律の制定の理由・目的や原則などが述べられている文章である。食育基本法の前文も出題されることが多い。特に様々な経験を通じて「食」に関する知識を習得し，「食」を選択する力を習得し，健全な食生活を実践することができる人間を育成するために食育を推進することが述べられていることをおさえておきたい。

【9】問28　4　　問29　5　　問30　1

〈解説〉問28　アメリカの心理学者であるマズローは，人間の最高の目標は自己実現であると考え，個人が自分のよさを最大限に発揮することの重要性を説き，自己実現に至る欲求の階層を本問のように仮定した。選択肢を下位階層から順に並べると，3→5→1→2→4である。
問29　エゴグラムは多数の質問に対する解答から5つの自我状態の心的レベルをわりだし，性格を分析する手法である。なお，TAT(主題統覚検査)，ロールシャッハ・テスト，P－Fスタディは曖昧な図形や絵を見せてそれに対する反応からパーソナリティをとらえる投影法，内田クレペリン精神作業検査は被検査者に作業を行わせて作業量や作業過程の傾向や特徴に基づいてパーソナリティをとらえようとする作業検査法である。　問30　本問の語群であげられた心理学者は頻出なので，しっかりその業績をおさえておきたい。なお，アドラーは性欲を重視するフロイトの学説を批判し，劣等感や優越への意思を重視したオーストリアの精神医学者である。

2016年度　実施問題

【1】次の文章を読んで問1～問3に答えなさい。

日本語にはとってもいい言葉があります。そのとってもいい言葉の一つだと思うのが，「器量」という言葉です。「器量好(よ)し」というふうに言う。その「器量」の「器」は容器のことです。「量」はおおきさです。つまり器と，その器に容れられるおおきさです。「器量好し」というのは，ですから姿を言うのではありません。器ですから，人間というものの器，すなわち心という，心の器のおおきさを表すものです。

日本語のなかに生まれ育ってきた人たちは，人を見定めるのに器量ということをもって，目盛りにしてきました。しかしもうすでに，そうではなくなっています。器量でないもので人を計ろうとしていて，人が狭量になってきています。器量という物差しがあまり使われなくなっているとすれば，世の中はおもしろくなくなってきます。

器量は人の心のおおきさを表します。「器量好し」というのは，心のおおきい人のことです。そういった心のおおきさを，あるいは心の容積というのをおおきくしてゆけるような言葉を，どれだけ自分のなかにたくわえているだろうかということが，これからの時代の物差しになってゆかないと，わたしたちの時代の言葉はどんどんと乏しくなっていってしまうでしょう。言葉に器量をとりもどすということが，これからはもっとずっと大切になってくる。わたしはそう考えています。

二一世紀という時代の変わり目にあるということは，すなわち二〇世紀という一つの世紀がつくりあげた，みなおなじという文化もまたその変わり目にあるということです。わたしたちが手にしてきたのは，みなおなじである世のあり方でした。けれども，これから①質されるのは，みなおなじという等質な社会のあり方のなかから，自分のものでしかない価値，自分という独自性を見つけられるかは，どんな言葉をどのように使って，自分で自分を自分にしてゆくことができるか，あるいは自分というものがその言葉によって，どのように表されてゆくだろうかということに，深く懸かっているでしょう。

見つめるものは，何であってもかまわない。ただ何を見つめようと，まずそこにある言葉に心をむける。そこから言葉のありように対する感受性を研いでゆくようにすることを怠けなければ，目の前にある状況というのは，きっとまったく違って見えてきます。そうした経験の重なりから，言葉との付きあい方，係わりあいを通して，人間の器量というのはゆっくりとかたちづくられてゆくのだろうと思うのです。

言葉は意味がすべてではなく，怒ったときは怒ったように話す。悲しいときは悲しいしかたで話す。そのとき言葉が伝えるのは，言葉が表す意味でなく，言外の意味です。意味というのは，言葉によって指し示される，心の方向のことです。言葉というのは，自分の使う言葉がどんな自分を表しているか，ということです。

たとえ，みながみなおなじマフラーをもっていても，自分が自分であることを示すのは，自分はそのマフラーをどう結ぶかです。重要なのは，どういうマフラーをもっているかではありません。そのマフラーをどう結ぶかです。

言葉もそうです。みながみなおなじにもつ言葉をかけがえのない自分の言葉にできるものは，②一つだけ。自分は自分の言葉というものをどう結んでゆくかという言葉にむきあう態度，一つだけです。

(長田　弘　『読書からはじまる』より)

問1　文章中の下線部①の「質」と同じ意味で，「質」が使われているものはどれか。1～5から選びなさい。

1　質素
2　本質
3　質問
4　質屋
5　性質

問2　文章中の下線部②の内容として，最も適切なものはどれか。1～5から選びなさい。

1　言葉との付きあい方
2　言外の意味
3　わたしたちの時代の言葉
4　等質な社会のあり方
5　時代の物差し

問3　この文章の内容と一致するものとして，最も適切なものはどれか。1～5から選びなさい。

1　人と同じ言葉を使う際も自分の個性を出し，目立つことが大切である。
2　言葉の持つ言外の意味を重視し，表情豊かに話すことが大切である。
3　人とは違う自分を表現するために，新しい言葉を造ることが大切である。
4　言葉に対する感受性を高め，美しい言葉を用いることが大切である。
5　心を大きくする自分なりの言葉を身につけることが大切である。

(☆☆☆◎◎◎)

【2】次の問4～問6に答えなさい。

問4　次の各文は，日本と諸外国との関わりについて述べたものである。古い順に並べたとき，3番目になるものはどれか。1～5から選びなさい。

1　足利義満は，正式な貿易船に勘合という証明書を持たせ，朝貢形式の日明貿易を始めた。
2　豊臣秀吉は，明の征服をめざして，諸大名に命じ，朝鮮に15万人の大軍を派遣した。
3　平清盛は，日宋貿易に力を入れ，瀬戸内海の航路を整え，大輪田泊(神戸市)を修築した。

4　徳川家康は，海外との貿易の発展に努め，日本船の渡航を許す朱印状を発行した。

5　フビライ・ハンは，日本を従えようとして使者を送ってきたが，北条時宗が退けたため，元は高麗の軍とともに攻めてきた。

問5　次の各文は，日本の株式会社について述べたものである。誤っているものはどれか。1～5から選びなさい。

1　株式会社は，株式を発行して出資者から資金を集め事業を行う。株式を購入した個人や法人を株主という。

2　株主は，株式会社が利潤をあげると，その利潤の分配として配当金を受けとることができる。

3　株主は，会社の最高意思決定機関である株主総会に出席し，経営方針などの決定に際して意見を述べることができる。

4　株主は，株式会社が倒産した場合，出資した範囲を超え，会社の損失を負担しなければならない。

5　株式会社は，会社法の施行により，設立の際の資本金の下限が撤廃されたので，資本金1円からでもつくることが可能になった。

問6　次の各文は，世界各地の人々のようすについて述べたものである。正しいものはどれか。1～5から選びなさい。

1　オーストラリアは，イギリスからの移民によって開拓が進められたが，第二次世界大戦後は，フランスからの移民も増加したため，現在は，英語とフランス語が公用語となっている。

2　マレーシアには，マレー系の人々のほかに，多くの中国系やインド系の人々も暮らしている。これは19世紀後半以降，マレー半島の開発にともなって，中国やインドから多くの労働者が移住してきたためである。

3　ロシアは，ヨーロッパからアジアにまたがる広大な国であり，現在，アラブ系のロシア人が人口の約8割を占めているが，100以上の少数民族の人々も住んでいる。

4　アメリカ合衆国では，近年，ヒスパニックと呼ばれるメキシコ，キューバ，プエルトリコなどのポルトガル語圏，とくにラテンアメリカからの移民が増加している。

5　ブラジルには，現在，約150万人の日系人が暮らしている。日本からの移住は1908年に始まったが，そのころ，ブラジルへ移住した人々は，主に漁業の分野で活躍していた。

(☆☆☆◎◎◎)

【3】次の問7～問9に答えなさい。

問7　半径4cmの球Oがある。この球を，中心から3cmの距離にある平面で切ったときにできる切り口の円の面積として正しいものはどれか。1～5から選びなさい。ただし，円周率はπとする。

1　$4\pi\ \mathrm{cm}^2$

2　$7\pi\ \mathrm{cm}^2$

3　$9\pi\ \mathrm{cm}^2$

4　$14\pi\ \mathrm{cm}^2$

5　$25\pi\ \mathrm{cm}^2$

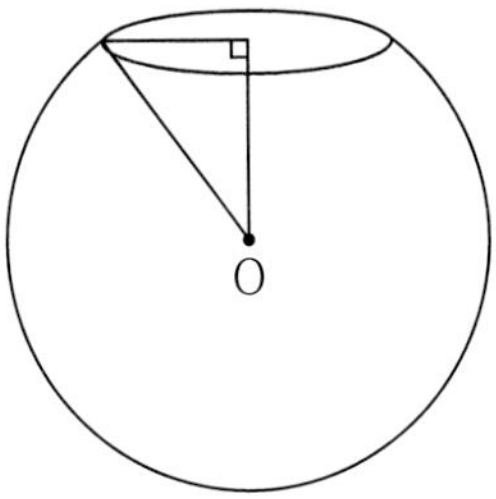

問8　関数$y=ax^2$で，xの変域が$-3\leqq x\leqq 2$のとき，yの変域は$0\leqq y\leqq 12$である。aの値として正しいものはどれか。1～5から選びなさい。

1　$\frac{1}{3}$

2　$\frac{3}{4}$

3　$\frac{4}{3}$

4　2

5　3

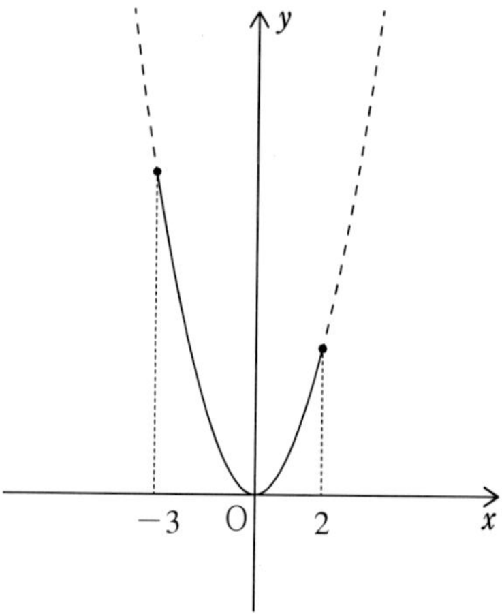

問9　100円硬貨が2枚，50円硬貨が2枚，10円硬貨が1枚ある。これらの硬貨を使ってできる金額は，全部で何通りあるか。1～5から選びなさい。ただし，使用しない硬貨があってもよいが，0円になる場合は除くものとする。

1　10通り

2　13通り

3　14通り

4　17通り

5　18通り

(☆☆☆◎◎◎)

【4】次の問10～問12に答えなさい。

問10　次の図のような装置を用いて塩化銅($CuCl_2$)水溶液を電気分解した。このとき，陽極と陰極でおこる現象として正しいものはどれか。1～5から選びなさい。ただし，用いた電極は炭素電極とする。

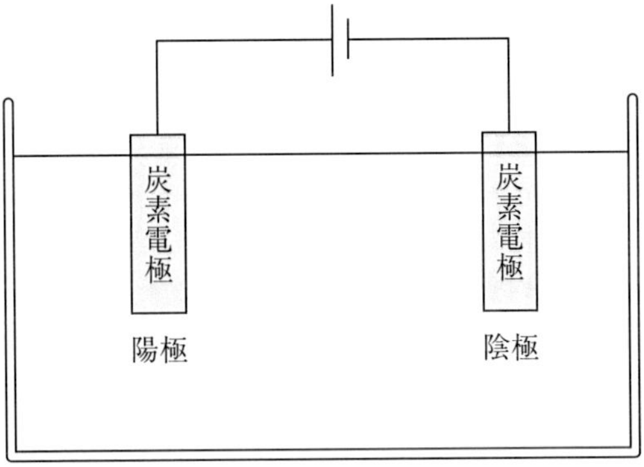

1　陽極付近から塩素の気体が発生し，陰極付近から水素の気体が発生する。

2　陽極付近から塩素の気体が発生し，陰極の表面に金属銅が付着する。

3　陽極付近から酸素の気体が発生し，陰極付近から水素の気体が発生する。

4　陽極付近から水素の気体が発生し，陰極付近から塩素の気体が発生する。

5　陽極の表面に金属銅が付着し，陰極付近から塩素の気体が発生する。

問11　次の文中の(　ア　)と(　イ　)にあてはまるものの正しい組合せはどれか。1～6から選びなさい。

次の図は，マツの花のつくりを表したものである。図中のAは(　ア　)である。マツは裸子植物であり，(　イ　)がない。

	ア	イ
1	雌花	子房
2	雌花	胚珠
3	雌花	花粉
4	雄花	子房
5	雄花	胚珠
6	雄花	花粉

問12　次の文中の(　ア　)と(　イ　)にあてはまるものの正しい組合せはどれか。1～6から選びなさい。

次の図1のように，台車とおもりが，滑車を通して糸でつながれている。台車から静かに手を離して運動させると，台車の速さは図2のAのグラフのように変化した。

次に，おもりの質量を(　ア　)，おもりの床からの高さを(　イ　)，台車を運動させると，台車の速さは図2のBのグラフのように変化した。ただし，糸の質量，摩擦力は無視できるものとする。

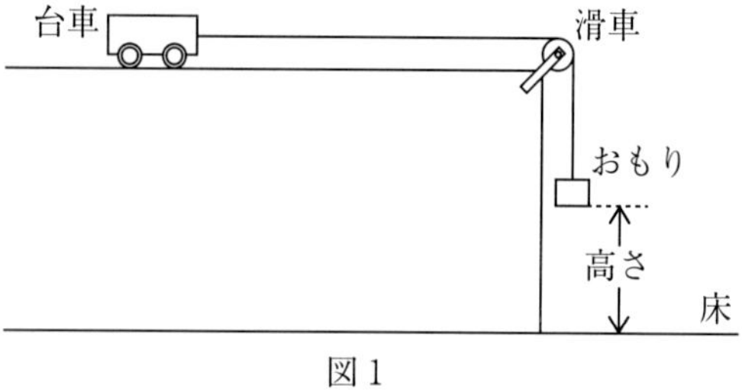

図1

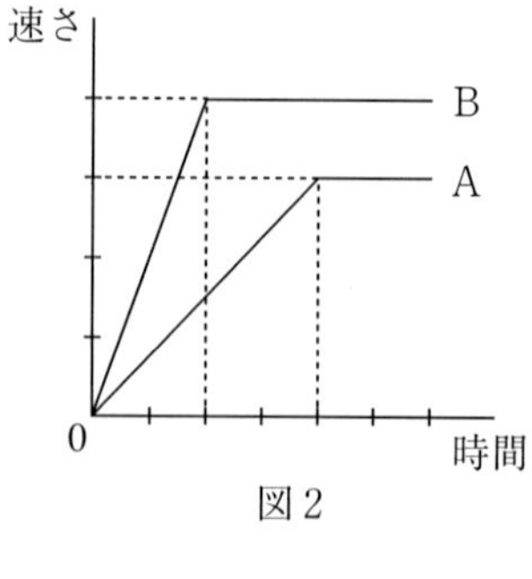

図2

	ア	イ
1	小さくして	低くして
2	小さくして	高くして
3	小さくして	変えずに
4	大きくして	低くして
5	大きくして	高くして
6	大きくして	変えずに

(☆☆☆◎◎◎)

【5】次の問13～問15に答えなさい。

〔問13・問14〕 次の英文を読んで，各問に答えなさい。

Let children learn to judge their own work. A child does not learn to talk by being corrected all the time; if corrected too much, he will stop (　　). He notices many times a day the difference between the language he uses and the language that the people around him use. He then makes the necessary changes to make his language like other people's. In the same way, children learn to do other things — to walk, run, climb, ride a bicycle — without being taught; they compare how they do with how other people do, and slowly make necessary changes.

In school, however, we never give a child the chance to find out his mistakes or correct them himself. We do it all for him. We often think he won't notice his mistakes, so we tell him what they are and how to correct them. Soon he comes to depend on the teacher. Let him do it himself. Let him work out, with the help of other children if he wants, what a word means, what the answer to a problem is, what the right way to do something is.

問13 英文中の(　　)に入る最も適切な語はどれか。1～5から選びなさい。

1 hearing

2 feeling

3 reading

4 talking

5 writing

問14 この英文の内容と一致するものとして，最も適切なものはどれか。1～5から選びなさい。

1 The writer believes that a child should make more mistakes to learn better.

2 The writer knows that children learn to do things because other people teach them.

3 The writer insists that we should always help a child when he doesn't know what to do.

4 The writer says that learning to walk or run is an important step to learning by oneself.

5 The writer thinks that it is not good for the teacher to give all the answers.

問15 次の対話文の中の(　　)に入る最も適切なものはどれか。1～5から選びなさい。

A : Excuse me. Does this bus go to Central Park?

B : No, it doesn't. It goes downtown.

A : Oh, does it? Could you tell me (　　　　　)?

B : The Number 25 bus.

A : Number 25. Thanks a lot.

1 that bus doesn't go downtown

2 this bus doesn't go to Central Park

3 which bus goes to Central Park

4 what I should do

5 when I should go

(☆☆☆◎◎◎)

【6】次の各文は，日本国憲法(昭和21年11月3日)および教育基本法(平成18年12月22日　法律第120号)の条文または条文の一部である。文中の(　A　)～(　E　)にあてはまる語句の正しい組合せはどれか。1～6から選びなさい。

・[日本国憲法] すべて国民は，法律の定めるところにより，その能力に応じて，ひとしく教育を受ける(　A　)を有する。

・[教育基本法] 教育は，人格の完成を目指し，(　B　)で民主的な国家及び社会の形成者として必要な資質を備えた心身ともに健康な国民の育成を期して行われなければならない。

・[教育基本法] すべて国民は，ひとしく，その能力に応じた教育を受ける機会を与えられなければならず，人種，信条，性別，社会的身分，経済的地位又は門地によって，(　C　)差別されない。

・[教育基本法] 父母その他の保護者は，子の教育について第一義的責任を有するものであって，生活のために必要な習慣を身に付けさせるとともに，(　D　)を育成し，心身の調和のとれた発達を図るよう努めるものとする。

・[教育基本法] 学校，家庭及び地域住民その他の関係者は，教育におけるそれぞれの役割と責任を自覚するとともに，相互の(　E　)及び協力に努めるものとする。

	A	B	C	D	E
1	権利	自由	教育上	自制心	連携
2	権利	平和	就学上	自立心	調整
3	権利	平和	教育上	自立心	連携
4	義務	自由	就学上	自制心	調整
5	義務	平和	就学上	自立心	調整
6	義務	自由	教育上	自制心	連携

問17　次の各文は，学校教育法(昭和22年3月31日　法律第26号)の条文または条文の一部である。誤っているものはどれか。1～5から選びなさい。

1　保護者(子に対して親権を行う者(親権を行う者のないときは，未成年後見人)をいう。以下同じ。)は，次条に定めるところにより，子に九年の普通教育を受けさせる義務を負う。

2　学校においては，別に法律で定めるところにより，幼児，児童，生徒及び学生並びに職員の健康の保持増進を図るため，健康診断を行い，その他その保健に必要な措置を講じなければならない。

3　校長及び教員は，教育上必要があると認めるときは，文部科学大臣の定めるところにより，児童，生徒及び学生に懲戒を加えることができる。ただし，体罰を加えることはできない。

4　学校においては，授業料を徴収することができる。ただし，国立又は公立の小学校及び中学校，中等教育学校の前期課程又は特別支援学校の小学部及び中学部における義務教育については，これを徴収することができない。

5　校長は，次に掲げる行為の一又は二以上を繰り返し行う等性行不良であつて他の児童の教育に妨げがあると認める児童があるときは，その保護者に対して，児童の出席停止を命ずることができる。

一　他の児童に傷害，心身の苦痛又は財産上の損失を与える行為

二　職員に傷害又は心身の苦痛を与える行為

三　施設又は設備を損壊する行為

四　授業その他の教育活動の実施を妨げる行為

問18　次の各文は，地方公務員法(昭和25年12月13日　法律第261号)および教育公務員特例法(昭和24年1月12日　法律第1号)の条文または条文の一部である。文中の(　A　)～(　E　)にあてはまる語句の正しい組合せはどれか。1～6から選びなさい。

・[地方公務員法] 職員は，条例の定めるところにより，(　A　)の宣誓をしなければならない。

・[地方公務員法] 職員は，その職務を遂行するに当つて，法令，条例，地方公共団体の規則及び地方公共団体の機関の定める規程に従い，且つ，上司の職務上の命令に(　B　)に従わなければならない。

・[教育公務員特例法] 教員は，授業に支障のない限り，本属長の承認を受けて，勤務場所を離れて(　C　)を行うことができる。

・[地方公務員法] 職員は，その職の(　D　)を傷つけ，又は職員の職全体の不名誉となるような行為をしてはならない。

・[教育公務員特例法] 公立の小学校等の教諭等の任命権者は，当該教諭等(政令で指定する者を除く。)に対して，その採用の日から(　E　)の教諭の職務の遂行に必要な事項に関する実践的な研修(以下「初任者研修」という。)を実施しなければならない。

	A	B	C	D	E
1	職務	誠実	研究	信頼	半年間
2	職務	忠実	研究	信用	一年間
3	職務	誠実	研修	信頼	一年間
4	服務	忠実	研修	信頼	半年間
5	服務	誠実	研究	信用	半年間
6	服務	忠実	研修	信用	一年間

(☆☆☆◎◎◎◎◎)

【7】次の問19～問21に答えなさい。

問19　次のA～Dは，教育に業績を残した人物の説明である。その人物をあとの語群から選ぶとき，正しい組合せはどれか。1～5から選びなさい。

A　ドイツの哲学者・教育学者。教育は個々人の主観的な心に客観的文化価値を受容する能力，また創造する能力を育てる作用であるとして，心理学・文化哲学の両部門を含む教育学を展開した。主著に『生の諸形式』がある。

B　アメリカの心理学者。認知発達および学習過程に関する実験的研究に従事した。自身が議長を務めたウッズ・ホール会議の報告書『教育の過程』は，全世界的な教育の現代化という動向に影響を与えた。

C　ドイツの哲学者・教育学者。教育の根本を意志の陶冶におき，教育は社会なしには存立しえないと，「社会を基礎とする意志教育の理論」である社会的教育学を主張した。主著に『社会的教育学』がある。

D　アメリカの教育学者。論文『プロジェクト・メソッド』を著して一躍脚光を浴びる。「生活することを学ぶ」を理念とする生活教育論を主唱し，生きることに直結する教育論の確立に取り組んだ。

語群

ナトルプ(Natorp, P.)	シュプランガー(Spranger, E.)
ブルーナー(Bruner, J. S.)	キルパトリック(Kilpatrick, W. H.)

	A	B	C	D
1	シュプランガー	キルパトリック	ブルーナー	ナトルプ
2	シュプランガー	ブルーナー	ナトルプ	キルパトリック
3	ブルーナー	シュプランガー	キルパトリック	ナトルプ
4	ナトルプ	シュプランガー	ブルーナー	キルパトリック
5	ナトルプ	ブルーナー	キルパトリック	シュプランガー

問20　次の各文は，教授や学習の理論研究に携わった人物について説明したものである。下線部が誤っているものはどれか。1～5から選びなさい。

1　コメニウス(Comenius, J. A.)は，最初の教授学の理論書といわれる『大教授学』のなかで，「あらゆる人にあらゆる事柄を教授する・普遍的な技法」として一斉授業を提起した。

2　ペスタロッチ(Pestalozzi, J. H.)は，人間が一個の人格をもった人間になるためには直観を開発し，鍛えること，すなわち直観教授が極めて重要だと考えた。

3　ライン(Rein, W.)は，ヘルバルト(Herbart, J. F.)とツィラー(Ziller, T.)が説いた学習者の側から見た教授の段階を，教師の実際的な教授手続きへと転換した四段階教授法に改めた。

4　フレーベル(Fröbel, F. W. A.)は，子どもにおいて最も特徴的な自己活動である遊戯は，幼児教育のきわめて重要な方法であるとし，球や円柱，立方体などからなる遊具を考案した。

5　デューイ(Dewey, J.)は，デューイ・スクールと呼ばれる実験学校で，作業や経験を基礎とする経験主義教育によって学校改革の実験を行い，教育を経験の再構成と定義し，経験を中心概念とした教育理論を構築した。

問21　次の各文は，日本の近代教育制度の歴史に関する説明である。下線部が誤っているものはどれか。1～5から選びなさい。

1　1871年(明治4年)の廃藩置県により，幕藩体制を一掃して統一国家体制が創出され，同年に文部省が設置された。

2　1872年(明治5年)に太政官布告が発せられ，「学制」が公布された。学校制度は，学区制に基づき大学校・中学校・小学校の三種から成るとされた。

3　1885年(明治18年)に内閣制度が発足し，その最初の内閣において文部大臣に井上毅が起用された。

4　1890年(明治23年)に，天皇への「忠」と親への「孝」を基本とする教育勅語が発布され，国民の道徳や価値観の統一に大きな影響を与えた。

5　1947年(昭和22年)に教育基本法とともに制定された学校教育法により，学校制度の改革が実行され，六・三・三・四の学校制度が成立した。

(☆☆☆◎◎◎)

【8】次の問22～問27に答えなさい。

問22　次の図は，本県の「平成27年度学校教育の指針」の「2　社会全体の変化に対応して新たな価値を主導・創造する教育の推進」で示されているものの一部である。図中の(　A　)～(　E　)にあてはまる語句の正しい組合せはどれか。1～6から選びなさい。

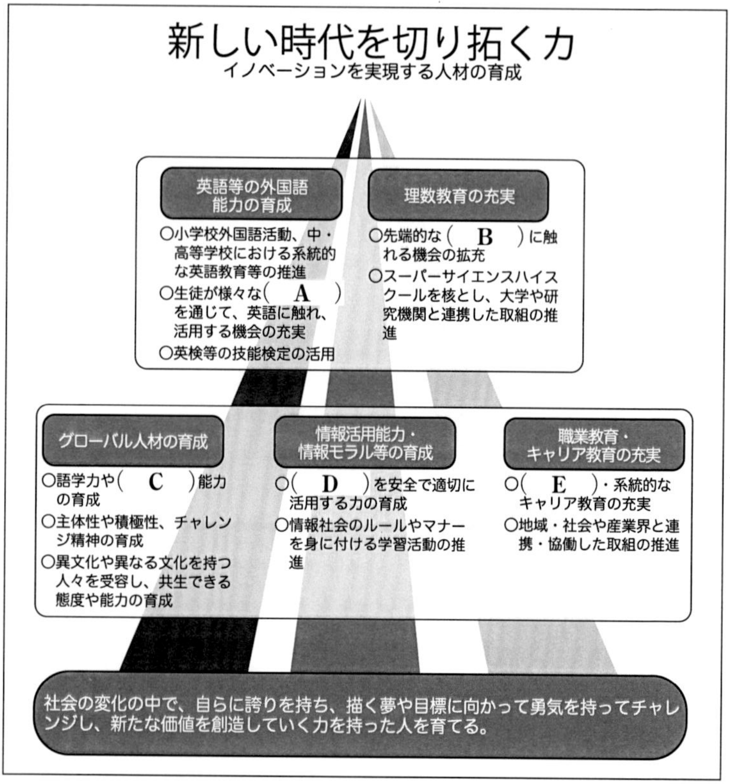
新しい時代を切り拓く力
イノベーションを実現する人材の育成
英語等の外国語能力の育成
○小学校外国語活動、中・高等学校における系統的な英語教育等の推進
○生徒が様々な(　A　)を通じて、英語に触れ、活用する機会の充実
○英検等の技能検定の活用
理数教育の充実
○先端的な(　B　)に触れる機会の拡充
○スーパーサイエンスハイスクールを核とし、大学や研究機関と連携した取組の推進
グローバル人材の育成
○語学力や(　C　)能力の育成
○主体性や積極性、チャレンジ精神の育成
○異文化や異なる文化を持つ人々を受容し、共生できる態度や能力の育成
情報活用能力・情報モラル等の育成
○(　D　)を安全で適切に活用する力の育成
○情報社会のルールやマナーを身に付ける学習活動の推進
職業教育・キャリア教育の充実
○(　E　)・系統的なキャリア教育の充実
○地域・社会や産業界と連携・協働した取組の推進
社会の変化の中で、自らに誇りを持ち、描く夢や目標に向かって勇気を持ってチャレンジし、新たな価値を創造していく力を持った人を育てる。

	A	B	C	D	E
1	体験活動	産業技術	問題解決	情報手段	継続的
2	体験活動	産業技術	コミュニケーション	情報機器	体系的
3	体験活動	科学技術	コミュニケーション	情報機器	継続的
4	言語活動	科学技術	問題解決	情報手段	継続的
5	言語活動	産業技術	問題解決	情報機器	体系的
6	言語活動	科学技術	コミュニケーション	情報手段	体系的

問23　次の図は,「学ぶ力向上　滋賀プラン」(平成27年3月策定)の「学ぶ力を育むための6つの視点」を示したものである。図中の(　A　)～(　E　)にあてはまる語句の正しい組合せはどれか。1～6から選び

なさい。

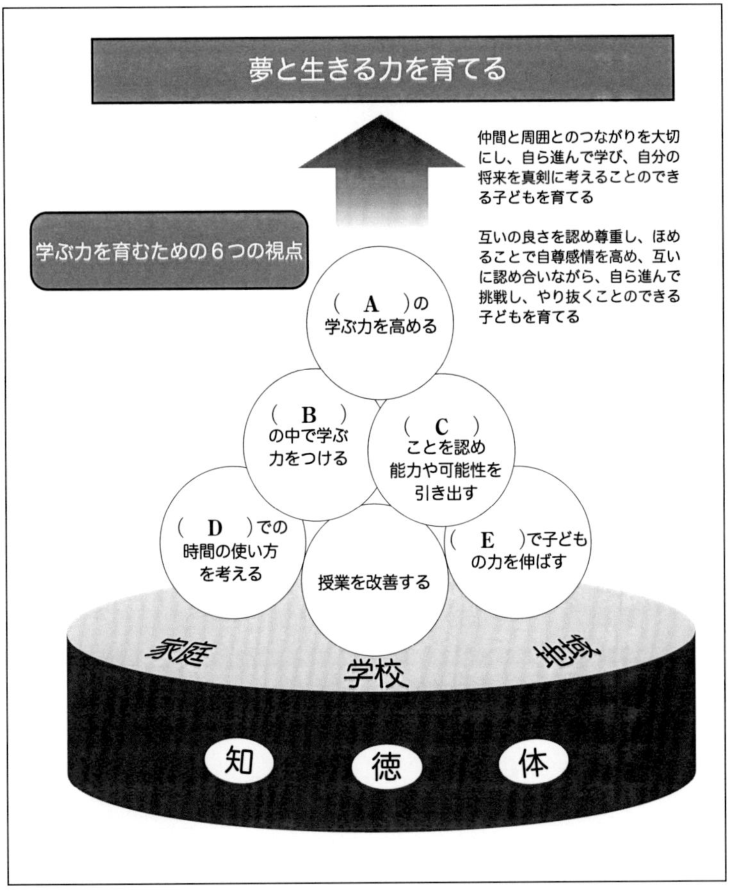

	A	B	C	D	E
1	全ての子ども	社会	繰り返し努力した	放課後や家	各地域
2	全ての子ども	生活	繰り返し努力した	休日や家	各地域
3	全ての子ども	社会	成功した	休日や家	県全体
4	一人ひとり	生活	繰り返し努力した	放課後や家	県全体
5	一人ひとり	社会	成功した	放課後や家	県全体
6	一人ひとり	生活	成功した	休日や家	各地域

問24　次の各文は,「第2期滋賀県教育振興基本計画」の「第4章 5(1)特別支援教育の推進」に示されている内容である。誤っているものはどれか。1～5から選びなさい。

1　就学先の決定にあたっては，子ども一人ひとりの障害に応じた望ましい学びの場が柔軟に選択できるよう必要な支援を行います。

2　インクルーシブ教育システムの構築を踏まえた就学指導が行われるよう，望ましい就学相談システムの構築や，就学相談関係者の専門性の向上を図るため，必要な相談・助言を行います。

3　小・中・高等学校に在籍する児童生徒の障害の状態や教育的ニーズに応じた指導が充実するよう，教員の特別支援教育に関する研修を進めます。

4　県立特別支援学校にあっては，児童生徒の一人ひとりの障害の状態や教育的ニーズに対応したきめ細かな指導を進め，持てる能力の伸長を図り，教科等の指導や作業学習など自立と社会参加に向けた教育活動を展開します。

5　発達障害を含む障害のある児童生徒の教育的ニーズに即し，幼稚園から高等学校まで一貫性のある指導となるよう小・中・高等学校における全体の指導計画および全体の教育支援計画の作成を一層進めるとともに，教職員の専門性の一層の向上が図れるよう必要な支援を行います。

問25　次は，本県の「人権教育推進プラン」(改訂版)(平成24年3月)に示された「人権教育推進構造図」の内容に関する一部である。図中の(　A　)～(　E　)にあてはまる語句の正しい組合せはどれか。1～6から選びなさい。

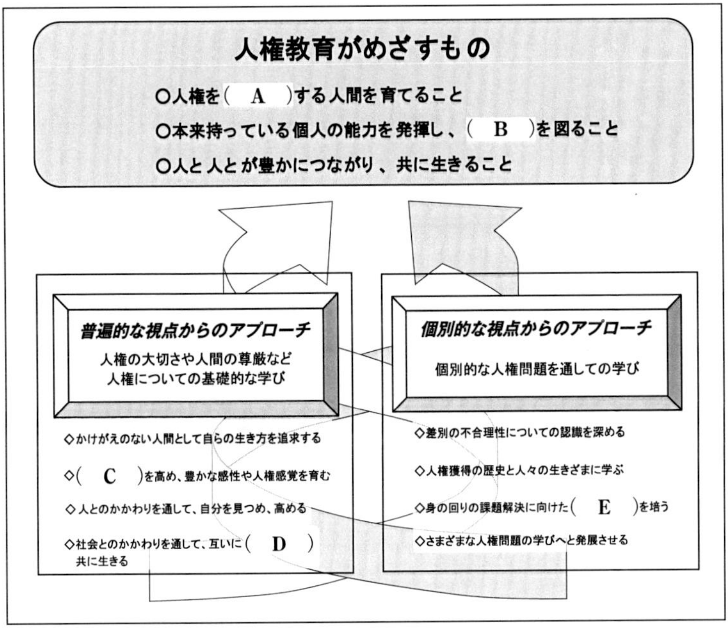

	A	B	C	D	E
1	尊重	自己実現	自尊感情	認め合い	実践的態度
2	尊重	自己実現	人権意識	助け合い	実践的態度
3	尊重	他者理解	人権意識	認め合い	積極的態度
4	擁護	他者理解	自尊感情	助け合い	実践的態度
5	擁護	他者理解	自尊感情	認め合い	積極的態度
6	擁護	自己実現	人権意識	助け合い	積極的態度

問26　次は，文部科学省「生徒指導提要」(平成22年3月)の「第1章 生徒指導の意義と原理」の一部である。文中の(　A　)～(　E　)にあてはまる語句の正しい組合せはどれか。1～6から選びなさい。

生徒指導とは，一人一人の児童生徒の人格を尊重し，(　A　)を図りながら，社会的資質や(　B　)を高めることを目指して行われる教育活動のことです。すなわち，生徒指導は，すべての児童生徒のそれぞれの人格のよりよい発達を目指すとともに，学校生活がすべての児童生徒にとって有意義で興味深く，充実したものになることを目指しています。生徒指導は学校の教育目標を達成するうえで重要な機能を果たすものであり，(　C　)と並んで学校教育において重要な意義を持つものと言えます。

各学校においては，生徒指導が，教育課程の内外において一人一人の児童生徒の(　D　)を促し，児童生徒自ら現在及び将来における自己実現を図っていくための(　E　)能力の育成を目指すという生徒指導の積極的な意義を踏まえ，学校の教育活動全体を通じ，その一層の充実を図っていくことが必要です。

	A	B	C	D	E
1	個性の伸長	行動力	学習指導	健全な成長	自己指導
2	個性の伸長	実践力	道徳教育	健全な成長	自己指導
3	個性の伸長	行動力	学習指導	健全な成長	自己選択
4	健全な成長	実践力	道徳教育	個性の伸長	自己選択
5	健全な成長	行動力	道徳教育	個性の伸長	自己指導
6	健全な成長	実践力	学習指導	個性の伸長	自己選択

問27　次の各文のうち，アクティブ・ラーニングに有効な学習形態や学習方法として適切でないものはどれか。1～5から選びなさい。

1　児童生徒が行う発見をとおして，自らの力で知識や問題解決の方法を習得する学習。

2　学級内を3～6人の少人数の班に分け，児童生徒が互いに協働するグループによる学習。

3　一つの論題をめぐり，一定のルールに基づき，児童生徒が討論ゲームをする学習。

4　教師が主体となり授業を進め，児童生徒がその内容を理解・記憶する講義形式の学習。

5　児童生徒が興味や関心のある問題をとりあげ，具体的体験をとおして問題解決の能力を養う学習。

(☆☆☆◎◎◎◎)

【9】次の問28～問30に答えなさい。

問28　次の表は，ピアジェ(Piaget, J.)の認知発達論における各段階の特徴を示したものである。(　A　)～(　D　)にあてはまる語句の正しい組合せはどれか。1～6から選びなさい。

年　齢 (平均的なもの)	発達段階の 名　称	特　徴
0～2歳頃	(　A　)	自分でガラガラをつかんで振って鳴らすことを繰り返すなど循環反応によって行動や知識を獲得する。
2～7歳頃	(　B　)	小石をアメ玉に見立てたり，積み木を電車に見立てたりする抽象的遊びが盛んになる。
7～11歳頃	(　C　)	分類や順序づけ，対応づけなどの操作が可能となる。
11歳頃～	(　D　)	仮説を立て，仮説演繹的思考ができるようになる。

	A	B	C	D
1	感覚運動期	具体的操作期	形式的操作期	前操作期
2	感覚運動期	前操作期	具体的操作期	形式的操作期
3	形式的操作期	具体的操作期	感覚運動期	前操作期
4	形式的操作期	前操作期	感覚運動期	具体的操作期
5	前操作期	感覚運動期	形式的操作期	具体的操作期
6	前操作期	感覚運動期	具体的操作期	形式的操作期

問29　次の各文のうち，心理学者スキナー(Skinner, B. F.)について説明したものはどれか。1～5から選びなさい。

1　心理学では意識や内観でなく，純粋に客観的に測定しうる行動を対象として扱うべきであると考えた。刺激－反応(S－R)心理学を確立し行動を神経発達との関連において研究した。著書に『行動主義の心理学』がある。

2　他人の行動の観察や表象または代理強化による行動形成の例としてモデリングの概念を明確にした。著書に『社会的学習理論』がある。

3　イヌを用いた消化腺と神経生理の研究中に，イヌが飼育員の足音を聞くだけで唾液分泌が生じたことを観察し，条件反射作用を発見した。著書に『条件反射学』がある。

4　ネコを被験体として用いた問題箱の実験を通して，学習の試行錯誤説を提唱した。学習の原理として，効果の法則・練習の法則・準備の法則を主張した。

5　オペラント条件づけの理論を基にして，学習内容をスモールステップで学習者に提示して，段階的に学習目標の達成を図るプログラムを用意し学習させるというティーチングマシンを開発した。

問30　次の各文のうち，スクリヴァン(Scriven, M.)によって提唱され，ブルーム(Bloom, B. S.)らによって発展させられた概念である「形成的評価」の説明として最も適切なものはどれか。1～5から選びなさい。

1　子どもが属する集団の基準，例えば，クラスの平均点とか全国の同年齢集団の平均点に基づき，個人の集団内における位置を判断する評価。

2　学期末や学年末に，指導の期間の成果を確認し，次の授業に役立てたり，指導要録に記載し，通知表などを作成したりするために行う評価。

3　教育目標，クラスの平均点といった個人の外にある基準に頼らずに，個人ごとの基準を決めて行う評価。

4　教授活動の進行中に，子どもが自分の習得状況を知り学習活動を調整したり，教師が授業方法の適切さを吟味し改善したりするために行う評価。

5　単元のはじめに，適切な教材を選んだり，子どもの学習状況を把握するために行う評価。

(☆☆☆◎◎◎)

解答・解説

【1】問1　3　　問2　1　　問3　5

〈解説〉問1　下線部①の「質(される)」は「タダ(される)」と読み，「是非を問う」という意味で用いられている。なお，1は「かざりけのない」，2は「実体」，4は「抵当」，5は「生まれつき」の意味で用いられている。　問2　下線部②の直後に，「自分は自分の言葉というものをどう結んでゆくかという言葉にむきあう態度，一つだけです」と，「一つ」の内容を明らかにしている。選択肢のうち，言葉に対する様態を意味しているのは，1の「言葉との付きあい方」である。
問3　第3段落目に「そういった心のおおきさを…乏しくなっていってしまうでしょう」が5と合致する。1は「目立つこと」，2は「表情豊かに話すこと」，3は「新しい言葉を造ること」，4は「美しい言葉を用いること」が本文の内容と合致しない。

【2】問4　1　　問5　4　　問6　2

〈解説〉問4　古い順に並べると，3(平安時代末期)→5(鎌倉時代中期)→1(室町時代前期)→2(安土桃山時代)→4(江戸時代初期)となる。
問5　4　株式会社が倒産し会社の財産をすべて処分しても債務が返済できない場合であっても，株主は，出資額以上の負担をする義務はない。　問6　1　オーストラリアの公用語は英語のみである。　3　ロシア人はスラブ系のロシア民族が約8割を占める。　4　ヒスパニックはスペイン語圏のラテンアメリカからの移民やその子孫のことである。　5　20世紀前半にブラジルへ移住した日本人は，主に農業の発展に貢献した。

【3】問7　2　　問8　3　　問9　2

〈解説〉問7　図より，切り口の円の半径は，$\sqrt{4^2-3^2}=\sqrt{16-9}=\sqrt{7}$〔cm〕と計算できる。したがって，求める面積は，$\sqrt{7}\times\sqrt{7}\times\pi=7\pi$

〔cm^2〕である。　問8　yの変域は$0 \leqq y \leqq 12$なので，$a \leqq 0$であることがわかる。このことより，$-3 \leqq x \leqq 2$の範囲でyが最大値12をとるのは，xの絶対値が最も大きくなるとき，すなわち$x=-3$のときとなる。ここで，$y=ax^2$に$x=-3$，$y=12$を代入し，$12=a\cdot(-3)^2$　$\therefore\ a=\frac{4}{3}$　　問9　0円になる場合を除いた10円硬貨，50円硬貨，100円硬貨の組み合わせは以下のようになる。

	50 円硬貨を使う枚数	100円硬貨の枚数(( )内は合計金額)
10 円硬貨を 0 枚使う場合	0 枚	1枚(100円)，2枚(200円)
	1 枚	0枚(50円)，1枚(150円)，2枚(250円)
	2 枚	0枚(100円)，1枚(200円)，2枚(300円)
10 円硬貨を 1 枚使う場合	0 枚	0枚(10円)，1枚(110円)，2枚(210円)
	1 枚	0枚(60円)，1枚(160円)，2枚(260円)
	2 枚	0枚(110円)，1枚(210円)，2枚(310円)

金額は，10円，50円，60円，100円，110円，150円，160円，200円，210円，250円，260円，300円，310円の13通りとなる。

【4】問10　2　　問11　1　　問12　4

〈解説〉問10　塩化銅($CuCl_2$)は，水溶液中で銅(Ⅱ)イオン(Cu^{2+})と塩化物イオン(Cl^-)に電離している。塩化銅水溶液を炭素電極によって電気分解すると，外部電源の負極から流れ込む電子e^-を水溶液中のCu^{2+}が受け取るため，陰極の表面に金属銅が付着する($Cu^{2+}+2e^- \rightarrow Cu$)。また，陽極では水溶液中の$Cl^-$が$e^-$を放出するため，塩素の気体が発生する($2Cl^- \rightarrow Cl_2+2e^-$)。　問11　マツの雄花はその年成長する枝の根元につくられる。雄花の鱗片には花粉のうがついており，花粉は風によって運ばれる。　問12　図2のA，Bのグラフはともに，おもりが床につくまでは加速し，床についてからは速さが一定になっていることがわかる。位置エネルギーは高さや質量に比例するので，図2でBの最高速度はAの$\frac{4}{3}$倍になっていることから，Bのおもりの質量はAの$\frac{4}{3}$倍である。一方，おもりが床につく時間は，おもりの床からの高さが変わらなければBは$\frac{4}{3}$倍速くなっているはずだが，実際は2倍の速さになっている。したがって，Bのおもりの床からの高さはAのおもりより低くなっていると考えられる。

【5】問13　4　　問14　5　　問15　3

〈解説〉問13　(　　)が含まれる英文は，「子どもは誤りを指摘されて，話し方を学習することはしない。もし誤りを指摘され過ぎると，彼は(　　)をやめるだろう。」と訳せる。ここでのcorrectは動詞で「誤りを指摘する」という意味になる。　問14　1　第2段落から，子どもは自分自身で間違いを見つけたりそれを正したりするべきだという筆者の考えがわかる。　2　第1段落後半に，子どもは教えられることなしにさまざまなことを学んでいくという内容がある。　3　第2段落から，子どもがやり方のわからないことはいつも手助けをするということに，筆者は否定的であることが読み取れる。　4　walkやrunは子どもが独りで学ぶことの例示であるが，重要であることには言及していない。　問15　会話の流れから，AはBにどれがCentral Park行きのバスかを尋ねていることを読み取る。

【6】問16　3　　問17　5　　問18　6

〈解説〉問16　教育を受ける権利と子どもに教育を受けさせる義務に関する問題。本問で取り上げている日本国憲法および教育基本法の条文は出題頻度が特に高いものなので，確実に覚えておくこと。

問17　5　学校教育法第35条第1項の条文からの出題で，「校長」ではなく「市町村の教育委員会」が正しい。　問18　教育公務員特例法では，教育公務員の任免，研修等について規定しているが，ここに規定されていないものについては地方公務員法に従う。

【7】問19　2　　問20　3　　問21　3

〈解説〉問19　本問で取り上げた人物について，問題文の記述を足がかりに主な業績や略歴，後続の研究者に与えた影響などをまとめておこう。特に，Aのシュプランガーと Bのブルーナーは頻出である。

問20　3　下線部は，「五段階教授法」とすると正しい文になる。なお，ツィラーの五段階教授法は「分析，統合，連合，系統，方法」であるのに対し，これを継承・発展させたラインの五段階教授法は「予備，提示，連結，総括，応用」である。　問21　3　日本で最初の第1次伊藤博文内閣で文部大臣に就任したのは森有礼である。

【8】問22　6　　問23　4　　問24　5　　問25　1　　問26　1

問27　4

〈解説〉問22　本問で取り上げた資料は，滋賀県の教育行政の基本目標を明らかにし，学校教育の重点施策を示したものである。近年では，毎年度出題されているものなので，必ず最新の内容をおさえておくこと。

問23　本問で取り上げた資料は，滋賀県の教育の基本目標である「未来を拓く心豊かでたくましい人づくり～学び合い支え合う『共に育つ』滋賀の教育～」を実現することをねらいとして，「夢と生きる力を育てる教育」を滋賀県全体で推進するために策定されたものである。

問24　5　指導計画および教育支援計画は，「全体」ではなく「個別」での作成が一層進められるようにする。　問25　問題の図では，その下に「さまざまな場における人権教育の推進」について，幼稚園・保育所，学校，家庭，地域社会に分けて示されている。

問26　文部科学省では生徒指導について「学校がその教育目標を達成するための重要な機能の一つであり，子どもの人格の形成を図る上で，大きな役割を担って」いるものとしている。「生徒指導提要」は年々出題頻度が高まっているので，内容をしっかり把握しておきたい。

問27　4　アクティブ・ラーニングは，教師による一方向的な講義形式の教育ではなく，児童生徒などの学修者の能動的な学修への参加を取り入れた教授・学習法である。

【9】問28　2　　問29　5　　問30　4

〈解説〉問28　ピアジェは発生認識論の立場から子どもの思考の発達を研究しており，認知発達を「同化」と「調節」の均衡化の過程ととらえている。　問29　1はワトソン，2はバンデューラ，3はパヴロフ，4はソーンダイクについて説明したものである。　問30　1は相対的評価，2は総括的評価，3は絶対的評価，5は診断的評価の説明である。

2015年度　実施問題

【1】次の文章を読んで問1～問3に答えなさい。

「失敗を通して学ぶ」ということばがあるように，失敗は，より深く理解する上で役立つことが多い。もちろん，うまくいかないとき，やみくもに思いつくことを何でもやってみる，という全くの(　　　)では，そこから得られる情報も少ない。しかし，一般には，失敗すると，すなわち今までやっていたやり方がうまくいかない事態に出会うと，なぜそのやり方はダメなのか，その原因をさぐろうとすることが生じやすい。これは，その手続きの一般性や限界ばかりでなく，その意味を知ることに役立つだろう。

もちろん，失敗しなければより深く学べないというわけではない。人間は本来，知的好奇心が強く，より深く知りたいという欲求をもっている。したがって，「なぜこのやり方でやるとうまくいくのか」「他にもっとよいやり方はないのか」といった問いをみずから発し，手続きのヴァリエーションをいろいろ試すことによって，手続きの意味についてより深く理解するようになる可能性は十分考えられる。だが，それは，あくまでも可能性であり，しばしば見られるゲンショウではない。とくに，日常生活場面では，手続きの修正によってもたらされる結果が生活上重大なことが多い。仕立て屋が，いつもとちがったやり方をして，依頼人が着られない洋服をつくることは，信用にかかわる大きな損失をもたらす。主婦が，食べられない料理をつくることは，家族が困るだけでなく，家庭の経済上も痛手となる。そこで，日常生活においては，通常はうまくいっている既成の手続きにわざわざ修正を加え，その効果を試してみることは，一般にはおこりにくい，と考えられる。

実際，日常場面では新しい試みが行なわれにくい例として，こんな報告がある。ある私立幼稚園では，経済上の理由から園で飼っている動物を死なせることを教師たちが極度におそれていた。こうした教師の態度は園児たちにも伝わった。彼らは，飼育当番活動のとき，決められた手続き以上のことをすることは少なかった。「これをあげてウサギが死んじゃったら困るもん」というのが子どもたちの言い分であった。当番活動は，グループごとの日替り制であったため，自分の働きかけの結果を翌日すぐしらべられないという難点もあった。園児たちは，一年間の飼育当番活動を通して，飼育の手続きを手際よく遂行できるようにはなっていた。当番では何をすべきかをすらすらとことばでも述べることができた。しかし，なぜその手続きを行なうことが必要なのか，といった手続きの意味をたずねると，よく答えられない者が多かった。飼育当番を自分たちではやったことのない幼稚園の子どもとくらべても，その説明の仕方がとくにすぐれているということはなかったのである。

多くの場合，日常生活では，ある結果を得るために，ある手続きが何十回，何百回とくり返されるが，これはその手続きの意味を十分理解していなくても支障がないことが多い。その結果，今の飼育の例でもわかるように，その技能に習熟し，早く，正確に遂行できるようになる。が，こうして得られた技能は，環境の制約が一定である限りにおいてのみ有効なものである。この意味で，日常生活で獲得される有能さは，ともすると手際のよさにもとづく有能さであって，どんな環境的な変化にも柔軟に対処できるようなものではない。

(波多野誼余夫・稲垣佳世子『知力と学力』より)

問1　文章中の(　　　)にあてはまる四字熟語として，最も適切なものはどれか。1～5から選びなさい。

1　支離滅裂
2　無我夢中
3　周章狼狽
4　一心不乱
5　試行錯誤

問2　文章中の下線部を漢字になおしたとき，その「ゲン」「ショウ」

と同じ漢字を使うものの組合せはどれか。1～5から選びなさい。

	「ゲン」	「ショウ」
1	ゲン外の意味	体力のショウ耗
2	理想の具ゲン化	ショウ徴的な出来事
3	動詞のゲン形	抽ショウ的な議論
4	ゲン況の報告	対ショウ療法
5	ゲン定的な範囲	ショウ差での敗戦

問3　この文章の内容と一致するものとして，最も適切なものはどれか。1～5から選びなさい。

1　日常場面で新しい試みが行なわれにくいのは，ある手続きを手際よくできるようになっても，手続きの意味が当事者によく理解されていないからである。

2　ある私立幼稚園でのウサギの飼育活動例から考えると，手続きの意味を十分理解していないと，飼育技能の獲得と遂行は難しい。

3　日常生活において学習する技能は，条件的に限りがあるため，応用がきくような技能の習得にまではなかなか至らないものである。

4　日常生活において獲得される有能さは，本当は既成の手続きの修正やその手続きの意味を理解することによってはじめて得られるものである。

5　人間は，より深く知りたいという欲求をもっているので，失敗から手続きの一般性や限界，その意味などを知ることを常に行なっている。

(☆☆☆◎◎◎)

【2】次の問4～問6に答えなさい。

問4　次の各文は，日本の出来事について述べたものである。古い順に並べたとき3番目になるものはどれか。1～5から選びなさい。

1　後白河法皇から平氏追討を命じられた源頼朝は，弟の源義経らの軍を派遣して，安徳天皇を擁した平氏一門を壇ノ浦で滅ぼした。

2　天智天皇のあとつぎをめぐって，大友皇子と大海人皇子とのあいだで皇位継承の争いがおこり，大海人皇子が勝利して飛鳥浄御原宮で即位し，天武天皇となった。

3　豊臣政権の前途を憂えた石田三成ら西軍が徳川家康の東軍と戦って敗北し，徳川の覇権が確立した。

4　細川勝元と山名持豊の対立に，8代将軍足利義政のあとつぎをめぐる争いと畠山・斯波家の家督相続争いがからんで戦乱がおこり，この戦いは11年間にも及んだ。

5　瀬戸内海の海賊の棟梁となった藤原純友が，武士団を動かして大規模な反乱をおこし，伊予の国府や大宰府を攻め落とした。

問5　次の各文は，日本の立法・行政・司法について述べたものである。正しいものはどれか。1～5から選びなさい。

1　内閣総理大臣は，国会議員のなかから，国会の議決によって指名される。その他の国務大臣は内閣総理大臣が任命するが，三分の二は国会議員でなければならない。

2　内閣は，国会に対し連帯して責任を負うため，衆議院が内閣不信任を議決したときは，必ず総辞職しなければならない。

3　裁判所は，国権の最高機関であり唯一の立法機関である国会が制定した法律について，違憲審査を行うことはない。

4　最高裁判所の裁判官は，長官を含め15名で構成され，適任かどうかを国民の投票によって審査される。

5　衆議院には，立法や行政監督などのために，ひろく国政を調査する権限が与えられているが，参議院には与えられていない。

問6　次の各文は，世界各地の農業について述べたものである。誤っているものはどれか。1～5から選びなさい。

1　オーストラリアの大鑽井盆地やマーレーダーリング盆地では，牧羊業が盛んで，質の高い羊毛が取れるメリノ種が多く放牧されている。

2　温暖で降水量が多い中国の華中や華南では，稲や茶が多く栽培され，華中から華南の一部では稲の二期作もおこなわれている。

3　イタリアの地中海沿岸地域では，冷涼湿潤な気候を利用して，乳牛を飼育する酪農が盛んである。

4　アメリカのミシシッピ川以西からロッキー山脈の東麓に広がるプレーリーでは，小麦・トウモロコシ・大豆などが栽培され，世界有数の穀倉地帯となっている。

5　降水量が多く，水はけや日当りのよいインドのアッサム・ダージリンの丘陵地では，茶の栽培が盛んである。

(☆☆☆◎◎◎)

【3】次の問7～問9に答えなさい。

問7　赤いテープと白いテープがある。赤いテープの長さは120cmで，赤いテープの長さは白いテープの長さの0.6倍であるとき，白いテープの長さを求める式として正しいものはどれか。1～5から選びなさい。

1　120÷0.6

2　120×0.6

3　120＋120÷0.6

4　120＋120×0.6

5　120＋120×0.4

問8　碁石を次の図のように並べて正方形と正三角形からできる図形を作る。正方形と正三角形のどの辺上にも同じ数の碁石を並べるものとする。いま，125個の碁石でこのような図形を1つ作ったら，余りなく並べることができた。このとき，正方形の1辺の碁石の数はいくつか。1～5から選びなさい。

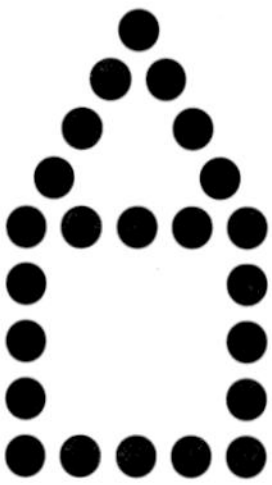

1　21個
2　22個
3　23個
4　24個
5　25個

問9　次の図1のような半径10の円がある。この円に図2のように半径と等しい長さの弦をひいていく。この弦を無数にひくと，図3のような円環ができる。この円環の内側の半径xはいくらか。1～5から選びなさい。

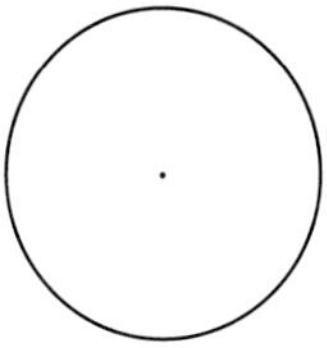
図1

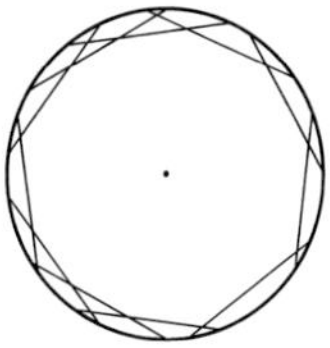
図2

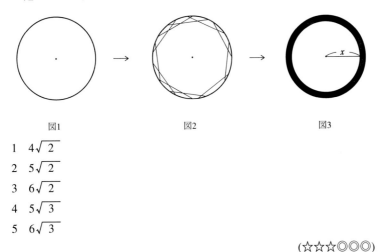

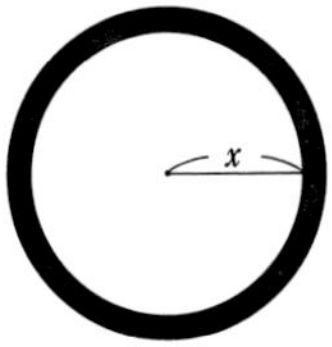

図3

1　$4\sqrt{2}$
2　$5\sqrt{2}$
3　$6\sqrt{2}$
4　$5\sqrt{3}$
5　$6\sqrt{3}$

(☆☆☆◎◎◎)

【4】次の問10～問12に答えなさい。

問10　次の図は，月が地球のまわりを公転する様子を表している。太陽光線の方向と，地球と月の位置関係が図のようになっているとき，地球から見える月の形として最も適切なものはア～オのどれか。1～5から選びなさい。

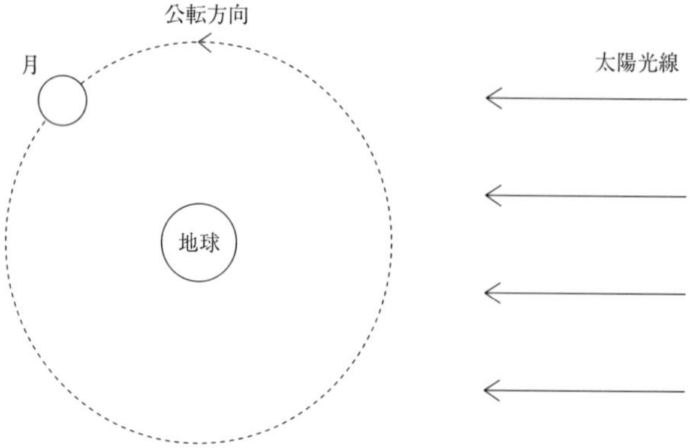

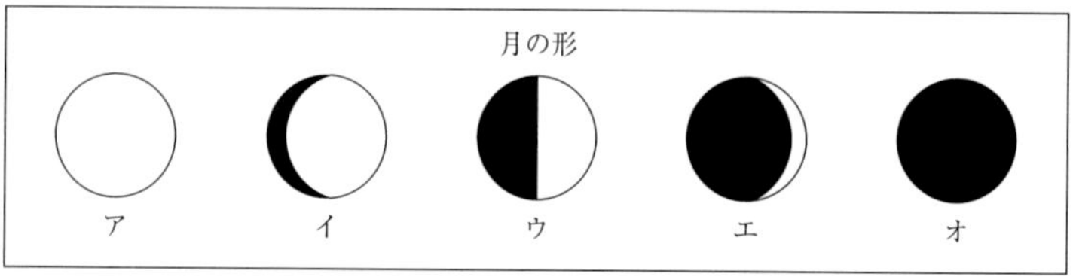

1　ア
2　イ
3　ウ
4　エ
5　オ

問11　次の文中の(　ア　)と(　イ　)にあてはまる数値の正しい組合せはどれか。1～6から選びなさい。

次の図のように，糸と滑車を用いて2つのおもりA，Bをつるす。いま，おもりA，Bにはたらく力がつり合っており，Aの質量が120gであるとき，Bの質量は(　ア　)gである。また，Aの高さを4cm上げると，Bの高さは(　イ　)cm下がる。ただし，滑車や糸の質量，摩擦力は考えないものとする。また，糸は滑車にかかっている部分を除きすべて鉛直になっているものとする。

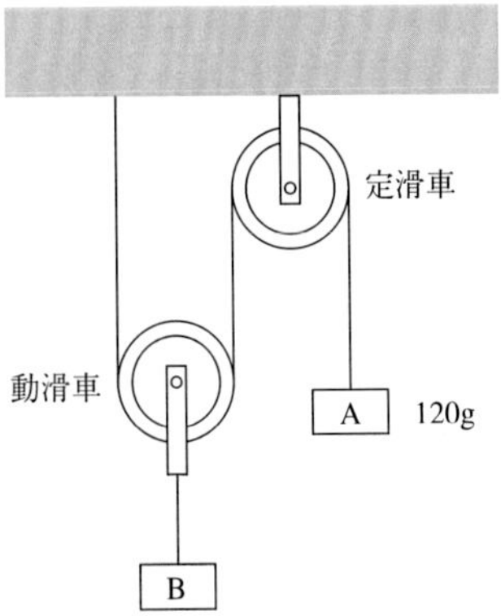

	ア	イ
1	60	2
2	60	8
3	120	2
4	120	8
5	240	2
6	240	8

問12　ある質量のマグネシウムに，ある濃度の塩酸を反応させて水素を発生させる。このとき用いた塩酸の体積と，発生する水素の体積の関係を表すグラフは，次のようになった。

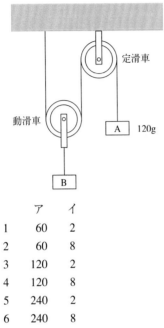

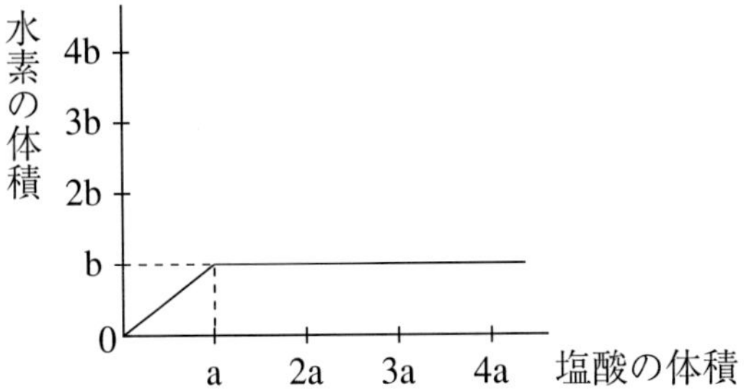

次に，マグネシウムの質量を2倍，塩酸の濃度を2倍にして同様の実験を行った。このとき，用いた塩酸の体積と発生する水素の体積の関係を表すグラフとして，最も適切なものはア～オのどれか。1～5から選びなさい。

ア
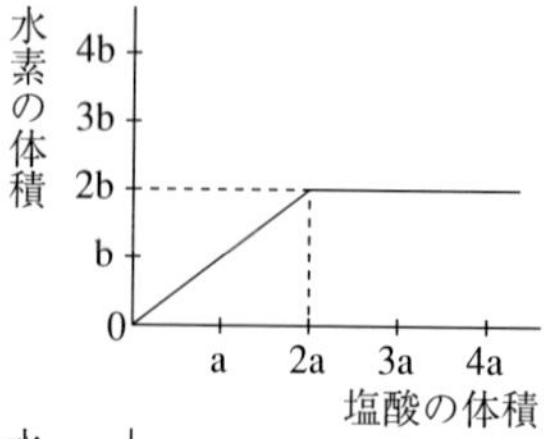

イ
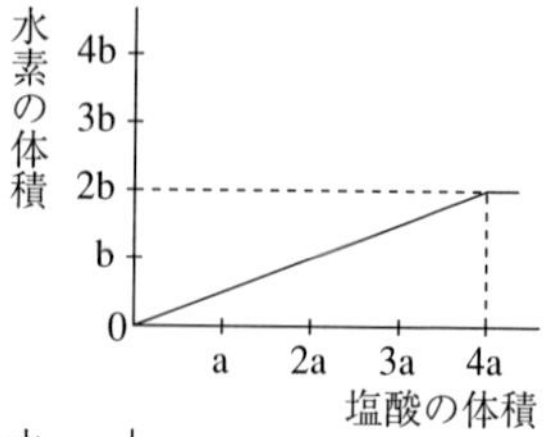

ウ
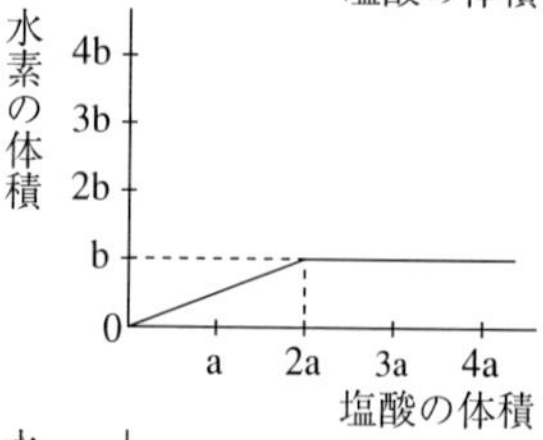

エ
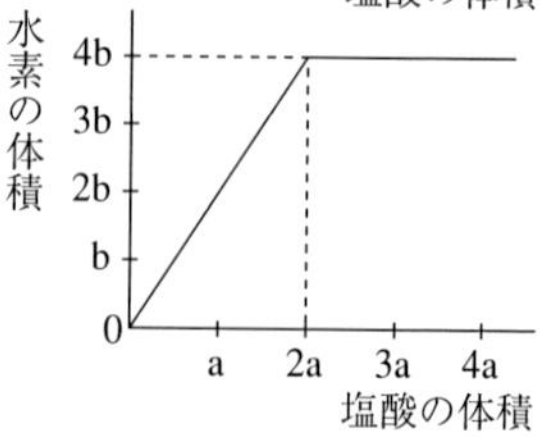

オ
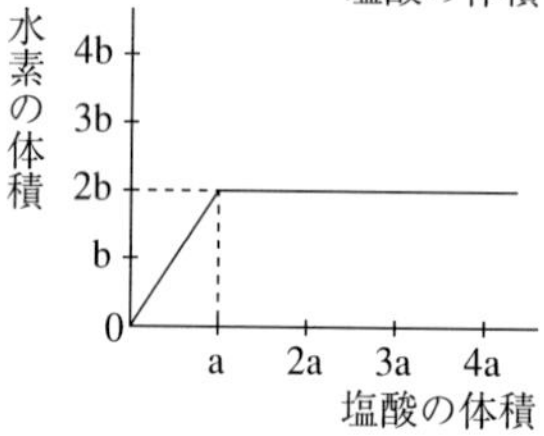

1　ア
2　イ
3　ウ
4　エ
5　オ

(☆☆☆◎◎◎)

【5】次の問13～問15に答えなさい。

〔問13・問14〕次の英文を読んで各問に答えなさい。

The Tanaka family has no TV set. Is their daily life without TV uninteresting? There are, indeed, some inconveniences for the Tanakas. Their children complain that they can't talk with their school friends about TV. *Furthermore, Mr. and Mrs. Tanaka sometimes feel like watching a movie on TV, or a video.

On the other hand, the Tanakas feel sure that they spend their time more enjoyably than those who have TVs. There is no lack of communication between the parents and their children. Every evening is full of cheerful talk over dinner. In addition, on Sundays, they do various activities, such as fishing in a nearby river, or eating out in the garden, while of course enjoying *lively conversation.

*In conclusion, what is most (　　　)in their daily life is the close ties between them, which are established by *frequent communication. *Thus, they don't need TV. But are you any different from the Tanakas?

＜小島義郎他(1994)　*LIGHTHOUSE WRITING*＞

(注)*furthermore : さらに　　*lively : 陽気な
*in conclusion : 結論として　　*frequent : 頻繁な
*thus : したがって

問13　英文中の(　　　)に入る最も適切な語はどれか。1～5から選びなさい。

1　precious
2　difficult
3　convenient
4　boring
5　dangerous

問14　この英文の内容と一致するものはどれか。1～5から選びなさい。

1　According to the author, TV is necessary for everyone.
2　Mr. and Mrs. Tanaka don't feel like watching TV at all.
3　Their children enjoy videos on Sundays.
4　The Tanakas are mostly satisfied with their life without TV.
5　There isn't enough communication between the Tanakas.

問15　次の対話文の中の(　　　)に入る最も適切なものはどれか。1～5から選びなさい。

A : Hello, Anne? This is Debbie.
B : Hi. How are you doing?

A : Pretty good.　How about you?

B : Okay.　Listen, I can't talk right now.　I'm cooking dinner.

A : Oh, sorry.

B : (　　　　).

A : Thanks.　Good-bye.

1　I'd like to speak with you right now

2　I have just changed my mind

3　I'll call you back later

4　I'll be going out soon

5　I'm very sorry for calling you so late

(☆☆☆◎◎◎)

【６】次の問16～問18に答えなさい。

問16　次は，教育基本法(平成18年12月22日　法律第120号)の条文または条文の一部である。文中の(　A　)～(　D　)にあてはまる語句の正しい組合せはどれか。1～6から選びなさい。

第1条　教育は，(　A　)を目指し，平和で民主的な国家及び社会の形成者として必要な資質を備えた心身ともに健康な国民の育成を期して行われなければならない。

第6条　2　前項の学校においては，教育の目標が達成されるよう，教育を受ける者の心身の発達に応じて，体系的な教育が組織的に行われなければならない。この場合において，教育を受ける者が，学校生活を営む上で必要な(　B　)を重んずるとともに，自ら進んで学習に取り組む意欲を高めることを重視して行われなければならない。

第9条　法律に定める学校の教員は，自己の(　C　)を深く自覚し，絶えず研究と修養に励み，その職責の遂行に努めなければならない。

第13条　学校，家庭及び（　D　)その他の関係者は，教育におけるそれぞれの役割と責任を自覚するとともに，相互の連携及び協力に努めるものとする。

	A	B	C	D
1	人間性の向上	規律	義務と責任	教育委員会
2	人間性の向上	規則	義務と責任	地域住民
3	人間性の向上	規則	崇高な使命	教育委員会
4	人格の完成	規律	崇高な使命	教育委員会
5	人格の完成	規則	義務と責任	地域住民
6	人格の完成	規律	崇高な使命	地域住民

問17　次の1～6は，地方公務員法(昭和25年12月13日　法律第261号)，学校教育法(昭和22年3月31日　法律第26号)および学校教育法施行規則(昭和22年5月23日　文部省令第11号)の条文または条文の一部である。下線部が，誤っているものはどれか。1～6から選びなさい。(学校教育法および学校教育法施行規則については，小学校についての規定であるが，中学校，高等学校，特別支援学校等にも準用されている。)

1　[地方公務員法]　職員は，その職務を遂行するに当つて，法令，条例，地方公共団体の規則及び地方公共団体の機関の定める規程に従い，且つ，上司の職務上の命令に忠実に従わなければならない。

2　[地方公務員法]　職員は，法律又は条例に特別の定がある場合を除く外，その勤務時間及び職務上の注意力のすべてをその職責遂行のために用い，当該地方公共団体がなすべき責を有する職務にのみ従事しなければならない。

3　[学校教育法]　小学校においては，前条第1項の規定による目標の達成に資するよう，教育指導を行うに当たり，児童の体験的な学習活動，特にボランティア活動など社会奉仕体験活動，自然体験活動その他の体験活動の充実に努めるものとする。この場合において，社会教育関係団体その他の関係団体及び関係機関との連携に十分配慮しなければならない。

4　[学校教育法]　小学校においては，文部科学大臣の検定を経た教科用図書又は文部科学省が著作の名義を有する教科用図書を使用しなければならない。

5 [学校教育法施行規則]　公立小学校における休業日は，次のとおりとする。ただし，第三号に掲げる日を除き，当該学校を設置する地方公共団体の教育委員会が必要と認める場合は，この限りでない。

一　国民の祝日に関する法律(昭和23年法律第178号)に規定する日

二　日曜日及び土曜日

三　学校教育法施行令第29条の規定により教育委員会が定める日

6 [学校教育法施行規則]　小学校は，当該小学校の教育活動その他の学校運営の状況について，第三者による評価を行い，その結果を公表するものとする。

問18　次は，いじめ防止対策推進法(平成25年6月28日　法律第71号)の一部である。文中の(　A　)～(　D　)にあてはまる語句の正しい組合せはどれか。1～6から選びなさい。

この法律は，いじめが，いじめを受けた児童等の教育を受ける権利を著しく侵害し，その心身の健全な(　A　)及び人格の形成に重大な影響を与えるのみならず，その生命又は身体に重大な危険を生じさせるおそれがあるものであることに鑑み，児童等の(　B　)を保持するため，いじめの防止等(いじめの防止，いじめの早期発見及び(　C　)をいう。以下同じ。)のための対策に関し，基本理念を定め，(　D　)の責務を明らかにし，並びにいじめの防止等のための対策に関する基本的な方針の策定について定めるとともに，いじめの防止等のための対策の基本となる事項を定めることにより，いじめの防止等のための対策を総合的かつ効果的に推進することを目的とする。

	A	B	C	D
1	成長	権利	いじめの分析	学校及びその設置者等
2	成長	尊厳	いじめへの対処	国及び地方公共団体等
3	成長	尊厳	いじめの分析	学校及びその設置者等

4	発達	権利	いじめへの対処	学校及びその設置者等
5	発達	尊厳	いじめへの対処	国及び地方公共団体等
6	発達	権利	いじめの分析	国及び地方公共団体等

(☆☆☆◎◎◎)

【7】次の問19～問21に答えなさい。

問19　次は，平成20年に告示された小学校，中学校，および平成21年に告示された高等学校の学習指導要領の「総合的な学習の時間」の一部である。文中の(　A　)～(　D　)にあてはまる語句の正しい組合せはどれか。1～6から選びなさい。ただし，中学校，高等学校においては，文中の「児童」を「生徒」と読み替える。

地域や学校，児童の実態等に応じて，教科等の枠を超えた横断的・総合的な学習，(　A　)，児童の興味・関心等に基づく学習など創意工夫を生かした教育活動を行うこと。

育てようとする資質や能力及び態度については，例えば，学習方法に関すること，(　B　)に関すること，他者や社会とのかかわりに関することなどの視点を踏まえること。

問題の解決や(　C　)の過程においては，他者と(　D　)して問題を解決しようとする学習活動や，言語により分析し，まとめたり表現したりするなどの学習活動が行われるようにすること。

	A	B	C	D
1	体験的な学習	自己の生き方	整理・分析	協同
2	体験的な学習	自分自身	整理・分析	交流
3	体験的な学習	自分自身	探究活動	協同
4	探究的な学習	自己の生き方	探究活動	交流
5	探究的な学習	自分自身	探究活動	協同
6	探究的な学習	自己の生き方	整理・分析	交流

問20　次の各文のうち，デューイ(Dewey, J.)について説明したものはどれか。1～5から選びなさい。

1　ドイツの教育思想家，実践家。人智学に基づいた教育理論を展開し，ヴァルドルフ学校を創設。そこでは，8年間一貫担任制，周期集中エポック授業，フォルメン，オイリュトミーなどを中心にカリキュラムが組まれ，競争・能力原理を排した特色ある実践を行った。

2　アメリカの教育学者。主著『教室の危機』において，教育の強制的要素，長期的性格といった従来の学校制度の問題点を分析し，人間的な社会を創造するための学校の役割を強調して新たな教育への展望を示した。

3　アメリカの哲学者，教育学者。プラグマティズムの哲学を提唱し，実験主義・道具主義とも称する立場を確立した。経験主義の教育「なすことによって学ぶ」の実験を試み，20世紀初頭の新教育運動，進歩主義教育の指導者として活躍した。

4　フランスの思想家。教育小説『エミール』では，人間の自然的本性を善とみなす独自の自然概念による教育論を展開し，既成の社会制度によってそれが悪へと変質されることを防ぐ教育の重要性を主張した。

5　アメリカの教育学者。個人差に応ずる個別学習形態の一種「ドルトン・プラン」の創始者。教育計画は，単に子どもの尊重・個性の尊重という主張にとどまらず，各個人が自らを発達させる自由と集団生活における協力とを二大原理として，学習の個性化と学校の社会化をめざすものとして評価された。

問21　次の各文のうち，アサーショントレーニングについて説明したものはどれか。1～5から選びなさい。

1　「きれる」行動に対して「きれる前の身体感覚に焦点を当てる」「身体感覚を外在化しコントロールの対象とする」「感情のコントロールについて会話する」などの段階を踏んで怒りなどの感情をコントロールし，自分の中に生じた否定的感情の対処法を段階的に学ぶ手法。

2　児童生徒の社会的スキルを段階的に育て，児童生徒同士が互いに支えあう関係を作るためのプログラム。「ウォーミングアップ」「主活動」「振り返り」という流れを一単位として，段階的に積み重ねる手法。

3　「相手を理解する」「自分の思いや考えを適切に伝える」「人間関係を円滑にする」「問題を解決する」「集団行動に参加する」などを目標とし，様々な社会的技能を育てる手法。

4　対人場面で自分の伝えたいことをしっかり伝えるため，「断る」「要求する」といった葛藤場面での自己表現や，「ほめる」「感謝する」「うれしい気持ちを表す」「援助を申し出る」といった他者とのかかわりをより円滑にする社会的行動の獲得を目指す手法。

5　人間関係作りや相互理解，協力して問題解決する力などが育成される。集団の持つプラスの力を最大限に引き出す手法。

(☆☆☆◎◎◎)

【8】次の問22～問27に答えなさい。

問22　次の図は，本県の「平成26年度　学校教育の指針」の「1　子どもに『確かな学力』を身に付けさせる授業改善の推進」で示されているものの一部である。図中の(　A　)～(　E　)にあてはまる語句の正しい組合せはどれか。1～6から選びなさい。

	A	B	C	D	E
1	標準テスト	読書活動	評価	習熟	生活規律
2	標準テスト	体験活動	評価	意欲	学習習慣
3	標準テスト	体験活動	発問	意欲	生活規律
4	評価問題	読書活動	発問	習熟	学習習慣
5	評価問題	体験活動	発問	習熟	学習習慣
6	評価問題	読書活動	評価	意欲	生活規律

問23　次は，「第2期滋賀県教育振興基本計画の概要」の一部である。文中の(　A　)～(　E　)にあてはまる語句の正しい組合せはどれか。1～6から選びなさい。

第3章　滋賀の教育が目指す姿

2　目指す教育の姿

「(　A　)と(　B　)」に向け，主体性，社会性を育む教育

各人が自己を高めるとともに，困難にも協力して取り組むことができるよう，その基礎となる主体性と社会性を育てる教育

3　目指す人間像

ア　(　A　)し，様々な人々や自然と(　B　)できる人

イ　チャレンジし，新しい時代を切り拓く力を備えた人

ウ　「近江の心」を受け継ぎ，(　C　)に貢献できる人

4　計画における教育の基本目標

未来を拓く心豊かで(　D　)人づくり

～学び合い支え合う「(　E　)」滋賀の教育～

	A	B	C	D	E
1	自立	共生	地域社会	たくましい	共に育つ
2	自立	共生	地域社会	健やかな	協働する
3	自立	調和	国際社会	たくましい	協働する
4	協力	調和	国際社会	健やかな	協働する
5	協力	共生	国際社会	健やかな	共に育つ
6	協力	調和	地域社会	たくましい	共に育つ

問24　次の各文は，文部科学省が平成24年4月27日に策定した「学校安全の推進に関する計画」に示されている内容である。誤っているものはどれか。1～5から選びなさい。

1　事件・事故災害に対し，自ら危険を予測し，回避するためには，日常生活においても状況を判断し，最善を尽くそうとする「主体的に行動する態度」を育成する教育が必要である。

2　安全教育は，保健体育等の授業時間中に教科書などを使って系統的，計画的に行う機会がないので，総合的な学習の時間で実施する必要がある。

3　中学生・高校生が加害者となる自転車事故が課題となってきているため，自らの自転車の乗り方が安全なのかを理解できるよう

な，自己理解，自己評価型の教育を進める必要がある。

4　学校においては，危険等発生時対処要領(危機管理マニュアル)を確実に作成し，それに沿った適切な対応ができるようにすることに加え，個々の児童生徒等の状況等に応じた臨機応変な指導にも留意する必要がある。

5　障害のある児童生徒等については，一人一人の障害の種類や状態，教育的ニーズ，学校や地域の状況を把握することが重要であり，それらを踏まえて，安全に関する指導を実施する必要がある。

問25　次の図は，本県の「平成26年度　学校教育の指針」の「5　互いの人権を尊重する心や態度の育成」で示されているものの一部である。図中の(　A　)～(　D　)にあてはまる語句の正しい組合せはどれか。1～6から選びなさい。

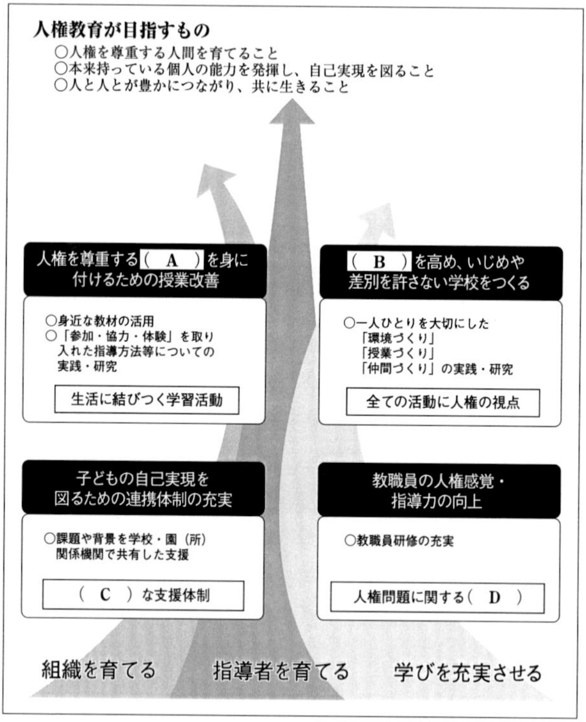

	A	B	C	D
1	実践的態度	自尊感情	組織的・継続的	深い知識
2	実践的態度	人権意識	個別的・重点的	深い知識
3	実践的態度	自尊感情	組織的・継続的	正しい理解
4	積極的姿勢	人権意識	個別的・重点的	正しい理解
5	積極的姿勢	自尊感情	個別的・重点的	深い知識
6	積極的姿勢	人権意識	組織的・継続的	正しい理解

問26　次のA～Dは，文部科学省等が進めている事業について説明したものである。それぞれの事業名を下の語句から選ぶとき，正しい組合せはどれか。1～5から選びなさい。

A　生徒の社会課題に対する関心と深い教養，コミュニケーション能力，問題解決力等の国際的素養を身に付け，将来，国際的に活躍できるリーダーの育成を図る事業。

B　将来の国際的な科学技術人材を育成することを目指し，理数系教育に重点を置いた研究開発を行う事業。

C　学校が児童生徒だけでなく，地域にとっての環境・エネルギー教育の発信拠点になるとともに，地域における地球温暖化対策の推進，啓発の先導的な役割を果たすことを期待し，学校施設を，環境・エネルギー教育の教材として活用できるよう整備推進を図る事業。

D　「グローバル化に対応した英語教育改革実施計画」に基づき，小学校において英語教育が早期に実施された場合の教育課程の在り方及び中学校・高等学校への円滑な移行と教育内容の高度化等，各学校段階を俯瞰した系統性のある教育課程を研究開発する事業。

語句

エコスクールパイロット・モデル事業， 英語教育強化地域拠点事業， 理科大好きスクール， スーパーサイエンスハイスクール， 国際バカロレア，スーパーグローバルハイスクール

1

A	スーパーグローバルハイスクール
B	理科大好きスクール
C	スーパーサイエンスハイスクール
D	国際バカロレア

2

A	英語教育強化地域拠点事業
B	エコスクールパイロット・モデル事業
C	理科大好きスクール
D	国際バカロレア

3

A	国際バカロレア
B	スーパーグローバルハイスクール
C	エコスクールパイロット・モデル事業
D	英語教育強化地域拠点事業

4

A	英語教育強化地域拠点事業
B	スーパーサイエンスハイスクール
C	理科大好きスクール
D	スーパーグローバルハイスクール

5

A	スーパーグローバルハイスクール
B	スーパーサイエンスハイスクール
C	エコスクールパイロット・モデル事業
D	英語教育強化地域拠点事業

問27　次の各文は，本県の「特別支援教育ガイドブック」に示されている内容である。誤っているものはどれか。1～5から選びなさい。

1　通常の学級では，発達障害等，比較的軽度の障害のある児童生徒に対して，通常の学級の教育課程に基づきながら，障害による一人ひとりの教育的ニーズに応じた指導を行う。

2　共生社会の形成に向けた教育分野の取り組みであるインクルー

シブ教育システム構築の視点は，これからの特別支援教育に必要不可欠なものである。

3 子ども一人ひとりの教育的ニーズを把握し，適切な指導および必要な支援を行う特別支援教育を推進していくことは，すべての子どもにとって，良い効果をもたらすことができる。

4 通常の学級に在籍し，一部特別な教育課程による指導を必要とする児童生徒への適切な支援および指導の充実を図るため，LD(学習障害)およびADHD(注意欠陥／多動性障害)の児童生徒に「通級による指導」が行うことができる。

5 特別支援教育コーディネーターは，児童生徒の実態をふまえ，必要に応じて置くことができ，担任への支援，外部関係機関との連絡調整などの役割を担う。

(☆☆☆◎◎◎)

【9】次の問28～問30に答えなさい。

問28 次のA～Dは，心理学的メカニズムについて説明したものである。それぞれの心理学的メカニズムを下の語句から選ぶとき，正しい組合せはどれか。1～6から選びなさい。

A 教師がある児童・生徒に特定の期待をもって接していると，その児童・生徒は教師の期待する方向に伸びていく。

B 成績の良い児童・生徒は，性格や行動まで肯定的に評価されがちになる。

C 抑圧された感情や欲求不満を，友達や家族あるいはカウンセラーなど，信頼できる誰かに話すことによって発散させ，精神的安定を回復する。

D 大多数の意見や判断と思われるものに従っておこうとする付和雷同の心理を引き起こす。

語句

ハロー効果　　ピグマリオン効果　　バンドワゴン効果

カタルシス効果

	A	B	C	D
1	ピグマリオン効果	ハロー効果	バンドワゴン効果	カタルシス効果
2	ピグマリオン効果	ハロー効果	カタルシス効果	バンドワゴン効果
3	ハロー効果	ピグマリオン効果	バンドワゴン効果	カタルシス効果
4	ハロー効果	バンドワゴン効果	カタルシス効果	ピグマリオン効果
5	カタルシス効果	バンドワゴン効果	ハロー効果	ピグマリオン効果
6	カタルシス効果	ピグマリオン効果	ハロー効果	バンドワゴン効果

問29　次の各文のうち，レスポンデント条件づけの例として，最も適切なものはどれか。1～5から選びなさい。

1　授業中に発言をした他の児童・生徒が褒められる場面を見て，自分も手を挙げるようになる。

2　「夜に口笛を吹くと蛇がでる」という言い伝えを耳にしてから，夜に口笛を吹くことをやめるようになる。

3　友人の悪口を言って厳しく叱られてから，友人の悪口を言わなくなる。

4　梅干しを食べたことがある人は，梅干しを見ただけで唾液が分泌されるようになる。

5　一時不停止による事故のニュースを新聞で読んでから，交差点では左右を注意深く確認するようになる。

問30　次のA～Dの説明にあてはまる心理検査を，あとの語句から選ぶとき，正しい組合せはどれか。1～5から選びなさい。

A　絵を提示し，その絵から登場人物の欲求(要求)，そしてその将来を含めた物語を構成させ，空想された物語の内容から欲求の体系を明らかにする検査である。

B　漫画風の絵を用いて，フラストレーションを体験した時にどのような対処方法を採用するかを明らかにする検査である。

C　左右対称のインクのしみの図版10枚からなり，図版を1枚ずつ提示し，何に見えるか，なぜそう見えたかを問い，人格を多面的に診断する検査である。

D　家，木，人物をそれぞれ別々の紙に描かせ，その大きさなどの形式的な特徴の分析と内容についての分析から知能や人格の査定をおこなう検査である。

語句

TAT　　HTPテスト　　P－Fスタディ ロールシャッハ・テスト

	A	B	C	D
1	TAT	P－Fスタディ	ロールシャッハ・テスト	HTPテスト
2	TAT	HTPテスト	P－Fスタディ	ロールシャッハ・テスト
3	P－Fスタディ	TAT	ロールシャッハ・テスト	HTPテスト
4	HTPテスト	ロールシャッハ・テスト	P－Fスタディ	TAT
5	HTPテスト	P－Fスタディ	ロールシャッハ・テスト	TAT

(☆☆☆◎◎◎)

解答・解説

【1】問1　5　　問2　2　　問3　3

〈解説〉問1　「やみくもに思いつくことを何でもやってみる」ことなので，「種々の方法を繰り返し試みて失敗を重ねながら解決方法を追求すること」の意味の試行錯誤があてはまる。なお，支離滅裂は「統一もなく，ばらばらに乱れている」こと，無我夢中は「心をうばわれ無意識的にただひたすら行動する」こと，周章狼狽は「あわてふためく」こと，一心不乱は「一つのことに集中して，他の事のために心の乱れることがない」ことで，いずれもあてはまらない。　問2　問題文の「ゲンショウ」は「現」「象」である。1は「言」外の意味，体力の「消」耗，2は理想の具「現」化，「象」徴的な出来事，3は動詞の「原」形，抽「象」的な議論，4は「現」況の報告，対「症」療法，5は「限」定的な範囲，「小」差での敗戦なので，2が正答となる。　問3　正答は3で，第4段落で述べられている。1は，第3段落で別の事例が示されている。2は，第3段落で手続きの意味をよく答えられない者が多かった，と述べている。4は，第4段落で逆のことが述べられている。5は，第2段落で，あくまでも可能性でありしばしば見られる現象ではない，と述べられている。

【2】問4　1　　問5　4　　問6　3

〈解説〉問4　1の壇ノ浦の戦いは1185年，2の天武天皇即位は673年，3の関ヶ原の戦いは1600年，4の応仁の乱は1467年，5の藤原純友の乱は939年の出来事で，2－5－1－4－3の順になる。　問5　1は三分の二ではなく過半数である。　2は総辞職するか国会を解散する。　3　裁判所は違憲審査を行う。　5は参議院にも与えられている。　問6　イタリアの地中海沿岸地域では，オリーブやぶどうなどの果樹栽培が盛んである。

【3】問7　1　　問8　2　　問9　4

〈解説〉問7　白いテープの長さをxとすると，$x\times0.6=120$ となるので，$x=120\div0.6$ で求められる。

問8　1辺の碁石の数をnとすると，$5\times(n-1)+(n-2)=125$ が成り立つ。よって，これを解いて，nは22となる。

問9　図のように，xは，3平方の定理から，$x^2+5^2=10^2$ が成り立つので，$x=\sqrt{75}=5\sqrt{3}$ となる。

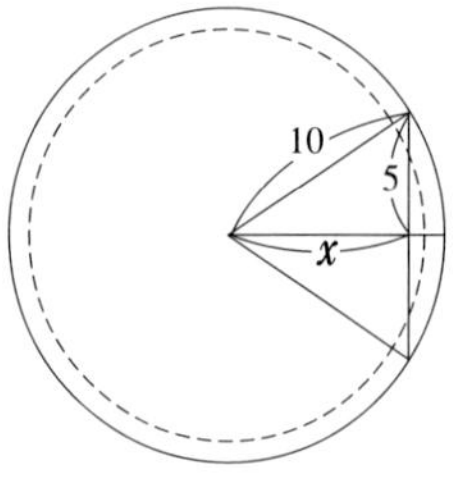

【4】問10　2　　問11　5　　問12　5

〈解説〉問10　月は，問題の図では右半分が太陽に照らされている。地球は月の右下に位置しているので地球から見た月は左側が欠けた「イ」の形に見える。　問11　動滑車では，Bを左右半分ずつの力で支えておりAの120gとつり合っているので，Bの質量は120g×2＝240g であり，また，Bの移動距離はAの移動距離の半分なので，2cm下がる。　問12　マグネシウムの質量が2倍になると，発生する水素の体積は2倍になるが，塩酸の濃度が2倍なので塩酸の体積は変わらない。したがって，グラフは「オ」になる。

【5】問13　1　　問14　4　　問15　3

〈解説〉問13　「田中家の人たちの日々の生活で最も大切なもの」を意味するので，1のpreciousが適切である。2は「困難な」，3は「便利な」，4は「うんざりさせる」，5は「危険な」でいずれも適切ではない。　問14　1　「著者によれば，テレビは誰にでも必要である」とは書かれていないので不適である。　2　田中夫妻は，「時にはテレビやビデオで映画を見たくなることもある」と書かれているので不適である。　3　「日曜日には，近くの川で釣りをしたり，庭で食事をしたり，いろいろなことをしている」ので不適である。　4　「田中家の人たちはテレビなしの生活にたいていは満足している」ので，「テレビは必要ない」と一致する。　5　「会話が不十分」とあるが，田中家では会話が十分になされているので不適である。　問15　BはAnneで，Anneは「料理をしているところなので，今は話ができないのよ」と言っている。AのDebbieが「ごめんね」との言葉をうけて，Anneの「後で電話するわ」という会話の流れなので，3が適切である。

【6】問16　6　　問17　6　　問18　2

〈解説〉問16　昭和22年公布された教育基本法は，平成18年に全面改正された。前文と18か条で構成されている(旧法は前文と11か条)。問題にある第6条の第2項と第13条は新設された条文である。教育基本法については，十分に熟知しておく必要がある。　問17　1は地方公務員法第32条，2は地方公務員法第35条，3は学校教育法第31条，4は学校教育法第34条第1項，5は学校教育法施行規則第61条で，いずれも正しい。6は学校教育法施行規則第66条第1項で，下線部は「自ら評価を行い，その結果を公表するものとする。」が正しい。　問18　「いじめ防止対策推進法」の第1条である。「いじめ防止対策推進法」については，多くの自治体で出題され，今後も出題が予想される。第2条第1項の「いじめ」の定義についても，文部科学省の定義との比較も含めて熟知しておくことが必要である。

【7】問19　5　　問20　3　　問21　4

〈解説〉問19　「総合的な学習の時間」の「第1　目標」「第2　各学校において定める目標及び内容」は，小学校・中学校・高等学校を通じて同じである。問題の文は「第3　指導計画の作成と内容の取扱い」の中の小・中・高の共通する項目のものである。『学習指導要領解説総合的な学習の時間編』とあわせて熟読しておくことが肝要である。問20　デューイについての説明は3であるが，1はシュタイナー，2はシルバーマン，4はルソー，5はパーカーストについての説明である。問21　アサーショントレーニングの説明は4であるが，1はアンガーマネジメント，2はピア・サポート，3はソーシャルスキルトレーニング，5はグループエンカウンターについての説明である。

【8】問22　4　　問23　1　　問24　2　　問25　3　　問26　5
問27　5

〈解説〉問22　滋賀県の「平成26年度　学校教育の指針」では，滋賀県の教育行政の基本目標を「未来を拓く心豊かでたくましい人づくり～学び合い支え合う「共に育つ」滋賀の教育～」としている。インターネットでも閲覧できるので，確認しておきたい。　問23　第2期滋賀県教育振興基本計画(平成26年)は5章から構成されており，本問題の第3章の1は，「1　目指す将来の姿」で＜暮らしの将来の姿＞と＜地域の視点で描く将来の姿＞となっている。　問24　誤っているものは，2で正しくは「安全教育は，保健体育等の授業時間中に教科書などを使って系統的，計画的に行われており，その充実を図っていくことは今後も必要である。」である。　問25　「平成26年度　学校教育の指針」では，「子どもたちのたくましく生きる力を育む」「子どもたちの育ちを支える環境をつくる」のもとに，問22と本問を含めて15の項目の「滋賀の学校教育の重点」が掲げられている。　問26　A～D以外の語句の「理科大好きスクール」は科学技術・理科教育推進モデル事業で文部科学省，科学技術・理科教育推進協議会，独立行政法人科学技術振興機構(JST)などによって進められている事業である。また，「国際バカロレア」はインターナショナルスクールの卒業生に，国際的に認められる大学入学資格を与え，大学進学へのルートを確保するとともに，学生の柔軟な知性の育成と，国際理解教育の促進に資することを目的として1968年に発足した事業である。　問27　特別支援教育コーディネーターはすべての小中学校または特別支援学校に置かれ，関係機関との連携協力の体制整備を図るとされている。

【9】問28　2　　問29　4　　問30　1

〈解説〉問28　Aのピグマリオン効果は教師期待効果とも言われローゼンタールによって提唱された。　Bのハロー効果は光背効果とも言われポジティブ・ハロー効果とネガティブ・ハロー効果がある。　Cのカタルシス効果はブロイアーとフロイトによって研究され「心の浄化作用」とも言われる。　Dのバンドワゴン効果の逆をアンダードッグ効果といい，これらを総称してアナウンス効果という。社会学でも使われる用語である。　問29　正答は4であるが，1と5はモデリング(観察学習)，2は関係フレーム付け，3はオペラント条件付けである。

問30　Aは，TATで主題統覚検査ともいい投影法検査の1つである。Bは，P－Fスタディで絵画統覚検査とも言う。Cは，ロールシャッハテストで1920年にスイスの精神科医のロールシャッハが考案した。

DのHPTテストは，House-Tree-Personテストである。

2014年度　実施問題

【1】次の文章を読んで問1～問3に答えなさい。

私たちは普段，いろいろな聞き方をしています。自分の意見や感情，情報・指示命令などを言うだけで，まったく相手を聞かない「一方通行型」，人の話をいい加減に聞いて，自分本位に解釈する「誤解型」，相手の話を先入観やヘン見を通して聞く「曲解型」，話を聞いても最初から相手を理解しようとしない「無理解型」，それすらもない「断絶型」など，自覚しているいないにかかわらず，こんな聞き方が日常茶飯事です。

しかし，相手を何らかの意味で助けようとするときの聞き方は，以上にあげたような聞き方であってはなりません。この人間を援助しようと言う気持ち，少なくとも，相互理解を求める意志のあることが，これから述べる聞き方の前提条件です。

本当のコミュニケーションの第一歩は，まず相手を聞くことです。ただし私たちが，普段やっているような聞き方ではなく，相手の言葉をできるだけ正確に，そしてその言葉とともにある，その人の心を聴くという聞き方です。

相手が，今どんな状態・気持ちであるのか，どのような考え・欲求を持っているのか，あるいはその人の経験・価値観・性格その他，その人自身を知る必要があります。そうでなければ，適切な対応や援助はできません。「敵を知り己を知らば，百戦危うからず」という孫子の兵法は，この場合にもあてはまります。

その人間を知る方法は，いくつもありますが，専門的であったり，時間や費用がかかったりして，容易ではありません。誰にでもできることは，相手と会って，話を聞くことです。

[A]一定の時間，人の話を普段のように聞いてもらった直後，その内容をどのくらい聞いたかを調べるという実験によると，20パーセントが最高だったとのことです。つまり残り80パーセントは，右の耳から

左の耳へと素通りしているわけです。ちょっと体の調子が悪かったり，他のことに気を取られたり，雑念が湧いたりすると，たちまち10パーセントとか5パーセント程度に落ちてしまうそうです。

[B]私たちは，日常こんな程度のコミュニケーションで，仕事をし，生活をしているので，すれ違いや誤解などが当たり前なのですが，それでもなんとか物事は回っていくようです。しかし，相互理解のためとか，人を援助しようとする場合は，こういう「聞く」ではなく，「聴く」でなければなりません。

[C]私たちが日頃，何気なくやっている「聞く」は，意識せずに身についた能力なので，努力しなくても人の言葉や声は聞こえます。そのため，つい人の話をいい加減に聞き流す傾向があります。

(矢澤佑介「心をつかむ『聞き方』の本」より)

問1　下線部「<u>ヘン見</u>」の「ヘン」を漢字になおしたとき，その「ヘン」と同じ漢字を使うものはどれか。1～5から選びなさい。

1　ヘン西風の影響を受ける
2　大きな声でヘン事をする
3　ヘン化のある毎日
4　画像をヘン集する
5　諸国をヘン歴する

問2　この文章中の[A]～[C]の段落は，本来の並びとは異なる順番になっている。正しい並び順にした場合，最も適切なものはどれか。1～5から選びなさい。

1　[A] → [C] → [B]
2　[B] → [A] → [C]
3　[B] → [C] → [A]
4　[C] → [A] → [B]
5　[C] → [B] → [A]

問3　この文章の内容と一致するものとして，最も適切なものはどれか。1～5から選びなさい。

1　本当のコミュニケーションは相手の話を良く聞き，自分の言い分も相手に納得してもらうことから始まる。

2　人を援助したり相互理解を求めることは，普段の聞く行為から生まれる。

3　私たちは，普段何気なく人の話を聞いているが，相互理解のためには，人の話を「聴く」ことが大切である。

4　「敵を知り己を知る」ということは，日頃，何気なくやっている聞くという行為にも通じるものがある。

5　相手の性格や価値観を知るところから始めないと，仕事や生活をしていく上でも支障をきたす。

(☆☆☆◎◎◎)

【2】次の問4～問6に答えなさい。

問4　次の各文は，世界各地の生活文化や地域的特色について述べたものである。誤っているものはどれか。1～5から選びなさい。

1　オランダでは，酪農や花の栽培が盛んである。ポルダーとよばれる干拓地に牧草地が広がっている。

2　ブラジルでは，スペイン語が公用語となっている。植民地時代にスペイン人がもたらしたラテン系民族の文化の影響が残っている。

3　インドでは，人口の約8割がヒンドゥー教徒である。水を浴びて身を清める沐浴は，すべての罪を洗い流すとヒンドゥー教徒の人々に信じられている。

4　ロシアでは，スラブ系のロシア人が総人口の約8割を占めている。国土の大半はタイガにおおわれ，森林資源が豊富である。

5　ニュージーランドでは，先住民のマオリとヨーロッパ系住民の二つの文化を基盤とした社会が築かれている。

問5　次の各文は，欧米における出来事について述べたものである。古い順に並べたとき4番目になるものはどれか。1～5から選びなさい。

1　コロンブスは，トスカネリの地球球体説の影響を受け，スペイン女王の後援のもと，大西洋を横断してカリブ海の現在のサン＝サルバドル島に到着した。
2　教皇ウルバヌス2世は，クレルモン公会議で聖地回復のための十字軍の派遣を提唱し，支持を集めた。
3　カエサルは，ガリア遠征で勢威を高め，ポンペイウスを倒して事実上の独裁者となり，政治や社会の安定のための諸改革を行った。
4　リンカーン大統領は，南北戦争中に奴隷解放宣言を発表して，内外の世論を味方につけた。
5　レーニンは，ロシア皇帝が退位した後，亡命先からロシアに戻り，ソビエトによる政府をつくった。

問6　次の各文は，日本の各時代の文化の特徴について述べたものである。正しいものはどれか。1～5から選びなさい。
1　国風文化は，唐風の文化を基礎に貴族の生活や好みに合わせていこうとする考え方や工夫がなされた文化であり，紫式部の『源氏物語』がその代表の一つとされる。
2　東山文化は，海外との交流により栄えた日本で最初の仏教文化であり，法隆寺の釈迦三尊像の仏像がその代表の一つとされる。
3　天平文化は，貴族を中心とした伝統文化を基礎に，新たに支配者となった武士の気風に合った文化で，東大寺南大門の金剛力士像がその代表の一つとされる。
4　化政文化は，上方で栄えた経済力をもった町人を担い手とする文化で，松尾芭蕉の『奥の細道』がその代表の一つとされる。
5　北山文化は，新興の大名の勢いや町衆の経済力と気風を反映した豪華・雄大で活気あふれる文化であり，安土城がその代表の一つとされる。

(☆☆☆◎◎◎)

【３】次の問7～問9に答えなさい。

問7　$5<\sqrt{a}<6$を満たすような自然数aの個数として正しいものはどれか。1～5から選びなさい。

1　9個

2　10個

3　11個

4　12個

5　13個

問8　4点O(0，0)，A(6，0)，B(9，4)，C(3，4)を頂点とする平行四辺形OABCの面積を，点(2，0)を通る直線で2等分するとき，この直線の傾きとして正しいものはどれか。1～5から選びなさい。

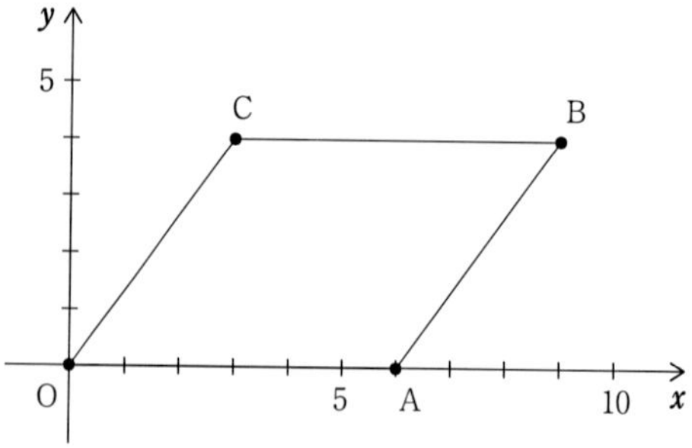

1　0

2　$\frac{1}{2}$

3　$\frac{4}{7}$

4　$\frac{4}{5}$

5　$\frac{4}{3}$

問9　底面の半径が6cmの円すいがある。次の図のように，この円すいの頂点Oを固定して，滑らないように水平な平面上を同じ方向に転がしたところ，円すいはちょうど3回転してもとの位置にもどった。このとき，この円すいの体積として正しいものはどれか。1～5から選びなさい。ただし，円周率をπとする。

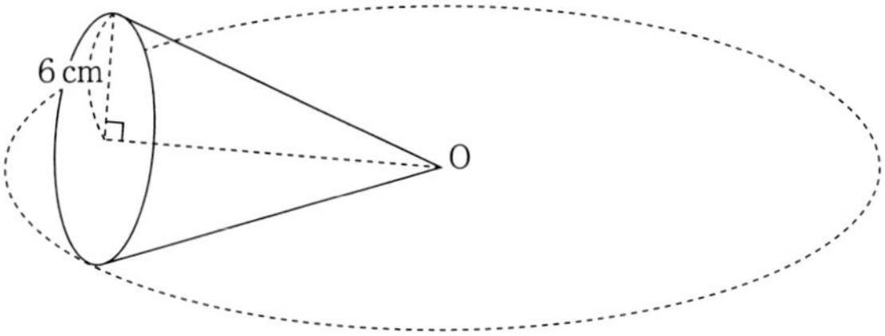

1　$48\sqrt{2}\ \pi\ \mathrm{cm}^3$
2　$72\sqrt{2}\ \pi\ \mathrm{cm}^3$
3　$96\sqrt{2}\ \pi\ \mathrm{cm}^3$
4　$108\sqrt{2}\ \pi\ \mathrm{cm}^3$
5　$144\sqrt{2}\ \pi\ \mathrm{cm}^3$

(☆☆☆◎◎◎)

【4】次の問10〜問12に答えなさい。

問10　次の図のように，軽い糸につながれた小球が，糸の端を点Pに固定され，なめらかな水平面上で矢印Aの方向に一定の速さで円運動している。図は，この運動を真上から見たものである。このとき，小球にはたらく力の向きとして適切なものはア〜オのどれか。1〜5から選びなさい。ただし，摩擦や空気抵抗，鉛直方向の力については考えないものとする。

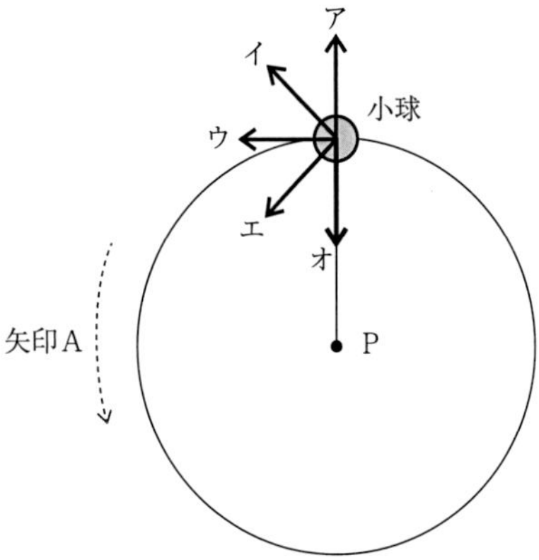

1　ア
2　イ
3　ウ
4　エ
5　オ

問11　次の各文は，地震波について述べたものである。正しいものはどれか。1～5から選びなさい。

1　P波は横波で，S波は縦波である。
2　P波とS波では，S波の方が先に到着する。
3　P波とS波の到着する時間の差は，震源が遠いほど大きくなる。
4　P波は固体中は伝わるが，液体中は伝わらない。
5　地震波を2か所で観測すると，震源の位置を特定することができる。

問12　次の図のように，うすい塩酸に入れた銅板と亜鉛板にモーターをつなぐと，電流が流れ，モーターが回った。このとき，金属板において起こる現象について正しいものはどれか。1～5から選びなさい。

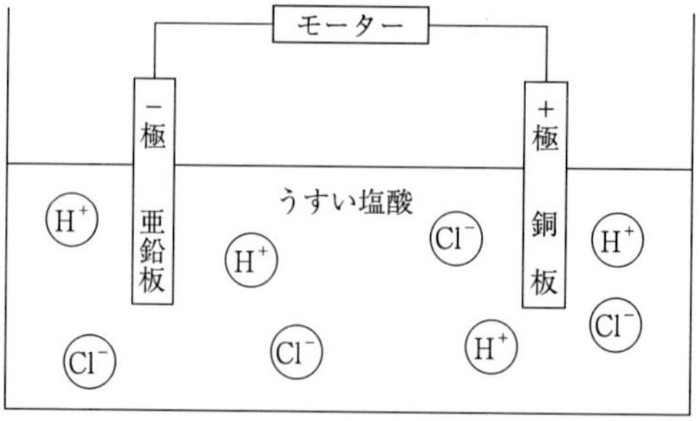

1　銅板では，水素が発生する。
2　銅板では，塩素が発生する。
3　亜鉛板では，水素が発生する。
4　亜鉛板では，塩素が発生する。
5　どちらの金属板においても気体は発生しない。

(☆☆☆◎◎◎)

【５】次の問13～問15に答えなさい。

〔問13・問14〕次の英文を読んで各問に答えなさい。

Some people think that the best time to(　　)studying a foreign language is in childhood and that the younger you are, the easier it is to learn another language. While it is true that an early start allows people to pursue* language study over longer periods of time, there is little evidence* that children in language classrooms learn foreign languages any better than adults(people over age 15)in similar classroom situations. In fact, adults have many advantages over children: better memories, more efficient* ways of organizing information, longer attention spans, better study habits, and greater ability to handle complex* mental tasks. Adults are often better motivated* than children; they see learning a foreign language as necessary for their education or career. In addition, adults are particularly sensitive* to the correctness of grammar and appropriateness* of vocabulary, two factors that receive great attention in most formal language classrooms.

＜Joan Rubin, Irene Thompson *How to Be a More Successful Language Learner, Second Edition*＞

(注) *pursue : (根気よく)続ける，追求する　　*evidence : 根拠，証拠
*efficient : 効率的な　　*complex : 複雑な
*motivated : 意欲的な　　*sensitive : 敏感な
*appropriateness : 妥当性，適切さ

問13　英文中の(　　)に入る最も適切な語はどれか。1～5から選びなさい。

1　finish
2　begin
3　expect
4　open
5　quit

問14　この英文の内容と一致するものはどれか。1～5から選びなさい。

1　Some people think that the younger you are, the easier it is to experience different cultures.

2　It is true that children in language classrooms learn foreign languages better than adults do.

3　It is said that children have less efficient ways of organizing information than adults.

4　Children can be said to be more motivated in learning a foreign language than adults.

5　Adults are usually sensitive to the appropriateness of vocabulary but not to the correctness of grammar.

問15　次の対話文の中の(　　)に入る最も適切なものはどれか。1～5から選びなさい。

A : I'm concerned about your life style.

B : My life style ?

A : Yes. You should slow down.

B : I see.

A : I suggest that you(　　).

B : I understand. Thank you for the advice.

1　exercise hard everyday

2　drive your car carefully

3　do heavy work

4　stay up late

5　take a vacation

(☆☆☆◎◎◎)

【6】次の問16～問18に答えなさい。

問16　次は，教育基本法(平成18年12月22日　法律第120号)の前文である。文中の(　A　)～(　D　)にあてはまる語句の正しい組合せはどれか。1～6から選びなさい。

我々日本国民は，たゆまぬ努力によって築いてきた(A)で文化的な国家を更に発展させるとともに，世界の平和と(B)の向上に貢献することを願うものである。

我々は，この理想を実現するため，個人の尊厳を重んじ，真理と正義を希求し，(C)を尊び，豊かな人間性と創造性を備えた人間の育成を期するとともに，伝統を継承し，新しい文化の創造を目指す教育を推進する。

ここに，我々は，(D)の精神にのっとり，我が国の未来を切り拓く教育の基本を確立し，その振興を図るため，この法律を制定する。

	A	B	C	D
1	民主的	人類の福祉	公共の精神	日本国憲法
2	民主的	個人の幸福	法の精神	日本国憲法
3	民主的	人類の福祉	法の精神	民主主義
4	自由	人類の福祉	公共の精神	民主主義
5	自由	個人の幸福	法の精神	民主主義
6	自由	個人の幸福	公共の精神	日本国憲法

問17　次の各文のうち，法令に照らして，誤っているものはどれか。1～5から選びなさい。

1　学校の教職員は，児童虐待を発見しやすい立場にあることを自覚し，児童虐待の早期発見に努めなければならない。

2　特別支援学校には，校長の職務の円滑な執行に資するため，職員会議を置くことができ，その職員会議は，校長が主宰する。

3　教育職員の普通免許状は，その授与の日の翌日から起算して15年を経過する日の属する年度の末日まで，すべての都道府県において効力を有する。

4　学校の設置者は，感染症の予防上必要があるときは，臨時に，学校の全部又は一部の休業を行うことができる。

5　校長は，当該学校に在学する児童等について出席簿を作成しなければならない。

問18　次の各文のうち，地方公務員法(昭和25年12月13日　法律第261号)および教育公務員特例法(昭和24年1月12日　法律第1号)の条文として誤っているものはどれか。1～5から選びなさい。

1 ［地方公務員法］すべて職員は，全体の奉仕者として公共の利益のために勤務し，且つ，職務の遂行に当つては，全力を挙げてこれに専念しなければならない。

2 ［地方公務員法］職員は，その職の信用を傷つけ，又は職員の職全体の不名誉となるような行為をしてはならない。

3 ［地方公務員法］職員は，職務上知り得た秘密を漏らしてはならない。その職を退いた後は，その限りではない。

4 ［教育公務員特例法］公立学校の教育公務員の政治的行為の制限については，当分の間，地方公務員法第36条の規定にかかわらず，国家公務員の例による。

5 ［教育公務員特例法］教育公務員は，その職責を遂行するために，絶えず研究と修養に努めなければならない。

(☆☆◎◎◎◎)

【7】次の問19～問21に答えなさい。

問19　次の各文のうち，ヘルバルト(Herbart, J. F.)について説明したものはどれか。1～5から選びなさい。

1 「世界でいちばん自由な学校」といわれるサマーヒル・スクール(Summerhill School)の創設者。自由教育の意義を訴え続け，『問題の子ども』(1926年)，『問題の親』(1932年)の著作がある。

2 著書『隠者の夕暮』(1780年)の中で「玉座の高きにあっても，木の葉の屋根の陰に住まっても，同じ人間」であるとし，人間教育の本質を鮮明にしている。

3 世界最初の幼稚園を創立し，以後幼稚園を整備・発展させる運動につとめた。『人間の教育』(1826年)の著作がある。

4 フンボルト(Humboldt, K. W. von)に関する初期の教養史(陶冶史)である『ヴィルヘルム・フォン・フンボルトと人文理念』(1909

年)と『教育制度の改革』(1910年)で注目された。

5　独自の心理学に基づいて，子どもの認識過程を4段階に区分した。『一般教育学』(1806年)，『教育学講義綱要』(1835年)の著作がある。

問20　次は，平成20年に告示された小学校，中学校，および平成21年に告示された高等学校の学習指導要領の一部である。文中の(　A　)～(　D　)にあてはまる語句の正しい組合せはどれか。1～6から選びなさい。

ただし，中学校，高等学校においては，文中の「児童」を「生徒」と読み替える。

学校の教育活動を進めるに当たっては，各学校において，児童に生きる力をはぐくむことを目指し，創意工夫を生かした特色ある教育活動を展開する中で，基礎的・基本的な知識及び技能を確実に習得させ，これらを活用して課題を解決するために必要な思考力，判断力，(　A　)その他の能力をはぐくむとともに，主体的に学習に取り組む態度を養い，個性を生かす教育の充実に努めなければならない。その際，児童の発達の段階を考慮して，児童の(　B　)活動を充実するとともに，家庭との連携を図りながら，児童の学習習慣が確立するよう配慮しなければならない。

道徳教育は，教育基本法及び学校教育法に定められた教育の根本精神に基づき，人間尊重の精神と生命に対する畏(い)敬の念を家庭，学校，その他社会における具体的な生活の中に生かし，豊かな心をもち，(　C　)と文化を尊重し，それらをはぐくんできた我が国と郷土を愛し，個性豊かな文化の創造を図るとともに，公共の精神を尊び，民主的な社会及び国家の発展に努め，他国を尊重し，国際社会の(　D　)と発展や環境の保全に貢献し未来を拓(ひら)く主体性のある日本人を育成するため，その基盤としての道徳性を養うことを目標とする。

	A	B	C	D
1	創造力	言語	伝統	調和
2	創造力	体験	伝統	平和
3	創造力	体験	歴史	調和
4	表現力	体験	歴史	平和
5	表現力	言語	歴史	調和
6	表現力	言語	伝統	平和

問21　次の各文は，学習理論・教育方法について説明したものである。正しいものはどれか。1～5から選びなさい。

1　プログラム学習とは，細分化した教材内容を不規則的に配列したものを学習させる個別教授法である。

2　問題解決学習とは，児童生徒の生活体験から興味や関心のある問題を取り上げて，その解決過程で具体的活動を通して，問題解決の能力を養う教授・学習形態をいう。

3　完全習得学習とは，児童生徒が行う発見を通して，自らの力で知識や問題解決の方法を習得する学習の方法である。

4　バズ学習とは，個別学習法の1つである「バズ法」を取り入れた学習方法である。

5　モジュール学習とは，児童生徒を習熟度別にグループ分けし，学習到達度の程度に沿って，指導する方法である。

(☆☆◎◎◎◎)

【8】次の問22～問27に答えなさい。

問22　次は，文部科学省が平成25年3月13日に出した「体罰の禁止及び児童生徒理解に基づく指導の徹底について(通知)」の一部である。文中の(　A　)～(　D　)にあてはまる語句の正しい組合せはどれか。1～6から選びなさい。

体罰は，学校教育法第11条において禁止されており，校長及び教員(以下「教員等」という。)は，児童生徒への指導に当たり，いかなる場合も体罰を行ってはならない。体罰は，違法行為であるのみならず，児童生徒の(　A　)に深刻な悪影響を与え，教員等及び学校への信頼を失墜させる行為である。

体罰により正常な(　B　)を養うことはできず，むしろ児童生徒に力による解決への志向を助長させ，いじめや暴力行為などの連鎖を生む恐れがある。もとより教員等は指導に当たり，児童生徒一人一人をよく理解し，適切な(　C　)を築くことが重要であり，このために日頃から自らの指導の在り方を見直し，指導力の向上に取り組むことが必要である。(　D　)が必要と認める状況においても，決して体罰によることなく，児童生徒の規範意識や社会性の育成を図るよう，適切に(　D　)を行い，粘り強く指導することが必要である。

	A	B	C	D
1	成長	倫理観	信頼関係	懲罰
2	成長	正義感	人間関係	懲戒
3	成長	倫理観	人間関係	懲罰
4	心身	正義感	信頼関係	懲罰
5	心身	倫理観	信頼関係	懲戒
6	心身	正義感	人間関係	懲戒

問23　次の各文は，本県の「平成25年度　学校教育の指針」に示されている内容である。誤っているものはどれか。1～5から選びなさい。

1　各教科等の学習目標を達成するために，教員や子どもが効果的にICT機器を活用する。

2　食育推進体制を確立し，食に関する指導，「食育の日」の取組，体験活動等を充実させ，学校の教育活動全体での取組を進める。

3　英語によるコミュニケーション能力を育成するために，小学校の全学年においても，教科英語の授業の充実を図る。

4　環境や資源・エネルギーについての理解を深め，環境を大切にする心を育むとともに，よりよい環境を創造するために主体的に行動する等，実践的な態度を養う。

5　子どもが社会や地域の一員であることの自覚や，周囲の人々，地域，社会のために貢献しようとする態度を育成する。

問24　次の図は，本県の「平成25年度　学校教育の指針」の「4　社会的・職業的自立を目指すキャリア教育の推進」で示されているものの一部である。図中の(　A　)～(　E　)にあてはまる語句の正しい組合せはどれか。1～6から選びなさい。

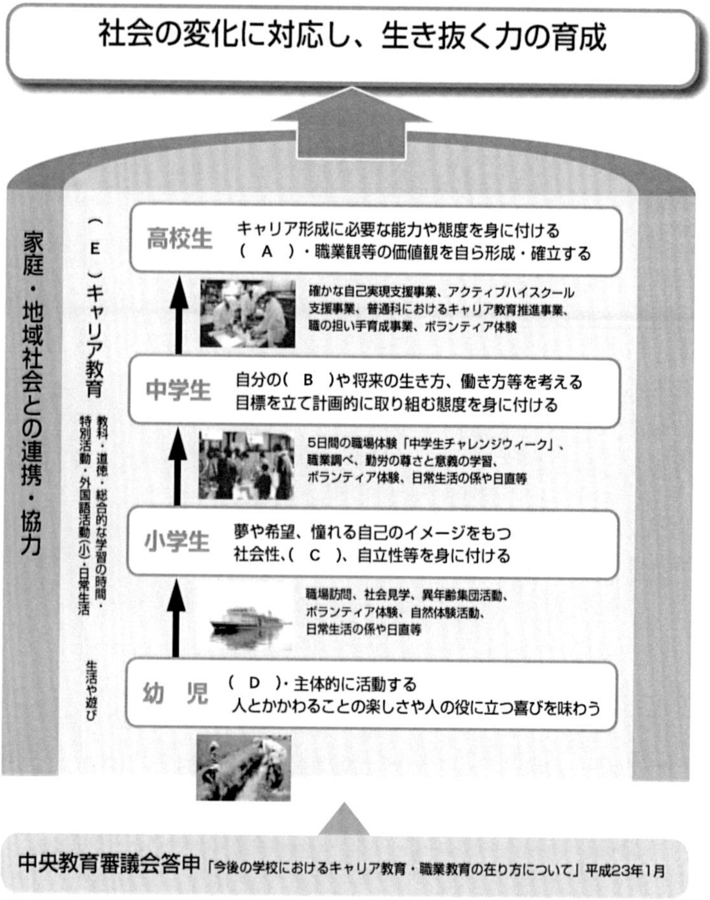
社会の変化に対応し、生き抜く力の育成
家庭・地域社会との連携・協力
（　E　）キャリア教育
教科・道徳・総合的な学習の時間・特別活動・外国語活動(小)・日常生活
生活や遊び
高校生
キャリア形成に必要な能力や態度を身に付ける
（　A　）・職業観等の価値観を自ら形成・確立する
確かな自己実現支援事業、アクティブハイスクール支援事業、普通科におけるキャリア教育推進事業、職の担い手育成事業、ボランティア体験
中学生
自分の(　B　)や将来の生き方、働き方等を考える
目標を立て計画的に取り組む態度を身に付ける
5日間の職場体験「中学生チャレンジウィーク」、職業調べ、勤労の尊さと意義の学習、ボランティア体験、日常生活の係や日直等
小学生
夢や希望、憧れる自己のイメージをもつ
社会性、(　C　)、自立性等を身に付ける
職場訪問、社会見学、異年齢集団活動、ボランティア体験、自然体験活動、日常生活の係や日直等
幼　児
(　D　)・主体的に活動する
人とかかわることの楽しさや人の役に立つ喜びを味わう
中央教育審議会答申「今後の学校におけるキャリア教育・職業教育の在り方について」平成23年1月

	A	B	C	D	E
1	勤労観	役割	自主性	自発的	系統的な
2	勤労観	適性	自主性	体験的	系統的な
3	勤労観	適性	多様性	自発的	継続的な
4	社会観	役割	自主性	自発的	継続的な
5	社会観	役割	多様性	体験的	継続的な
6	社会観	適性	多様性	体験的	系統的な

問25　次の各文は，本県の「人権教育推進プラン(改訂版)」(平成24年3月)に示されている内容である。誤っているものはどれか。1～5から選びなさい。

1　学校教育および社会教育においては，人権感覚を高め，人権問題についての正しい理解・認識を培うとともに，人権を尊重する実践的態度に高めるための教育内容を創造していくことが重要である。

2　滋賀の人権教育がめざすものは，「人権を尊重する人間を育てること」,「本来持っている個人の能力を発揮し，自己実現を図ること」,「人と人とが豊かにつながり，共に生きること」の3点である。

3　人権問題や人間の尊厳についての学びを通して，人権を尊重しようとする人間を育てることは，道徳教育や心の教育においても大切なことである。

4　人権教育の手法については，普遍的な視点からのアプローチと個別的な視点からのアプローチがあり，この二つのアプローチを互いに関連させながら取り組むことが重要である。

5　人権教育は，教科の時間においては取り扱うことがないため，道徳や特別活動，総合的な学習の時間において取り扱うことが重要である。

問26　次の各文のうち，学習障害(LD)について説明しているものはどれか。1～5から選びなさい。

1　年齢あるいは発達に不釣り合いな注意力，及び／又は衝動性，多動性を特徴とする行動の障害で，社会的な活動や学業の機能に支障をきたすものである。

2　身体の動きに関する器官が，病気やけがで損なわれ，歩行や筆記などの日常生活動作が困難な状態を指す。

3　3歳位までに現れ，他人との社会的関係の形成の困難さ，言葉の発達の遅れ，興味や関心が狭く特定のものにこだわることを特徴とする行動の障害である。

4　基本的には全般的な知的発達に遅れはないが，聞く，話す，読む，書く，計算する又は推論する能力のうち特定のものの習得と使用に著しい困難を示す様々な状態を指す。

5　記憶，推理，判断などの知的機能の発達に有意な遅れがみられ，社会生活などへの適応が難しい状態を指す。

問27　次の各文は，本県の「ストップいじめアクションプラン」(平成24年1月改訂)に示されている内容である。誤っているものはどれか。1～5から選びなさい。

1　「いじめを絶対に許さない。いじめられている人を守り通す。」ことを，児童生徒，保護者，地域の人々に宣言する必要がある。

2　いじめの発見またはいじめの訴えがあったときの事実確認は，関係する児童生徒を一室に集め，必ず一斉に行うことが大切である。

3　教職員自身によるいじめ点検を定期的に行い，いじめが心配される状況がないか確認を行うことが大切である。

4　些細な変化を見逃さないように休み時間，昼食時，放課後等において，挨拶や声かけを積極的に行うなど児童生徒とのふれあいに努めることが重要である。

5　いじめた児童生徒には事実を確認した上で，いじめが卑しく恥ずかしい行為であることに気付かせることが必要である。

(☆☆☆◎◎◎◎)

【9】次の問28～問30に答えなさい。

問28　次の各文のうち，選択性かん黙(場面かん黙)について説明しているものはどれか。1～5から選びなさい。

1　他の状況では話すことができるにも関わらず，特定の社会状況(学校などの話すことが期待されている状況)では，一貫して話すことができない状態である。

2　大脳の言語に関する領域の損傷によって言語機能が障害を受け，様々な言語活動が困難になった状態である。

3　発声に際して，音が繰り返されてしまうことや，なめらかにしゃべれないことなどを理由に，特定の音や単語の発声を避けるようになる情緒障害の一種である。

4　繰り返し突発的に本人の意思とは関係なく発声してしまうことが特徴である。

5　喉や気管の障害などによって唇や舌をうまく使って声を出すことができない障害である。

問29　次の各文は，「記憶」について説明したものである。誤っているものはどれか。1～5から選びなさい。

1　ランダムな数字の羅列(例えば，5-7-3-9-4-…と続く)を聞いて覚えた後，数字を順序通りに再生させる場合，正確に答えられる範囲は成人の場合でも7±2個程度であるとされている。

2　長期記憶は，記憶の内容によって，文章などで表現することができる事実に関する記憶と，車の運転の仕方のように言葉で記述できるとは限らない動作などに関する記憶に区分される。

3　短期記憶の中に貯蔵された記憶は，何度も反復すると長期記憶へ送られる可能性が高まる。

4　記憶した事柄が時間の経過とともに再生できなくなることをレミニセンスという。

5　単語を覚えた時の条件と覚えた単語を後で書く時の条件が一致している方が，一致していない時よりも再生成績が良くなる。

問30　次のA～Dの事例に対応する適応機制(防衛機制)の種類を，下の語句から選ぶとき，正しい組合せはどれか。1～5から選びなさい。

A　誰かを攻撃したい気持ちをスポーツで発散する。

B「成績があがらないのは，教え方が悪いからだ」と理由をつけて自分を正当化する。

C　勉強が苦手なため，得意なスポーツで優越感を味わおうとする。

D　自分の両親に対する不満が教師に対する反抗になって現れる。

語句

補償　　昇華　　合理化　　転移(置き換え)

	A	B	C	D
1	補償	転移(置き換え)	昇華	合理化
2	昇華	合理化	補償	転移(置き換え)
3	補償	昇華	合理化	転移(置き換え)
4	転移(置き換え)	補償	合理化	昇華
5	昇華	合理化	転移(置き換え)	補償

(☆☆☆◎◎◎)

解答・解説

【1】問1　1　　問2　4　　問3　3

〈解説〉問1　下線部は「偏見」で，1は「偏西風」，2は「返事」，3は「変化」，4は「編集」，5は「遍歴」である。4，5との混同に気をつけたい。漢字問題は日々の練習量次第である。毎日少しずつで構わないので，少しずつ知識量を増やしていくとよい。熟語の知識も必要なので，知っている漢字でも漢和辞典で調べることも有効である。

問2　A の前にある「相手と会って，話を聞くこと」から，次には「聞く」能力について説明している C が来ると考えられる。そして，C では「つい人の話をいい加減に聞き流す傾向」とあるので，それに関する実験が述べられている[A]が次に来ると考えられる。最後に「聞く」ではなく「聴く」ことをしなければならない，という筆者の主張が述べられている[B]が来る。　問3　1　第3段落に「本当のコミュニケーションの第一歩は，まず相手を聞くこと」とある。

2　援助や相互理解を求める意志があることは，聞くことの前提条件と書いてあるので，「普段の聞く行為から生まれる」は誤り。

4　相手のことを知ることをしなければならず，これは，「日頃，何気なくやっている聞くという行為」にはあてはまらない。　5　[B]で日常生活においてはすれ違いや誤解などが当たり前だが，「それでもなんとか物事は回っていく」とある。

【2】問4　2　　問5　4　　問6　1

〈解説〉問4　大航海時代において新大陸を植民地化したのは，ポルトガルとスペイン(イスパニア)だが，ブラジルを植民地化したのはポルトガルである。よって，ブラジルではポルトガル語が公用語となっている。他の選択肢について，オランダでは「ポルダー」，インドの「沐浴」，ロシアの「タイガ」，ニュージーランドの「マオリ」はキーワードになるので，学習しておこう。　問5　1のコロンブスがサン＝サルバドル島を発見したのは1492年，2のクレルモン公会議は1095年，3のガリア遠征(ガリア戦争)は紀元前58～51年，4のリンカーン大統領の奴隷解放宣言は1863年，5のソビエト政権の誕生は1917年である。

問6　2「日本で最初の仏教文化」は飛鳥文化であり，東山文化は室町時代後半の文化である。東山文化では足利義政の慈照寺銀閣や雪舟の水墨画などが代表例である。　3　運慶らによる東大寺南大門の金剛力士像は鎌倉時代の前期である。天平文化は奈良時代である。

4　元禄文化についての説明である。化政文化は江戸時代後半の文化であり，江戸を中心とした文化である。　5　安土城は織田信長が築城したので，桃山文化である。北山文化は足利義満の頃の文化で，室町時代初期である。

【3】問7　2　　問8　4　　問9　5

〈解説〉問7　$5<\sqrt{a}<6$の辺々を2乗すると，$25<a<36$となる。これを満たす自然数aは26，27，28，29，30，31，32，33，34，35の10個である。

問8

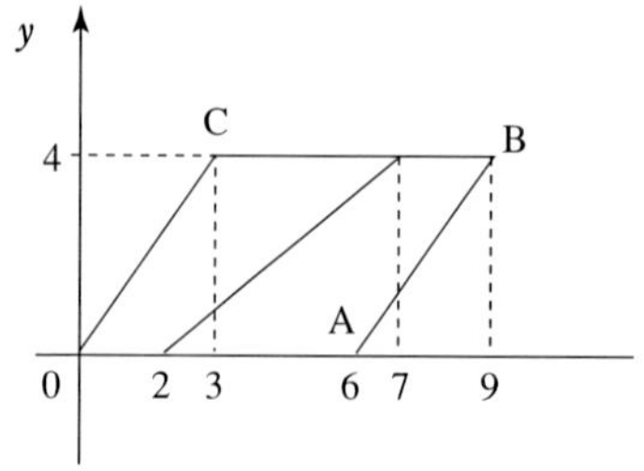

点(2，0)を通る直線で平行四辺形OABCの面積を2等分するので，2の直線は点(7，4)を通る。よって，点(2，0)と点(7，4)の傾きは，

$\frac{4-0}{7-2}=\frac{4}{5}$

問9　円すいの母線を半径とする円周は，底面の円周の長さの3倍である。半径と円周の長さは比例するので，円すいの母線の長さは底面の半径の3倍である。よって，円すいの母線の長さは$6\times3=18$〔cm〕。円すいの高さは三平方の定理より，$\sqrt{18^2-6^2}=12\sqrt{2}$〔cm〕で，円すいの体積は$6^2\pi\times12\sqrt{2}\times\frac{1}{3}=144\sqrt{2}\pi$〔cm^3〕である。

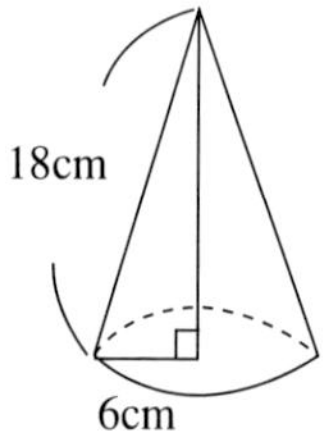

【4】問10　5　　問11　3　　問12　1

〈解説〉問10　等速円運動をする物体には向心力が働く。　問11　P波は

縦波で固体中も液体中も伝わるが，S波は横波で固体中しか伝わらない。またP波のほうが，速度が大きいので先に到着する。P波とS波の到着する時間の差は，初期微動継続時間で震源からの距離に比例する。地震波は3か所で測定すると，震源の位置を特定できる。　問12　電解質に異なる種類の金属を浸し，導線でつないで電池を作ると，イオン化傾向の大きいほうが負極，小さいほうが正極になる。図の電池では亜鉛が負極になるので，亜鉛板から銅板に電子は流れる。よって，亜鉛板では $Zn \rightarrow Zn^{2+} + 2e^-$ と反応して亜鉛が溶け，正極では $2H^+ + 2e^- \rightarrow H_2$ と反応して水素が発生する。

【5】問13　2　　問14　3　　問15　5

〈解説〉問13　(　　)を含む1文の意味は「外国語の勉強をはじめる最も適切な時期は，幼児期であり，あなたが若ければ若いほどもう一つの言語を学ぶのは簡単になると考える人がいる」。文意から2「始める」が適切。他は，1「終わる」，3「期待する」，4「開ける」，5「辞める」である。Some people think …は「…と考える人もいる」。また，比較級…，比較級…は「…すればするほど，ますます…である」と訳す。

問14　1「若ければ若いほど，異文化を経験することは容易であると考える人もいる」とあるが，1〜3行目で，若ければ若いほど，外国語を学ぶことが容易になると考える人がいることが述べられている。

2「言語教室内での子ども達は，大人よりも良く外国語を学ぶ」とあるが，4〜5行目で，裏付ける証拠がほとんどないことが述べられている。　3「子ども達は，大人よりも情報を構成することにあまり効率的でないと，言われている」とある。7〜9行目で言語学習における大人の利点について述べられている。　4「大人と比べて，子どもは外国語を学ぶことにより意欲的であると言われている」とあるが，9〜10行目では大人のほうが子どもよりも言語を意欲的に学ぶと述べられている。　5「通常，大人は語彙の適切性に敏感であっても，文法の正確さについては敏感ではない」とあるが，11〜14行目で大人は語彙の適切性と文法の正確さの両方に敏感であることが述べられている。

問15　日本語訳は，A：私はあなたのライフスタイルを心配しています。　B：私のライフスタイルですか？　A：そうです。もっとのんびりするべきですよ。　B：わかりました。　A：休暇をとることを勧めます。　B：わかりました。アドバイスに感謝します，となる。slow downは「もっとのんびりする，ゆとりを持つ」，I seeは「わかりました」，take a vacationは「休暇をとる」であり，対話文の内容から5が最も適切。他は，1「毎日一生懸命運動をする」，2「安全運転をする」，3「きつい仕事をする」，4「遅くまで起きる」である。

【6】問16　1　　問17　3　　問18　3

〈解説〉問16　教育基本法は，昭和22年に公布されたものであるが，平成18年には60年ぶりに改正され，現在に至っている。前文は旧教育基本法の趣旨を生かしつつ，新たに「公共の精神」の尊重を付加して再編成されたものである。教育基本法は日本国憲法と同様，最重要法規の1つであり，全文暗記が望ましい。　問17　1は児童虐待の防止等に関する法律第5条第1項，2は学校教育法施行規則第135条第1項であり，同法第48条の準用が定めている。3は教育職員免許法第9条第1項だが，「15年」ではなく，「10年」が正しい。4は学校保健安全法第20条，5は学校教育法施行規則第25条である。　問18　1は地方公務員法第30条，2は地方公務員法第33条である。3は地方公務員法第34条第1項だが，その職を退いた後でも守秘義務は課せられている。4は教育公務員特例法第18条第1項，5は教育公務員特例法第21条第1項である。

【7】問19　5　　問20　6　　問21　2

〈解説〉問19　ヘルバルトはドイツの教育学者である。ペスタロッチの教育思想とその実践に影響を受け，教育目的を倫理学，方法を心理学に求めた教育学を体系化している。著書『一般教育学』には4段階教授法(明瞭－連合－系統－方法)等が示されており，教育界に大きな影響を与えた。　問20　問題文は教育課程編成の一般方針について述べられており，各学校種とも学習指導要領の総則に示されている。教育活動と道徳教育はどの学校種でも重要であり，特定の授業だけでなく，学校教育全体で行わなければならない事項とされている。なお，体育・健康に関する指導についても，全校種共通で記載されているので，学習する必要があるだろう。　問21　1のプログラム学習とは，スモールステップやフィードバックの原理を基に，個別学習を進める学習方法。3の完全習得学習とは，適切な教育目標，適切な評価方法で，学習内容を確実に習得させる教育方法。4のバズ学習は少人数に分けてテーマについて討議させ，さらにその結論・意見を全員で討議するといった方法である。5のモジュール学習は10分，15分などの時間を単位として取り組む学習方法である。

【8】問22　5　　問23　3　　問24　1　　問25　5　　問26　4　　問27　2

〈解説〉問22　懲戒と体罰の区別については場所，時間，態様などを総合的に考えて判断する必要がある。具体事例として「学校教育法第11条に規定する児童生徒の懲戒・体罰等に関する参考例」がある。出題頻度が上がっている資料なので，一読しておきたい。　問23　受験する自治体の教育方針は，必ずおさえること。通常，県教育委員会のホームページ等で公開されているので最新の資料で学習しておこう。ただし，本問は小学校学習指導要領の外国語教育を学習していれば，正答できるはずである。3は「小学校の全学年」ではなく「小学校第5～6学年」が正しい。　問24　キャリア教育の目標である「社会の変化に対応し，生き抜く力の育成」の具体的項目について，本県では「他者を理解し共同する力」「自己を理解し管理する力」「課題を発見・分析し計画的に対応する力」「働く意義を理解し将来を設計する力」の4点をあげている。　問25　5は教科の時間や教科等指導，生徒指導，学級経営も含めたあらゆる教育の場を通して，人権教育を行わなければならない，が正しい。なお，教科，道徳，特別活動，総合的な学習の時間では「重点的に内容や時間を設定し焦点化した人権学習」に取り組むとしている。　問26　近年では，特別支援教育に関する問題の出題頻度が上がっているので，学校教育法などで示されている障害については概要を知っておくべきであろう。1は注意欠陥多動性障害(ADHD)，2は肢体不自由，3は高機能自閉症，5は知的障害の説明文である。　問27　2は早期対応に関する内容だが，「ストップいじめアクションプラン」では「事実確認は必ず個別に行い，内容の照合を行う。ただし，長時間の聞き取りを行わないなど，児童生徒の状況には配慮する」とある。その他，早期対応に関しては管理職への報告，いじめ対策委員会の開催などが示されている。

【9】問28　1　　問29　4　　問30　2

〈解説〉問28　選択性かん黙は集団行動等に対して緊張感や不安感があり，心理的な安定を得るため無意識のうちにかん黙することをいう。

問29　短期記憶は，感覚記憶の中から抽出され，それは繰り返し反復して想起される(リハーサル)ことで，長期記憶として定着する。なお，長期記憶は言葉で表現可能な記憶である宣言的記憶と言葉にできない非宣言的記憶(これは手続き記憶およびプライミング記憶に分けられる)に大別される。レミニセンスとは，記憶した直後よりも，時間がある程度経過した後のほうが記憶を想起しやすい傾向を意味する。

問30　精神分析学の創始者であるフロイトが提唱し，後に末娘のアンナ・フロイトによって理論化された防衛機制(適応機制)からの出題である。Aは昇華，Bは合理化，Cは補償，Dは転移(置き換え)に関する説明である。防衛機制には，このほか反動形成，抑圧，取り入れ，退行などもあるので，それぞれの具体例とあわせて覚えておきたい。

2013年度　実施問題

【1】次の文章を読んで問1～問3に答えなさい。

上達ということで言うと，ある事柄がうまくなるときに，それだけがうまくなって終わりの人と，そのことを通じて上達力とでもいうべき応用の効く力が身につく人とがいる。その上達力を身につけた人というのは，それ以外のことに対しても応用が効くので，次の事柄に向かったときの上達が早くなる。

A

たとえばある人が中学か高校の先生になって，好きな部活の指導をしたとする。自分は野球部の出身なので，とにかく野球を教えたい，というわけだ。だが，単に野球を教えるのと，野球を通じてその後一生生きていくために必要な上達の極意を伝えるのとは，違うことである。

B

厳しい練習をして，野球はうまくなったとする。しかし，生徒たちが社会に出たときに何か新しい課題を与えられて，(　ア　)，頭は白紙という状態になるのでは，学校教育の中で野球をやった意味がちょっと少ない。鍛えられたのは指導にしたがう根性だけ，従順な心だけというのでは，ちょっとさみしい。

勉強や部活動を通して上達の普遍的な原則を相手に伝えるのだという意識を常に持っている人が，教育力のある人だと私は思う。

C

真似る力の重要な点は，感覚を捉えるということだ。イチローは2006年のシーズン中，200本安打のプレッシャーにつぶれそうになったとき，こんなきっかけで危機を脱出した。

「僕，あの日の練習で，キャッチボールのときの投げ方を変えたんです。僕の中にはまだピッチャーだったときの感覚が残っていますから，いろんな人の真似をしたりしてキャッチボールしてるんです。子どものときに真似した小松(辰雄)さんとか，江川(卓)さんとか，桑田(真澄)さんとか……そのときは僕，牛島(和彦)さんになったんです(笑)。そうしたら，リリースのところだけに力が入る感じがあって，おおっ，これはいいなぁ，この感じがバッティングにあったらって……そこからなんですよ，インパクトの瞬間だけ力を入れる感覚で打てるようになったのは」(「Number」2006年11月号)

イチローでも，いろいろな人の真似をして上達した。しかも大事なのは，真似することで感覚を摑んでいったということだ。

D

全く誰からも学ばないで新しいことを始めるということは，歴史上あまり例がない。天才といわれている人，モーツァルトにせよ，ピカソにせよ，どの領域の天才も，無から生み出す独創性があったというよりも，学習速度がほかの人よりも速かったということだと思う。

かなり速い速度でほかのものを吸収してしまうと，それらを組み合わせて自分のスタイルをつくっていくことができる，ということなのである。だから，学習のプロセスとしては，まずはそこまでにあるいろいろないいものを真似して吸収する。その上で，それらをアレンジして自分なりのものを提示する。これは普遍的な原則だと思う。

E

ところが，クリエイティビティ(創造性)ということに関して，全く人のものを見ないで，影響を受けないで自分の内側から湧き出るものに耳を傾けるといいものができるというような，根拠のない幻想が広まってしまったので，模倣力というものが軽んじられてきた。

(齋藤孝『教育力』より)

(注) 小松(辰雄)，江川(卓)，桑田(真澄)，牛島(和彦)…いずれも一世を風靡したプロ野球の投手

問1　次の段落を本文中に挿入する場合，A～Eのどの場所が最も適切か。1～5から選びなさい。

この生きていくために大切な上達力の基盤になるのが，真似る力だ。「真似る」というのは，何となく「ひとまねこざる」のようで，

もう一つ聞こえがよくない。だが実際には，この行為は人間が新しいことを獲得するときに，どうしても必要なことなのである。

1　A
2　B
3　C
4　D
5　E

問2　文章中の(　ア　)に当てはまる四字熟語として最も適切なものはどれか。1～5から選びなさい。

1　七転八起
2　疑心暗鬼
3　自縄自縛
4　半信半疑
5　五里霧中

問3　この文章の内容と一致するものとして，最も適切なものはどれか。1～5から選びなさい。

1　野球が少しぐらいうまくなっても，それに伴う精神的な充実がなければ，社会に出たときに役立たない。
2　モーツァルトやピカソのような人たちの特徴は，模倣力よりも，学習速度の速さとそれをアレンジして自分なりのものを提示できるところにある。
3　野球の技術を向上させることと，上達の普遍的な原則を身につけることは，何の関係もない。
4　創造性は，無から生み出す独創性から始まるのではなく，他の真似をしてそれを吸収するところから出発する。
5　イチローのような一流のプレーヤーは，真似を繰り返す中に無から生み出す独創性を発揮する。

(☆☆☆◎◎◎)

【2】次の問4～問6に答えなさい。

問4　次の各文は，地形や土地利用について述べたものである。誤っているものはどれか。1～5から選びなさい。

1　扇状地の扇端では，伏流した河水が再び湧き出るため水に恵まれ，周辺では集落や水田などの土地利用がみられる。

2　三角州は，河川により運ばれた砂や泥が，河口付近に堆積して形成された地形である。

3　自然堤防は，砂や粘土などの洪水堆積物からなる河岸の微高地で，果樹園や畑などに利用される。

4　カルスト地形は，石灰岩などの炭酸塩岩の地域で，溶食作用によって形成された地形である。

5　U字谷は，河川の侵食力や運搬力が大きい上流部で，流水による下方侵食によって谷が深く刻まれ形成された地形である。

問5　次の各文は，江戸時代の政策について述べたものである。享保の改革で行われたものはどれか。1～5から選びなさい。

1　江戸の貧しい人びとの救済にあたる小石川養生所をつくった。

2　人返しの法を発して，江戸への流入者を強制的に帰村させた。

3　困窮する旗本・御家人を救済するため，棄捐令を出して札差に貸金を放棄させた。

4　江戸の治安維持対策として，石川島に人足寄場を設けて無宿人などを収容して，仕事につかせようとした。

5　上知令を出して，財政の安定や対外防備の強化をはかろうとした。

問6　次の各文は，17～18世紀の西洋の思想について述べたものである。正しいものはどれか。1～5から選びなさい。

1　イギリスのホッブズは，『リヴァイアサン』を著し，社会契約説を説き絶対王政への抵抗権を主張した。

2　フランスのモンテスキューは，ロックの影響を受けて『市民政府二論』を著し，三権分立論を主張し，王権の制限を説いた。

3　ドイツのカントは，『純粋理性批判』を著し，人間の認識能力に根本的な反省を加えて，ドイツ観念論を確立した。

4　イギリスのアダム＝スミスは，『諸国民の富』を著し，自由主義的な修正資本主義を確立した。

5　フランスのデカルトは，『方法叙(序)説』を著し，あらゆる知識の源泉を理性に求め，帰納法を新たな学問的方法とした。

(☆☆☆◎◎◎)

【3】次の問7～問9に答えなさい。

問7　2次方程式 $x^2-2x+8=0$ の解を α，β とするとき，$\alpha^2\beta+\alpha\beta^2$ の値として正しいものはどれか。1～5から選びなさい。

1　－16

2　－12

3　　2

4　　12

5　　16

問8　7人の児童を3人と4人の2つのグループに分ける。特定の2人が同じグループになるような分け方は何通りあるか。正しいものを，1～5から選びなさい。

1　10通り

2　15通り

3　21通り

4　24通り

5　35通り

問9　次の図のようなAB＝3，AD＝2，AE＝2である直方体ABCD－EFGHがある。三角形BEGの面積として正しいものはどれか。1～5から選びなさい。

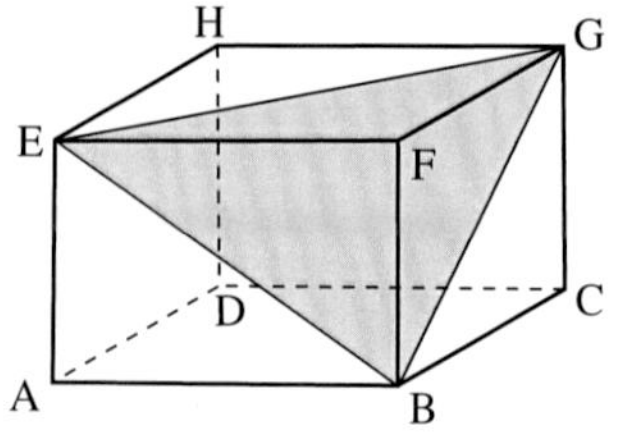

1　$\sqrt{10}$

2　$2\sqrt{3}$

3　$\sqrt{22}$

4　$\sqrt{26}$

5　$\sqrt{30}$

(☆☆☆◎◎◎)

【4】次の問10〜問12に答えなさい。

問10　次のア〜エのうち，正しい内容のものはどれか。1〜5から選びなさい。

ア　高い山の山頂では，ふもとより大気圧が低いので，水の沸点は低い。

イ　水中に沈んでいる物体にはたらく浮力は，その物体の質量に比例する。

ウ　ギターの弦は，強く張った方が振動数が小さくなる。

エ　音の速さは，水中より空気中の方が小さい。

1　アとウ

2　アとエ

3　イとウ

4　イとエ

5　ウとエ

問11　不純物を含む炭酸カルシウム100gに過剰の塩酸を加えたとき，標準状態〔0℃，1atm(1.013×10^5 Pa)〕で，18Lの二酸化炭素が発生した。用いた炭酸カルシウムの純度は何%か。最も近いものを1〜5

から選びなさい。ただし，不純物は化学変化しないものとし，必要ならば原子量は次の値を用いなさい。

H＝1.0，C＝12，O＝16，Cl＝35.5，Ca＝40

1　95%

2　90%

3　85%

4　80%

5　75%

問12　エンドウを材料として遺伝実験を行った。種子の形が丸形の純系としわ形の純系を交雑したところ，雑種第一代では丸形の種子のみが現れた。次の各文は，この雑種第一代を使った実験結果について述べたものである。正しいものの組合せはどれか。1～5から選びなさい。

ア　雑種第一代を自家受精させたところ，丸形としわ形の種子が同数程度現れた。

イ　雑種第一代と種子の形がしわ形の純系を交雑したところ，丸形としわ形の種子が同数程度現れた。

ウ　雑種第一代の自家受精によって得られた雑種第二代のうち，丸形の種子の雑種第二代を自家受精させたところ，しわ形の種子が4分の1程度現れる株があった。

エ　雑種第一代の自家受精によって得られた雑種第二代を自家受精させたところ，しわ形の種子のみが現れる株はなかった。

オ　雑種第一代の自家受精によって得られた雑種第二代と種子の形がしわ形の純系を交雑したところ，丸形の種子のみが現れる株があった。

1　ア，イ，ウ

2　ア，ウ，オ

3　イ，ウ，エ

4　イ，ウ，オ

5　イ，エ，オ

(☆☆☆◎◎◎)

【5】次の問13～問15に答えなさい。

〔問13・問14〕次の英文を読んで，各問に答えなさい。

Reading is more than just a pleasant, interesting, and informative experience. It has consequences, some of which are the typical consequences of any kind of experience we might have. Other consequences are uniquely particular to reading.

General consequences of experience are an increase in specific memories and knowledge. I have not found any studies of how much individuals normally remember from what they read (outside of artificial experimental situations looking at how much can be recalled of items determined by the researcher). But common observation would suggest that individuals remember as much about books that they find (　　　) and readable as they do about "real life" experiences in which they are involved. Many anecdotal reports indicate remarkable memories on the part of readers for the appearance, titles, authors, characters, settings, plots, and illustrations of books that were important to them, often extending back to childhood. With books, as with every other kind of experience, we remember what we understand and what is significant to us.

There are also specific consequences. Experience always results in learning. Experience in reading leads to more knowledge about reading itself. Not surprisingly, students who read a lot tend to read better.

＜Frank Smith　*Understanding reading* -- 5th ed.＞

(注) informative : 知識を与える　　artificial : 人為的な

anecdotal : 個々の観察(報告・話)に基づいた

問13　英文中の (　　　) に入る最も適切な語はどれか。1～5から選びなさい。

1　expensive

2　interesting

3　dangerous

4　different

5　boring

問14　この英文の内容と一致するものはどれか。1～5から選びなさい。

1　According to anecdotal reports, readers remember many things only from titles and characters which are important to the readers.

2　An increase in specific memories and knowledge cannot be considered general consequences of reading experience.

3　Experience in reading does not always lead to more knowledge about reading itself.

4　It can be said that the more students read, the more they learn about reading.

5　The author has found some studies showing how much individuals can recall from what they read.

問15　次の対話文の中の（　　　）に入る最も適切なものはどれか。1～5から選びなさい。

A：Don't you like this sofa?

B：Yes. It's very nice, but I don't think we can afford it.

A：No?

B：No. I don't think so. Don't forget ... our bank account is pretty low right now and we still haven't paid last month's telephone bill.

A：Hmm. You're right.

B：And besides, we don't really need a sofa right now, do we?

A：(　　　).

1　I'm no better

2　Neither do I

3　I didn't know that

4　Never mind

5　I suppose not

(☆☆☆◎◎◎)

【6】次の問16～問18に答えなさい。

問16　次のA～Eは，日本国憲法(昭和21年11月3日公布)，教育基本法(平成18年12月22日　法律第120号)，教育基本法［旧法］(昭和22年3

月31日　法律第25号)の条文または条文の一部である。A～Eと下のア～ウの組合せとして，正しいものはどれか。1～5から選びなさい。

A　教育は，人格の完成を目指し，平和で民主的な国家及び社会の形成者として必要な資質を備えた心身ともに健康な国民の育成を期して行われなければならない。

B　すべて国民は，法律の定めるところにより，その能力に応じて，ひとしく教育を受ける権利を有する。

C　伝統と文化を尊重し，それらをはぐくんできた我が国と郷土を愛するとともに，他国を尊重し，国際社会の平和と発展に寄与する態度を養うこと。

D　国民は，その保護する子女に，九年の普通教育を受けさせる義務を負う。

E　政府は，教育の振興に関する施策の総合的かつ計画的な推進を図るため，教育の振興に関する施策についての基本的な方針及び講ずべき施策その他必要な事項について，基本的な計画を定め，これを国会に報告するとともに，公表しなければならない。

ア　日本国憲法　　イ　教育基本法　　ウ　教育基本法[旧法]

	A	B	C	D	E
1	ア	ウ	イ	ウ	ア
2	イ	ア	イ	ウ	イ
3	イ	イ	ウ	ア	ウ
4	ウ	ア	イ	イ	ウ
5	ウ	イ	ア	ア	イ

問17　次のA～Eは，学校教育法(昭和22年3月31日　法律第26号)，学校教育法施行令(昭和28年10月31日　政令第340号)，学校教育法施行規則(昭和22年5月23日　文部省令第11号)の条文または条文の一部である。正しいものを○，誤っているものを×としたとき，正しい組合せはどれか。1～5から選びなさい。

A　〔学校教育法〕校長及び教員は，教育上必要があると認めるときは，教育長の定めるところにより，児童，生徒及び学生に懲戒を加えることができる。

B 〔学校教育法施行規則〕校長(学長を除く。)は，当該学校に在学する児童等について出席簿を作成しなければならない。

C 〔学校教育法施行規則〕小学校には，設置者の定めるところにより，教員の職務の円滑な執行に資するため，職員会議を置くことができる。

D 〔学校教育法施行令〕公立の学校(大学を除く。)の学期及び夏季，冬季，学年末，農繁期等における休業日は，市町村又は都道府県の設置する学校にあつては当該市町村長又は都道府県知事が，公立大学法人の設置する高等専門学校にあつては当該公立大学法人の理事長が定める。

E 〔学校教育法施行規則〕特別支援学校の小学部の教育課程は，国語，社会，算数，理科，生活，音楽，図画工作，家庭及び体育の各教科，道徳，外国語活動，総合的な学習の時間，特別活動並びに自立活動によつて編成するものとする。

	A	B	C	D	E
1	○	○	×	×	○
2	×	○	×	○	○
3	×	×	○	○	○
4	○	×	○	○	×
5	×	○	×	×	○

問18 次は，地方公務員法(昭和25年12月13日 法律第261号)の条文または条文の一部である。文中の（ A ）～（ E ）にあてはまる語句をあとのア～スから選ぶとき，正しい組合せはどれか。1～5から選びなさい。

第29条 職員が次の各号の一に該当する場合においては，これに対し（ A ）処分として戒告，減給，停職又は免職の処分をすることができる。

1 この法律若しくは第57条に規定する特例を定めた法律又はこれに基く条例，地方公共団体の規則若しくは地方公共団体の機

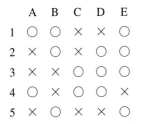

関の定める規程に違反した場合
2　職務上の義務に違反し，又は職務を怠つた場合
3　全体の奉仕者たるにふさわしくない非行のあつた場合

第30条　すべて職員は，全体の奉仕者として公共の利益のために勤務し，且つ，職務の遂行に当つては，全力を挙げてこれに（　B　）しなければならない。

第33条　職員は，その職の信用を傷つけ，又は職員の職全体の（　C　）となるような行為をしてはならない。

第34条　職員は，職務上知り得た（　D　）を漏らしてはならない。その職を退いた後も，また，同様とする。

第37条　職員は，地方公共団体の機関が代表する使用者としての住民に対して同盟罷業，怠業その他の（　E　）行為をし，又は地方公共団体の機関の活動能率を低下させる怠業的行為をしてはならない。又，何人も，このような違法な行為を企て，又はその遂行を共謀し，そそのかし，若しくはあおつてはならない。

ア　政治的	イ　争議	ウ　秘密	エ　個人情報
オ　事柄	カ　従事	キ　専念	ク　専心
ケ　懲戒	コ　分限	サ　行政	シ　信用失墜
ス　不名誉			

	A	B	C	D	E
1	ケ	カ	シ	ウ	ア
2	ケ	キ	ス	ウ	イ
3	コ	キ	シ	オ	ア
4	サ	カ	ス	エ	ア
5	サ	ク	シ	エ	イ

(☆☆☆☆◎◎◎◎)

【7】次の問19～問21に答えなさい。

問19　次の文は，平成20年に告示された小学校，中学校，および平成21年に告示された高等学校の学習指導要領総則に関する内容の一部

である。文中の（　A　）～（　E　）にあてはまる語句の正しい組合せはどれか。1～6から選びなさい。

知識・技能を習得するのも，これらを活用し課題を解決するために思考し，判断し，表現するのもすべて言語によって行われるものであり，これらの学習活動の（　A　）となるのは，言語に関する能力である。さらに，言語は（　B　）だけではなく，（　C　）や（　D　）・情緒の基盤でもあり，豊かな心をはぐくむ上でも，言語に関する能力を高めていくことが求められている。したがって，今回の改訂においては，言語に関する能力の育成を重視し，各教科等において（　E　）を充実することとしている。

	A	B	C	D	E
1	基盤	科学的思考	人間関係	心情	探究活動
2	基盤	抽象的思考	人間関係	理性	言語活動
3	基盤	論理的思考	コミュニケーション	感性	言語活動
4	基本	科学的思考	コミュニケーション	感性	身体活動
5	基本	抽象的思考	人間関係	心情	身体活動
6	基本	論理的思考	コミュニケーション	理性	探究活動

問20　次の文は，「プロジェクト・メソッド」について述べたものである。文中の（　A　）～（　D　）にあてはまる語句を下のア～コから選ぶとき，正しい組合せはどれか。1～6から選びなさい。

（　A　）で20世紀初頭，農業教育や手工科などの作業活動で使われていたプロジェクトという手法を，（　B　）のプラグマティズムの影響を受けた（　C　）が，それに理論的根拠を与えて，プロジェクト・メソッドという学習活動として一般化した。

この学習活動は，目的立て，計画立案，（　D　），批判の4段階からなる。

ア　カナダ　　　イ　イギリス

ウ　アメリカ合衆国　　　エ　ブルーナー(Bruner, J. S.)

オ　デューイ(Dewey, J.)　　　カ　パーカスト(Parkhurst, H.)

キ　キルパトリック(Kilpatrick, W. H.)　　　ク　実行

ケ　評価　　　　　　　　　　　コ　改善

	A	B	C	D
1	ア	エ	カ	ク
2	ア	オ	キ	ケ
3	イ	エ	オ	コ
4	イ	キ	カ	コ
5	ウ	オ	キ	ク
6	ウ	キ	オ	ケ

問21　次のA～Dは，我が国の教育に大きな影響を与えた教育者の業績について説明したものである。その教育者をア～エから選ぶとき，正しい組合せはどれか1～6から選びなさい。

A　新教育運動の指導者。1901年，兵庫県第二師範学校(姫路師範学校)の初代校長となる。生徒の自律と自治を尊重，師弟同行の体験，労作に基づく自由な学風をつくり出した。1923年，下中弥三郎らと「教育の世紀社」を創設，翌年，実験学校として東京に「池袋児童の村小学校」を創設した。

B　1921年に自由学園を創設。自由，平等，自治の精神により一人一人の可能性を自由に伸ばすことを教育目標に掲げ，同学園では「自労自活」の生活体験による徹底した生活中心主義の教育方針がとられた。

C　国語科教育において，『綴り方教授』(1913年)，『綴り方教授に関する教師の修養』(1915年)，『読み方教授』(1916年)の三部作で著名になり，特に綴方の随意選題の提唱者とされた。

D　1919年，沢柳政太郎の要請を受けて成城小学校の主事として赴任し，成城学園を日本の教育改造運動のメッカともいうべき学園に発展させる上で中心的な役割を果たした。また，1921年，東京で開催されたいわゆる「八大教育主張講演会」では「全人教育論」を主張，その後1929年には玉川学園を創設した。

ア　羽仁もと子　　イ　野口援太郎　　ウ　小原国芳

エ　芦田恵之助

	A	B	C	D
1	イ	ア	エ	ウ
2	イ	エ	ウ	ア
3	ウ	ア	エ	イ
4	ウ	エ	ア	イ
5	エ	イ	ア	ウ
6	エ	イ	ウ	ア

(☆☆☆☆◎◎◎◎◎)

【8】次の問22～問27に答えなさい。

問22　次のA～Eは，「滋賀県学校防災の手引き」(平成24年3月)の「2 防災教育の充実」に示されている内容である。正しいものを○，誤っているものを×としたとき，正しい組合せはどれか。1～5から選びなさい。

A　防災教育は，様々な危険から児童生徒の安全を確保するために行われる安全教育と区別して進められる必要がある。

B　学校での防災教育は，そのねらいに基づき，各教科の時間ではなく特別活動の時間を利用し，発達段階に応じて進められるものである。

C　学校での防災教育は，「自らの危険を予測し，回避する能力を高める防災教育」と「支援者としての視点から，安全で安心な社会づくりに貢献する意識を高める防災教育」が重要である。

D　滋賀県においては，琵琶湖西岸断層帯による地震や東南海・南海地震等の発生の可能性がきわめて高いことに留意する必要がある。

E　学校における災害安全は，児童生徒の危険予測・回避能力の育成をめざす「防災教育」と児童生徒の安全確保に向けた体制の充実をめざす「防災管理」，これらを推進する体制を整備する「組織活動」の3つの要素がある。

	A	B	C	D	E
1	×	×	○	○	○
2	○	×	○	○	×
3	○	○	×	×	○
4	○	○	×	○	×
5	×	×	○	×	○

問23　次の各文は，本県の人権啓発冊子「こころやわらかく　一人ひとりの人権を大切にするために(改訂版)」(2012年3月)に示されている内容である。誤っているものはどれか。1～5から選びなさい。

1　2002年(平成14年)4月に「滋賀県男女共同参画推進条例」を施行し，男女が社会の対等な構成員として，自らの意思によって，家庭，地域，学校，職場などあらゆる分野の活動に参画する機会が確保されるよう，県と県民，事業者がそれぞれ主体的に取り組むことを定めている。

2　1994年(平成6年)10月に制定した「滋賀県住みよい福祉のまちづくり条例」を，2004年(平成16年)8月に，少子高齢化への対応やユニバーサルデザインの考え方を取り入れ，「だれもが住みたくなる福祉滋賀のまちづくり条例」と改正し，県と県民，事業者が一体となって福祉のまちづくりに取り組んでいる。

3　2006年(平成18年)4月に施行した「滋賀県青少年の健全育成に関する条例」は，子どもが人権を尊重され夢を持って健やかに育ち，また子どもを安心して育てることのできる環境づくりをめざしている。

4　2010年(平成22年)4月に「滋賀県多文化共生推進プラン」を策定し，行政はもとより，国際交流協会，NPO・NGOなど，さまざまな担い手と連携・協働を図りながら，外国人住民とともに暮らす地域づくりに向けて取組を進めている。

5　2006年(平成18年)に策定した「レイカディア滋賀プラン」を2012年(平成24年)に改定し，だれもが高齢になっても安心して暮らせる地域づくりをめざしている。

問24　次の図は，本県の「平成24年度　学校教育の指針」の「10 環境教育の推進」で示されているものである。図中の(　A　)～(　E　)にあてはまる語句の正しい組合せはどれか。1～5から選びなさい。

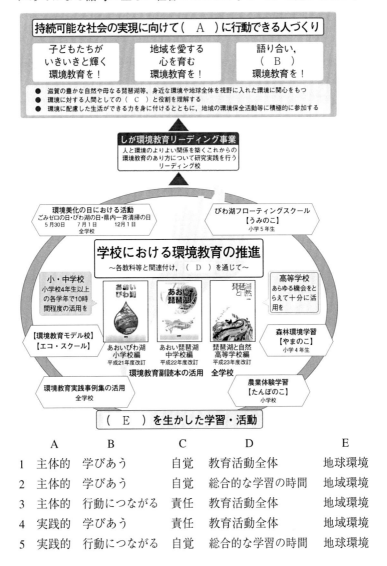

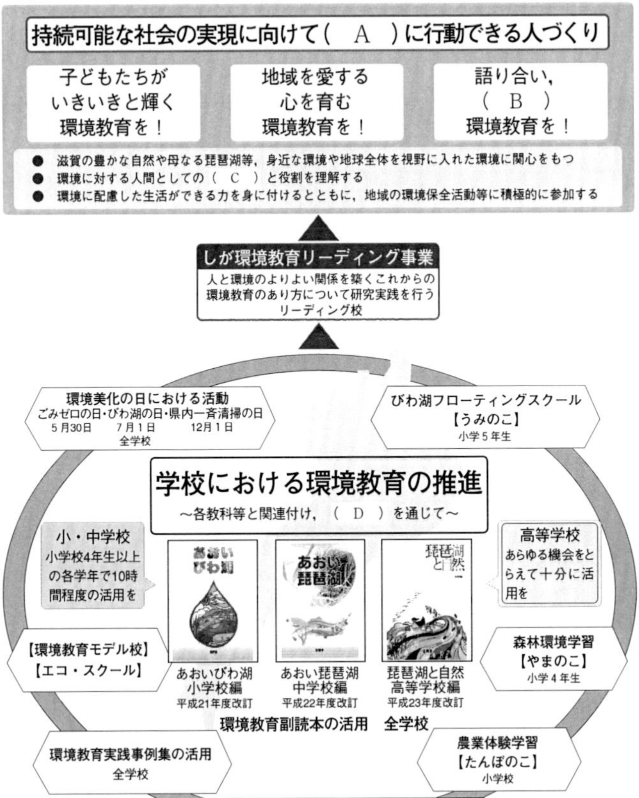

	A	B	C	D	E
1	主体的	学びあう	自覚	教育活動全体	地球環境
2	主体的	学びあう	自覚	総合的な学習の時間	地域環境
3	主体的	行動につながる	責任	教育活動全体	地域環境
4	実践的	学びあう	責任	教育活動全体	地域環境
5	実践的	行動につながる	自覚	総合的な学習の時間	地球環境

問25　次の文は，本県の「平成24年度　学校教育の指針」の「学校教育推進の基本2　豊かな心を育む教育の推進」である。文中の(　A　)～(　E　)にあてはまる語句の正しい組合せはどれか。1～5から選びなさい。

今日の，他者への無関心，集団や社会との関わりの弱まり，規範意識や(　A　)の希薄化等の問題は子どもの成長に大きな影響を及ぼしている。また，核家族化や都市化，社会やライフスタイルの変化を背景に子どもの(　B　)する機会が減少している。

これらのことから，発達の段階に応じた体験の積み重ねや(　C　)等を通して，社会生活のルールや規範意識を身に付けさせるとともに，学校の教育活動全体を通じた(　D　)を推進し，(　E　)や生命を尊重する心等の豊かな心の育成を図る。

	A	B	C	D	E
1	人権感覚	自己を確立	キャリア教育	道徳教育	思いやりの心
2	人間関係	他者を理解	道徳教育	人権教育	思いやりの心
3	人権感覚	他者を理解	キャリア教育	道徳教育	感動する心
4	人間関係	自己を確立	道徳教育	人権教育	感動する心
5	人権感覚	自己を確立	道徳教育	キャリア教育	感動する心

問26　次のA～Eは，「生徒指導提要」(平成22年3月　文部科学省)に示されている内容である。正しいものを○，誤っているものを×としたとき，正しい組合せはどれか。1～5から選びなさい。

A　各学校においては，生徒指導が，教育課程の内外において一人一人の児童生徒の健全な成長を促し，児童生徒自ら現在及び将来における自己実現を図っていくための適応能力の育成を目指すという生徒指導の積極的な意義を踏まえ，学校の教育活動全体を通じ，その一層の充実を図っていくことが必要です。

B　教育相談と生徒指導の相違点としては，教育相談は主に個に焦点を当て，面接や演習を通して個の内面の変容を図ろうとするのに対して，生徒指導は主に集団に焦点を当て，行事や特別活動などにおいて，集団としての成果や変容を目指し，結果として個の変容に至るところにあります。

C　教育相談は，児童生徒それぞれの発達に即して，好ましい人間関係を育て，生活によく適応させ，自己理解を深めさせ，人格の成長への援助を図るものであり，専門的な知識を持つ教員やスクールカウンセラーが行うこととされています。

D　毎日の教科指導において生徒指導の機能を発揮させることは，児童生徒一人一人が生き生きと学習に取り組み，学校や学級・ホームルームの中での居場所をつくることにほかなりません。このことには，児童生徒一人一人に自己存在感や自己有用感を味わわせるとともに，自尊感情を育て，自己実現を図るという重要な意義があります。

E　生徒指導体制を充実させるためには，生徒指導の方針・基準に一貫性を持たせることが必要です。共通実践には，目標が定まっていなくてはなりません。その基盤である指導方法は様々ありますが，目標に至る基準に足並みをそろえることは大切です。

	A	B	C	D	E
1	×	○	○	×	○
2	○	×	○	×	×
3	○	○	×	○	×
4	×	○	×	○	○
5	×	×	○	○	×

問27　次の文は，本県における「特別支援教育」について説明したものである。文中の(　A　)～(　E　)にあてはまる語句の正しい組合せはどれか。1～5から選びなさい。

「特別支援教育」とは，障害のある幼児児童生徒の自立や社会参加に向けた主体的な取組を支援するという視点に立ち，幼児児童生徒一人ひとりの教育的ニーズを把握し，その持てる力を高め，生活や学習上の困難を改善または(　A　)するため，適切な指導および必要な支援を行うものである。

公立の小・中学校には，特別支援学級が設置されており，知的障害，肢体不自由，病弱・身体虚弱，弱視，難聴，(　B　)・情緒障害のある児童生徒が学んでいる。

　また，普段は通常の学級において指導を受けている児童生徒においても，必要に応じて(　C　)による指導により，月に1時間～週に数時間，特別な指導の場で自立活動を中心とした特別な指導を受けることができる。

　高等学校段階の軽度知的障害の生徒に対しては，(　D　)自立をめざし，県立の2校の高等学校に(　E　)学校が併設されている。両校では，ノーマライゼーションの理念のもと，一般の高校生と，障害の有無にかかわらず一人ひとりの違いを認め合い交流することで，それぞれが育ちあう学校生活をおくっている。

	A	B	C	D	E
1	緩和	自閉症	交流	日常生活の	養護
2	克服	学習障害	交流	職業的	高等養護
3	緩和	学習障害	交流	日常生活の	高等養護
4	克服	学習障害	通級	日常生活の	養護
5	克服	自閉症	通級	職業的	高等養護

(☆☆☆☆◎◎◎◎)

【9】次の問28～問30に答えなさい。

問28　次の各文は，行動療法について説明したものである。誤っているものはどれか。1～5から選びなさい。

1　他者の行動やその結果を手本とし，観察することによって適応した行動を獲得させ，問題行動の改善やさまざまな障害の治療を行う方法をモデリング療法という。

2　複雑な新しい行動を形成するために，標的行動をスモール・ステップに分け，達成が容易なものから形成していくオペラント条件づけを基にした技法を系統的脱感作法という。

3　報酬を与えることで，学業不振児の学習意欲の増進，分裂病患者の行動様式の改善を図っていこうとする技法をトークン・エコノミー法という。

4　ある行動を行った際に，本来なら与えられるべき報酬を与えられない事態に遭遇すると，その行動をとる頻度が低下する。この原理を用いたオペラント条件づけ療法の一つにレスポンス・コスト法がある。

5　普段は知覚できない情報を聴覚や視覚などで知覚できるようにして，提示することにより，生理的な反応をコントロールする技法をバイオフィードバック法という。

問29　次の文中の(　A　)～(　C　)にあてはまる語句の正しい組合せはどれか。1～5から選びなさい。

愛着に関して，(　A　)は良好な母子関係がその後の人格形成や精神衛生の基礎になるとし，乳幼児期の母子間の相互作用の欠如を(　B　)という言葉で説明した。その後，この母子間の情愛的結びつきの質を観察し，測定する方法として(　C　)は，ストレンジ・シチュエーション法を開発した。

	A	B	C
1	エインズワース (Ainsworth, M.D.S.)	マターナル・デプリベーション	ボウルビィ (Bowlby, J.)
2	ボウルビィ (Bowlby, J.)	ホスピタリズム	エインズワース (Ainsworth, M.D.S.)
3	フロイト (Freud, S.)	ホスピタリズム	ボウルビィ (Bowlby, J.)
4	ボウルビィ (Bowlby, J.)	マターナル・デプリベーション	エインズワース (Ainsworth, M.D.S.)
5	エインズワース (Ainsworth, M.D.S.)	ホスピタリズム	フロイト (Freud, S.)

問30　次のA～Eの記述と最も関連の深い人物を下のア～オから選ぶとき，正しい組合せはどれか。1～5から選びなさい。

A　認知のあり方がうつなどの情緒状態と深く関連していることを明らかにし，非適応的な認知を修正して精神疾患を治療する認知療法を提唱した。

B　ソシオメトリーやサイコドラマを創始し「今・ここ」での相互

作用の自発性や創造性を重視し，独自の人間理解の方法を模索した。

C　ドイツのライプチヒ大学に世界最初の心理学実験室を開設した。

D　社会的学習(社会的認知)理論を提唱し，他者の行動の遂行とその帰結を観察することで学習が成立することを示した。

E　行動に随伴した結果が生じない状態が継続して与えられる時に生じる統制不能な感情と，無気力で行動しなくなる状態を学習性無力感という概念で説明した。

ア　セリグマン(Seligman, M. E.)　　イ　ベック(Beck, A. T.)

ウ　バンデューラ(Bandura, A.)　　エ　モレノ(Moreno, J.L.)

オ　ヴント(Wundt, W.)

	A	B	C	D	E
1	ア	エ	ウ	オ	イ
2	ア	オ	イ	ウ	エ
3	イ	ウ	ア	オ	エ
4	イ	エ	オ	ウ	ア
5	エ	ウ	オ	イ	ア

(☆☆☆☆◎◎)

解答・解説

【1】問1　3　　問2　5　　問3　4

〈解説〉問1　脱文補充問題は，脱文と関連している言葉を探すとよい。本問では「この生きていくために大切な上達力の基盤」という部分に関連があるところを探してみる。Cの直前に「社会に出たとき」や「上達の普遍的な原則」が，またCの後に「真似る力の重要な点」という部分が関連している。　問2　前後の文章の流れを考えてみること。新しい課題を与えられたのに，頭が白紙という状態に関連する四字熟語を考えてみると，物事の様子が分からず，方針や見込みが立たず困る，という意味の「五里霧中」がふさわしい。　問3　選択肢1は「それに伴う精神的な充実」について言及がない。2は本文で学習の速さとの比較をしているのは創造性であり，模倣力ではない。3について，野球の技術向上と上達の普遍的原則を身につけることは「違うこと」と述べており，「何の関係もない」とまでは言及していない。5について，イチローは真似をすることで大事な感覚を身につけたのであって，独創性を発揮したのではない。

【2】問4　5　　問5　1　　問6　3

〈解説〉問4　U字谷は，氷河が流下する時に斜面を削りとってつくった谷で，横断面がU字形である。流水の侵食によってできるのはV字谷である。他の選択肢の用語もしっかりと読んで確認をしておくとよい。　問5　選択肢2の人返しの法と5の上知令は，天保の改革で水野忠邦が行った政策である。3の棄捐令は寛政の改革で松平定信が行った政策である。4の人足寄場は寛政の改革の時，1790年に設置された。建議をしたのは火付盗賊改の長谷川平蔵である。1の小石川養生所は，目安箱の投書によってつくられた施設である。　問6　1　作品名は正しいが，説明の内容が誤り。抵抗権の主張はホッブズではなく，ロックの著作『市民政府二論』(統治二論)である。　2　モンテスキューの著書が誤り。『市民政府二論』ではなく，『法の精神』である。　4　修正資本主義はケインズによって基礎が確立された。　5　デカルトは帰納法ではなく，演繹法である。帰納法に関連する人物は，フランシス＝ベーコンである。

【3】問7　5　　問8　2　　問9　3

〈解説〉問7　解と係数の関係より，$\alpha+\beta=2$　$\alpha\beta=8$となる。

よって，$\alpha^2\beta+\alpha\beta^2=\alpha\beta(\alpha+\beta)=8\times2=16$

問8　①　特定の2人が3人のグループに入るとき，${}_5C_1=5$

② 特定の2人が4人のグループに入るとき，$_5C_2=\dfrac{5\cdot 4}{2}=10$

①，②より，$5+10=15$[通り]

問9　辺BE，EG，BGの長さはそれぞれ，

$BE=EG=\sqrt{2^2+3^2}=\sqrt{13}$

$BG=2\sqrt{2}$

余弦定理より，

$$\cos B=\frac{(\sqrt{13})^2+(2\sqrt{2})^2-(\sqrt{13})^2}{2\cdot\sqrt{13}\cdot 2\sqrt{2}}$$

$$=\frac{8}{2\sqrt{13}\cdot 2\sqrt{2}}=\sqrt{\frac{2}{13}}$$

$$\sin B=\sqrt{1-\left(\sqrt{\frac{2}{13}}\right)^2}$$

$$=\sqrt{\frac{11}{13}}$$

よって，△BEGの面積は，

$$\frac{1}{2}\cdot BE\cdot BG\cdot\sin B=\frac{1}{2}\cdot\sqrt{13}\cdot 2\sqrt{2}\cdot\sqrt{\frac{11}{13}}=\sqrt{22}$$

【4】問10　2　　問11　4　　問12　4

〈解説〉問10　イ　水中に沈んでいる物体に働く浮力は，その物体が押しのけた水の重さに等しい。　ウ　弦を強く張ったほうが振動数は大きくなる。

問11　化学反応式は$CaCO_3+2HCl\rightarrow CaCl_2+CO_2+H_2O$で表されることから，反応する炭酸カルシウムと生成する二酸化炭素の物質量は同じである。よって，含まれていた炭酸カルシウムの質量は，$\frac{18}{22.4}\times 100\fallingdotseq 80$gとなる。よって純度は$\frac{80}{100}\times 100\fallingdotseq 80$%となる。

問12　種子の丸形純系(AA)としわ形純系(aa)を組み合わせると，雑種第一代はすべて(Aa)となり，これが丸形種子であることから，丸形が優性であることがわかる。

ア　雑種第一代の自家受精で生じるのは以下の通りであり，丸：しわ=3：1となる。

	A	a
A	AA	Aa
a	Aa	aa

イ　雑種第一代としわ形純系の交雑の結果は以下の通りで，丸：しわ＝1：1となる。

	a	a
A	Aa	Aa
a	aa	aa

ウ　雑種第二代のAaの遺伝子型同士で自家受精した場合，丸：しわ＝3：1となるため，しわが4分の1程度となる。

	A	a
A	AA	Aa
a	Aa	aa

エ　アより雑種第二代ではaaができる可能性があり，aaを自家受精するとしわ形の種子のみが現れる。　オ　アより雑種第二代では丸形純系(AA)があるので，丸形純系としわ形純系を交雑すると，丸形種子のみが現れる。

【5】問13　2　　問14　4　　問15　5

〈解説〉問13　find＋目的語＋形容詞で，「(目的語について)～とわかる／考える」の意味となる。問題文の場合，目的語がthat節の先行詞となっているが，意味は同じ。「彼らが興味深いと思った本」というフレーズをつくるinterestingがあてはまる。他の選択肢1は高価な，3は危険な，4は異なる，はこの問題文での本の形容としてはあてはまらず，5の「退屈な」は，「彼らが退屈だと思った本について多くを記憶する」となり，意味上，不適切と判断できる。　問14　第2段落に“remarkable memories on the part of readers for the appearance, titles, authors, characters, settings, plots …”とあり，選択肢1と不一致。第1段落に，本によってもたらされる「経験」について書かれており，2と不一致。最後の段落に“Experience in reading leads to more knowledge …”とあり，3と不一致。第2段落の“I have not found any studies …”の箇所が5と不一致であり，本文最後の“Not surprisingly, …”が4と内容が一致する。
問15　付加疑問文なので，YesまたはNoで答えてもよいが，「そうだと思う」「あなたの言うとおりね」のような答え方もできる。“That's right.”や“You are right.”のような言い方なら，疑問文が肯定文でも否定文でも，相手の意見に同調するという意味で使えるが，“I suppose/think /guess …”のような言い方の場合，否定疑問文なら“I suppose /think /guess not.”としなければならない。肯定疑問文なら，“I suppose /think /guess so.”でよい。

【6】問16　2　　問17　5　　問18　2
〈解説〉問16　Aは教育基本法第1条である。旧法第1条と比較して，国民に必要な個人的資質の項目列挙が削除されたことでシンプルな文章となった。Bは日本国憲法第26条で，「法律の定めるところにより」の法律は，教育基本法や学校教育法などの教育関連法規を示している。Cは教育基本法第2条第5号についての項目である。Dは教育基本法[旧法]の第4条である。「九年」という義務教育期間の明記は現行の教育基本法ではなくなり，「別に法律で定めるところにより」と表現されている。Eは教育基本法第17条である。新しく加わった項目である「教育振興基本計画」は教育のグランドデザインであり，国の計画を参酌して地方公共団体である都道府県と市町村がそれぞれ「教育振興基本計画」を策定することになった。　問17　Aは「教育長」ではなく，「文部科学大臣」が正しい(学校教育法第11条)。Bは学校教育法施行規則第25条である。Cは「教員」ではなく，「校長」が正しい(学校教育法施行規則第48条)。ここでは学校教育法施行規則第48条第2項の「職員会議は，校長が主宰する」もまとめて覚えよう。Dは「都道府県知事」ではなく，「都道府県教育委員会」が正しい(学校教育法施行令第29条)。Eは学校教育法施行規則第126条第1項である。ここでは特別支援学校

教育課程の編成について述べており，学校教育法施行規則第50条での小学校の教育課程との違いが「自立活動」の有無にある点をおさえておこう。　問18　地方公務員法第29条の懲戒については，同法第27条から掲げられている。教員も地方公務員の一であることから，分限と懲戒はぜひ知っておかなければならない。第30条以降は服務規程であり，これも頻出問題である。信用失墜行為の禁止や守秘義務，政治的行為の制限，争議行為等の禁止は空所補充だけでなく，正誤判断などさまざまな形式で出題されるので，条文を覚えておくのが望ましい。

【7】問19　3　　問20　5　　問21　1

〈解説〉問19　問題文は，学習指導要領解説の教育課程実施上の配慮事項の1にある(小学校の場合)。言語活動の充実は平成20～21年に行われた学習指導要領改訂の大きなテーマであり，小学校では，言語活動育成の中心となる国語科において，記録や要約，説明，論述といった言語活動を例示している。　問20　本問ではキーワードであるアメリカとデューイがわかれば，正答は導きやすいだろう。この学習方法は，アメリカのキルパトリックが，デューイの経験主義教育理論を実践したものである。これは4つの「目的－計画－遂行－判断・評価」を経験する4段階から構成される。パーカストの「ドルトン・プラン」，そしてウォッシュバーンの「ウィネトカ・プラン」も覚えておきたい。

問21　本問ではキーワードを見つけて，該当する人物を選択すればよい。Aは池袋児童の村小学校の創設，Bは自由学園を創設，Cは綴り方教育を重んじ生活綴り方運動の展開，Dは全人教育論があげられる。大正期にかけては，学校創設者と学校名の出題が多い。沢柳政太郎の成城小学校(1917年)，赤井米吉の明星学園(1924年)，西村伊作の文化学院(1921年)，桜井祐男の芦屋児童の村小学校(1925年)等もあわせて確認しておこう。

【8】問22　1　　問23　3　　問24　3　　問25　1　　問26　4

問27　5

〈解説〉問22　東日本大震災以降，学校の防災教育については教育委員会からリーフレットや手引きが出されているので，確認しておきたい。また，文部科学省のホームページにも資料等が掲載されているので確認しておきたい。Aの「安全教育と区別して進められる必要がある」が誤りで，正しくは「一部をなすものである」。Bは「各教科の時間ではなく特別活動の時間を利用し，発達段階に応じて進められるものである」が誤りで，正しくは「各教科，道徳，特別活動，総合的な学習の時間等を活用し，発達段階に応じて横断的に防災教育を進める」が正しい。　問23　3の「子どもが人権を尊重され夢を持って健やかに育ち，また子どもを安心して育てることのできる環境づくりをめざしている」のは，2006(平成18)年4月に施行した「滋賀県子ども条例」である。滋賀県独自の取り組みとしては，2007(平成19)年6月に策定した「滋賀県児童虐待防止計画」を2010(平成22)年3月に全面改定している。こうした取り組みは出題されることがあるため，県のホームページで確認しよう。　問24　地域独自の問題は，教育委員会のホームページから出題されることが多い。その年度の教育方針や指針，人権教育関連は頻出なので，定期的にホームページを確認し，理解につとめよう。問25　問題文が掲げる問題に対して，滋賀県では主な取り組み内容として，「思いやりの心・規範意識等の社会性の育成」「社会での自立を目指す教育の推進」「豊かな人間関係の育成」「人が輝く人権教育の推進」をあげており，具体的取り組みとして道徳教育，体験活動，キャリア教育の推進などをあげている。　問26　Aは，第1章第1節，1の生徒指導の意義からの出題である。適応能力が誤りで，「自己指導能力」が正しい。Cは，第5章第1節からの出題である。「専門的な知識を持つ教員やスクールカウンセラーが行うこととされています」ではなく，「決して，特定の教員だけが行う性質のものではなく，相談室だけで行われるものではありません」が正しい。生徒指導提要は頻出資料であるが，その中でも「生徒指導の意義」は他の自治体でも頻出である。特に内容の理解に努めておきたい。　問27　滋賀県のめざす特別支援教育からの出題。教育の具体的施策は各自治体で異なるので，最新の情報を入手しておくこと。自治体によっては，具体的な学校名を選択肢に出すところもあるので，特徴的な学校については校名も確認しておこう。

【9】問28　2　　問29　4　　問30　4

〈解説〉問28　行動療法とは，条件づけの原理(学習理論)にもとづいて不適応行動を修正し，適応的な行動へと条件づけし直すことを目的とした心理療法の総称である。選択肢2の系統的脱感作法は，ウォルピによって考案された行動療法の一種であり，心身ともにリラックスした状態において不安対象に対する刺激を徐々に馴化させていく技法を言う。問題文はシェイピング法に関する説明なので2が誤りとなる。なお，1のモデリング療法はバンデューラが提唱したモデリング理論，3のトークン・エコノミー法と5のバイオフィードバック法は，オペラント条件づけの原理にもとづく強化技法であり，4のレスポンス・コスト法はオペラント条件づけの原理にもとづく消去技法の一種である。　問29　ボウルビィは，フロイトが創始した精神分析学の流れを汲む発達心理学者であり，愛着理論(アタッチメント理論)や母性剥奪理論(マターナル・デプリベーション理論)を提唱したことで知られる。子どもの発達初期における母性的養育の重要性を指摘したボウルビィの理論は，後に発達心理学者のエインズワースによって継承され，幼児の母親に対する愛着の質を「回避型」,「安定型」,「抵抗型」の3タイプに分類するストレンジ・シチュエーション法(新奇場面法)として結実した。　問30　イのベックは認知療法の創始者の一人として知られる。近年では，認知療法と行動療法の理論的・技法的統合が進み，認知行動療法と称されることが多い。エのモレノは，集団内における人間関係の有り様を測定するソシオメトリーという研究方法を編み出した。このソシオメトリー理論にもとづいて考案されたのがソシオメトリック・テストと呼ばれる心理テストであり，テストの結果を視覚的に図示したものをソシオグラムと言う。ウのバンデューラは社会的学習理論の一つである観察学習(モデリング)を提唱したことで知られる。この理論を心理療法に応用したものがモデリング療法である。アのセリグマンは，回避することが不可能な刺激にさらされ続けると，人は学習の結果として無力感に陥る学習性無力感という概念を提唱した。

●書籍内容の訂正等について

弊社では教員採用試験対策シリーズ（参考書，過去問，全国まるごと過去問題集），公務員試験対策シリーズ，公立幼稚園・保育士試験対策シリーズ，会社別就職試験対策シリーズについて，正誤表をホームページ（https://www.kyodo-s.jp）に掲載いたします。内容に訂正等，疑問点がございましたら，まずホームページをご確認ください。もし，正誤表に掲載されていない訂正等，疑問点がございましたら，下記項目をご記入の上，以下の送付先までお送りいただくようお願いいたします。

① **書籍名，都道府県（学校）名，年度** （例：教員採用試験過去問シリーズ　小学校教諭 過去問　2025 年度版） ② **ページ数**（書籍に記載されているページ数をご記入ください。） ③ **訂正等，疑問点**（内容は具体的にご記入ください。） （例:問題文では“ア〜オの中から選べ”とあるが,選択肢はエまでしかない）

〔ご注意〕

○ 電話での質問や相談等につきましては，受付けておりません。ご注意ください。

○ 正誤表の更新は適宜行います。

○ いただいた疑問点につきましては，当社編集制作部で検討の上，正誤表への反映を決定させていただきます（個別回答は，原則行いませんのであしからずご了承ください）。

●情報提供のお願い

協同教育研究会では，これから教員採用試験を受験される方々に，より正確な問題を，より多くご提供できるよう情報の収集を行っております。つきましては，教員採用試験に関する次の項目の情報を，以下の送付先までお送りいただけますと幸いでございます。お送りいただきました方には謝礼を差し上げます。

（情報量があまりに少ない場合は，謝礼をご用意できかねる場合があります）。

◆あなたの受験された面接試験，論作文試験の実施方法や質問内容

◆教員採用試験の受験体験記

送付先	
	○電子メール：edit@kyodo-s.jp ○FAX：03-3233-1233（協同出版株式会社　編集制作部 行） ○郵送：〒101-0054　東京都千代田区神田錦町2-5 協同出版株式会社　編集制作部 行 ○HP：https://kyodo-s.jp/provision（右記のQRコードからもアクセスできます）

※謝礼をお送りする関係から，いずれの方法でお送りいただく際にも，「お名前」「ご住所」は，必ず明記いただきますよう，よろしくお願い申し上げます。

教員採用試験「過去問」シリーズ

滋賀県の
教職・一般教養 過去問

編　集　©協同教育研究会
発　行　令和6年2月25日
発行者　小貫　輝雄
発行所　協同出版株式会社
〒101-0054　東京都千代田区神田錦町2－5
電話　03－3295－1341
振替　東京00190－4－94061
印刷所　協同出版・POD工場

落丁・乱丁はお取り替えいたします。